W0186938

BYZANTINISCHE MYSTIK

Byzantinische Mystik

Ein Textbuch aus der »Philokalia«

Band I: Das Erbe der Mönchsväter

Ausgewählt und übersetzt
von Klaus Dahme

Otto Müller Verlag Salzburg

Anton Walter Sieber zum Gedenken

ISBN 3-7013-0762-8

OTTO MÜLLER VERLAG SALZBURG © 1989
Satz: Verlag Politisches Archiv, Landshut
Umschlaggestaltung: M.&W. Mittersinker, Salzburg
Umschlagbild: Mönche in der Wüste; griech. Handschrift
(Johannes Klimakos) des 11. Jahrh.
(Princeton University Library)
Druck und Bindung: Wiener Verlag, Himberg

INHALT

Vorwort

Als ich im Anschluß an meine, 1986 im gleichen Verlag erschienene Neufassung von Otto Karrers Anthologie »Der mystische Strom« die Erarbeitung einer entsprechenden Auswahl aus ostkirchlicher Tradition in Angriff nehmen wollte, entschied ich mich für die »Philokalia« als Grundlage. Sie bot eine in sich geschlossene und vielseitige Sammlung geistlicher Schriften, die den asketischen und mystischen Aspekt in gleicher Weise berücksichtigte. Ferner war sie zum praktischen Zweck der Mönchsschulung und Laienunterweisung konzipiert worden und ging in ihrer Ausrichtung damit über ein historisch-philologisches Vorhaben hinaus. Aus größerem zeitlichen Abstand hatten hier zwei bedeutende griechische Theologen im Bemühen um innere Erneuerung der Orthodoxie aus der Überlieferung Bleibendes zusammengetragen. So wurden alte Glaubenszeugnisse zu neuem Leben erweckt, die dann in der nachhaltigen Ausstrahlung der »Philokalia« auch in der slawischen Welt bis in unsere Zeit fortwirkten. Die Bedeutung der Anthologie in der Geschichte der Spiritualität wiegt schwerer als manche ihrer zufälligen Begrenzungen. Abgesehen von patristischen Autoren, wie Gregor von Nyssa, fehlen in der Textfolge vor allem Pseudo-Dionysios Areopagites und Johannes Klimakos. Alle sind jedoch durch mannigfache Rezeption in späteren Schriften indirekt vertreten, so daß ein Überblick über die Entwicklung byzantinischer Mystik entstehen kann. Dabei zeichnen sich in der Chronologie zwei große Bereiche ab: zunächst eine Entwicklungslinie von den Wüstenvätern und Euagrios Pontikos im vierten bis zu Maximos dem Bekenner im siebenten Jahrhundert mit ihrem Weiterwirken in kleineren Geisteserben, wie sie in diesem Band vorgestellt wird; sodann ein Neuansatz um 1000 mit Symeon dem Neuen Theologen und der hesychastischen Bewegung bis zum fünfzehnten Jahrhundert, dem ein selbständiger Band gewidmet sein wird.

Vor mehr als dreißig Jahren erschien eine erste kleine Auswahlübersetzung der »Philokalia« aus dem Griechischen, von dem Pariser Byzantinisten Jean Gouillard virtuos erstellt und geistreich dargeboten. In der unbeholfenen deutschen Fassung von James Schwarzenbach waren ihre Vorzüge freilich kaum mehr zu erkennen; auch Gouillards an der vergleichenden Religionswissenschaft orientierte Einführung war durch ein traditionell erbauliches Vorwort ersetzt. Gestützt auf Gouillards Version, ergänzt durch Auszüge aus der russischen Fassung, legte dann Matthias Dietz eine neue knappe Auswahl vor: eine gewandte, aber recht freie Übersetzung, die ohne Kennzeichnung kürzte, auf Quellennachweise verzichtete und allzu unkritisch präsentiert war. Für eine umfangreichere, nach dem Original übersetzte Anthologie sind heute die Voraussetzungen wesentlich günstiger als in den fünfziger Jahren. Die Texte selbst sind durch neue kritische Editionen mit Einzelübersetzungen und die laufende englische und französische Gesamtübertragung leichter zugänglich. Ihr historischer Hintergrund ist durch die jüngere Forschung weiter erschlossen worden, so daß vieles deutlicher, aber auch nüchterner gesehen werden kann.

Diese neue Auswahl byzantinischer Mystik ist breiter angelegt als ihre Vorgängerinnen, die allzu ausschließlich die Entwicklung des Herzensgebetes verfolgten. Nach jener frühen Faszination durch meditative Techniken scheint jetzt eine Gewichtsverschiebung notwendig, die auf eine Zusammenschau von Askese und Mystik abzielt und eine Theologie der Mystik in Zeugnissen aufzeigen will. Sie könnte auch das vitalistische Mißverständnis mystischer Erfahrung und die instrumentale Religionsauffassung unserer Tage durch historische Rückbesinnung wieder zurechtrücken.

Die Anthologie bringt zwölf der zwanzig Autoren des ersten Bereichs der »Philokalia« mit ungekürzten, meist knappen und relativ selbständigen Texten. Sie bemüht sich um Vielfalt, berücksichtigt vor allem Schriften mit persönlicher Note und realem Hintergrund, um so auch die Individualität der Verfasser und ihre Umwelt spürbar zu machen.

Durch den Grundcharakter einer Aphorismensammlung lädt die Auswahl ein zur wiederholten oder regelmäßigen Lektüre und Reflexion. Der Leser sollte die spezifische Geschichtlichkeit dieser Spruchliteratur unbefangen wahrnehmen, – auch ihre Wiederholungen, Anspielungen, Dunkelheiten und Verkürzungen. Die Satzperioden mit ihrer Bildwelt werden ihn wiederholt die äußere Fremdheit der Texte erkennen lassen, der eine innere Ferne entsprechen kann. Aber nach geduldiger geistiger Aneignung bieten sich ihm jene herben Autoren selbst heute als beständige Weggefährten an. Ob sie dazu werden können, wird freilich nicht allein vom guten Willen des Aufnehmenden abhängen.

München, Ostern 1989

Klaus Dahme

Einleitung

»Philokalia« – Entstehung und Verbreitung

1782 erschien in Venedig, das seit dem Untergang des byzantinischen Reiches eine bedeutende griechische Kolonie mit Bildungsstätten und Druckereien beherbergte, eine umfangreiche Sammlung älterer asketisch-mystischer Texte ostkirchlicher Tradition. Der Titel »Philokalia«, ursprünglich etwa als Liebe zum Tugendschönen und hier in erweiterter Bedeutung als asketisch geübte und mystisch erfahrene Gottesliebe zu verstehen, begegnet zum erstenmal mit der Anthologie aus verschiedenen Werken des Origenes, die Basileios von Caesarea und Gregor von Nazianz um 358 zusammengestellt haben. In der nachfolgenden literarischen Überlieferung, vor allem in der spätbyzantinischen Zeit bezeichnet er häufig den verbreiteten Typ des geistlichen Florilegiums, einer meist ziemlich unselbständigen Kompilation überkommener Werkauszüge unterweisenden und erbaulichen Charakters. Bei dem Venezianer Druck, dessen Erscheinen vor dem geistigen Hintergrund der Auseinandersetzung der griechischen Theologie unter der Türkenherrschaft mit der westlichen Aufklärung zu würdigen ist, wird die erzieherische Absicht in dem ausführlichen Titel weiter umschrieben. Er nennt die Väterschriften als Grundlage dieser »Philokalia der durch innere Wachsamkeit geprägten Heiligen«, umreißt sodann Weg und Ziel des in ihr gelehrten geistlichen Lebens. Der stattliche Folioband, dessen Drucklegung durch einen auf dem Titelblatt erwähnten reichen Mäzen aus Smyrna finanziert worden ist, vereint auf über 1200 zweispaltigen Druckseiten zahlreiche Werkauszüge, aber auch vollständige Schriften von rund 36 Autoren des 4. bis 15. Jahrhunderts.

Die beiden Herausgeber der »Philokalia«, Makarios von Korinth (1731-1805) und Nikodemos Hagioreites (1749-1809), werden dagegen in der Erstausgabe nirgends genannt. Makarios Metropolit von Korinth war 1768 wegen des peloponnesischen Aufstandes gegen die Türken und des russisch-türkischen Krieges von seinem Bischofssitz geflohen und wurde daher 1773 durch den zuständigen Patriarchen auf Veranlassung der Hohen Pforte von seinem Amt juristisch abgesetzt. Während der unsteten Wanderjahre nach seiner Flucht, die ihn etwa nach Hydra, Patmos, Korinth und Smyrna führten, bis er schließlich das letzte Lebensjahrzehnt in einer Einsiedelei auf Chios verbrachte, war er wiederholt mit dem Mönch Nikodemos vom Heiligen Berg (Hagioreites) zusammengetroffen und hatte in ihm das Interesse für Patristik und frühes Mönchtum geweckt. Nikodemos, als traditionsbewußter theologischer Schriftsteller noch vielseitiger als sein älterer Gefährte im Kampf um innere Erneuerung der Orthodoxie, war 1775 von seiner Heimat Naxos auf den Athos gekommen und lebte dort, mit kürzeren Unterbrechungen auf Thasos und in Thessalonike, bis zu seinem Tode als Mönch und Eremit in vorbildlich strengem Lebensstil, ganz alter asketischer Überlieferung entsprechend. Die Zusammenarbeit zwischen den beiden Geistesverwandten, die sich 1773/74 auf der Insel Hydra kennengelernt hatten, intensivierte sich durch die Begegnungen auf dem Heiligen Berg 1777 und 1784. Die »Philokalia« ist das beeindruckendste Zeugnis dieser gemeinsamen Rückbesinnung auf schwer zugängliche oder nahezu verschollene Glaubenszeugnisse der Frühzeit, durch ihre starke Ausstrahlung eine Voraussetzung für die Neubelebung orthodoxer Spirtualität im befreiten Griechenland und in den Nachbarstaaten im 19. Jahrhundert.

Die Anteile der beiden Herausgeber an der Arbeit des Sammelns und Erläuterns der Texte, von denen viele im griechischen Original noch nicht gedruckt vorlagen, können kaum von einander abgegrenzt werden. Sie selbst geben dazu in der Anthologie keine Hinweise, und die Berichte aus der zeitgenössischen Umgebung sind recht widersprüchlich. Immerhin kann gesagt werden, daß Plan, Auswahl und Zusammenstellung auf Makarios zurückgehen. Auch für die gemeinsam durchgeführte Edition eines verwandten geistlichen Florilegiums aus dem 11. Jahrhundert, das ein Jahr später bei dem gleichen Drucker herauskam, der »Synagoge« des Paulos Euergetinos, ist er der Anreger gewesen. Ein längeres programmatisches Vorwort zum Ganzen der Sammlung steht am Anfang der »Philokalia«, vor der chronologischen Folge der Texte, denen kurze, meist biographische Einführungen zu den einzelnen Verfassern vorangestellt sind. Das Vorwort und die Einführungen werden gewöhnlich Nikodemos Hagioreites zugeschrieben. Bis auf Johannes Cassianus, dessen Beiträge aus dem Lateinischen übersetzt werden mußten, sind alle Autoren griechischsprachig. Der Sprachstand des patristischen oder byzantinischen Griechisch ist bewahrt worden; lediglich am Ende des Werkes hat man einige Textauszüge neugriechisch wiedergegeben. Die Herausgeber bezeichnen an keiner Stelle die von ihnen benutzten Handschriften; einige mitgeteilte Textvarianten lassen erkennen, daß sie gelegentlich auch mehrere vergleichend herangezogen haben. Bisher ist noch nicht geklärt, inwieweit sie für die Sammlung bereits vorhandene Anthologien ausgewertet haben, die ihnen in Handschriften von Klosterbibliotheken auf Athos – etwa von Vatopedi – zur Verfügung standen.

Der den einzelnen Beiträgern zugewiesene Raum ist äußerst unterschiedlich. Ein Textanteil von nur 2 oder von 140 Seiten etwa braucht nicht der dem Autor beigemessenen Bedeutung zu entsprechen, sondern kann praktisch oder auch relativ zufällig begründet sein. Entsprechend ihrer didaktischen Grundabsicht sind Makarios und Nikodemos bei aller philologischen Sorgfalt doch in der Textzusammenstellung durchaus pragmatisch vorgegangen. So treten in der historischen Abfolge zwei Bereiche dominierend hervor: die Tradition der geistbetonten Mystik seit Euagrios Pontikos in der Vermittlung durch Maximos den Bekenner, sodann die Erneuerung der Mystik bei Symeon dem Neuen Theologen und die hesychastische Bewegung von Gregorios Sinaites bis Gregorios Palamas. Der Textaufbau erscheint als durchgehende Entwicklung; sie begründet folgerichtig die Übung des Jesusgebetes, für die das Werk Anleitung und Fundgrube sein sollte, wie sie den Herausgebern zur inneren Mitte ihrer eigenen Spiritualität geworden war. So ist trotz der individuellen Verschiedenheiten der Beiträger und trotz des weiten zeitlichen Rahmens ein einheitliches Kompendium entstanden, das durchwegs spürbaren monastischen Hintergrund besitzt. Nach dem erklärten Willen seiner Herausgeber war es in gleicher Weise für Priester und Mönche wie für Laien bestimmt, wobei die Notwendigkeit persönlicher Unterweisung durch einen älteren, erfahrenen Seelenführer vorausgesetzt wurde. Ebenso selbstverständlich war für Makarios und Nikodemos die Teilnahme am sichtbaren Leben der

Kirche in Liturgie und Sakramenten, auch wenn dieser äußere Aspekt in der Anthologie nur relativ selten behandelt wird. Die Leitvorstellungen in der Unterweisung der »Philokalia« sind miteinander verbunden, die in ihr gelehrten Übungen geistlichen Lebens sind aufeinander bezogen. Keines dieser Elemente kann herausgelöst werden, ohne daß die intendierte umfassende Einheit aus Theologie, Askese und Mystik empfindlich eingeschränkt wird.

Da die gesamte Auflage des ersten Druckes nahezu vollständig von Venedig in den Osten verschickt wurde, sind nur äußerst wenige Exemplare in westliche Bibliotheken gelangt; die »Philokalia« in der Erstausgabe gehört daher hierzulande zu den ganz seltenen Büchern. Über ihre Nachwirkung in Griechenland fehlen merkwürdigerweise bisher genaue Nachrichten; nur die erste Neuauflage, Athen 1893, ist ein äußeres Indiz für die Rezeption. Viel besser sind wir über die große Ausstrahlung der Sammlung in der orthodoxen slawischen Welt unterrichtet, die vor allem in zwei bedeutenden, eigenständigen Übersetzungen begründet ist. 1793 erschien in Moskau eine kirchenslawische Übersetzung, betitelt »Dobrotoljubie«, von dem russischen Mönch Paisij Veličkovskij, der viele Jahre auf dem Athos zugebracht hatte und später in einem Kloster im Fürstentum Moldau lebte. Seine Bearbeitung entstand teilweise früher und unabhängig, gestützt auf gemeinsame Vorlagen, und wurde dann nach der Anthologie des Makarios und Nikodemos von ihm revidiert. Die gedruckte Ausgabe bringt in ziemlich willkürlicher Folge nur 15 von den 36 Beiträgern der »Philokalia«, folgt aber sprachlich dem griechischen Original relativ genau. 1877-89 kam in Moskau – finanziert durch das russische Athoskloster – unter dem gleichen slawischen Titel »Liebe zum Guten« eine wesentlich umfangreichere russische, gegenüber der altslawischen und griechischen Ausgabe vervollständigte und veränderte Übersetzung heraus, erarbeitet durch den früheren Bischof Theophan, Einsiedlermönch in einem Kloster bei Tambow. Theophan ist mit den Vorlagen ziemlich frei umgegangen; die Absicht der zahlreichen Kürzungen und Zusätze war, aus seelsorgerischen Erwägungen den asketischen Aspekt der »Philokalia« auf Kosten des spekulativen und mystischen zu betonen. Beide Übersetzungen, in wiederholten Auflagen erschienen und in verschiedenen Auszügen verbreitet, haben auf die orthodoxe Spiritualität im Rußland des 19. Jahrhunderts nachhaltigen Einfluß ausgeübt. Die großen mönchischen Seelenführer jener Zeit haben sich ihrer bedient; durch ihre Vermittlung haben sie nicht nur konservative Intellektuelle, wie Dostojewskij, fasziniert, sondern besonders die Volksfrömmigkeit geprägt, was etwa die »Aufrichtigen Erzählungen eines russischen Pilgers« bezeugen. Auch in unserem Jahrhundert gehen die laufenden Gesamtübersetzungen der »Philokalia« in westlichen Sprachen nicht primär auf philologisch-historische Interessen zurück, sondern wollen ihre spezifische Geistigkeit als lebendiges Ganzes weitergeben.

Frühe byzantinische Mystik

Man hat allgemein den Begriff Mystik gebraucht, um gelebten Glauben und geistliche Lehre so verschiedener religiös geprägter Persönlichkeiten wie Origenes, Gregor von Nyssa oder Maximos Homologetes zu umschreiben. Diese Charakterisierung sollte allerdings nicht so verstanden werden, als sei hiermit ein wesensmäßiger Unterschied oder innerer Gegenpol zur Theologie bezeichnet. Mehr noch als in der Geschichte der westlichen Kirche, für welche die Annahme eines solchen Spannungsfeldes zumindest zeitweise möglich ist, gehören in der Tradition des östlichen Christentums, besonders während der byzantinischen Epoche, mystische und theologische Unterweisung eng zusammen. Schon der Lebensgang der drei großen Kirchenväter, ihr vielfältiges polemisches Engagement im historischen Prozeß der Entfaltung kirchlicher Dogmen, kann das deutlich machen. Religiöse Erfahrung vollzog sich für sie notwendig innerhalb der Gemeinschaft der Gläubigen, konkret in der Teilnahme am sichtbaren Leben und der Teilhabe an den Sakramenten der Kirche. Sie wurde getragen durch geheiligte, ununterbrochene Überlieferung und weitergegeben in fortzeugender Tradition der Heiligen. Von dieser zentralen Glaubensvorstellung orthodoxer Spiritualität her sollte die heutige Auffassung von Mystik eingegrenzt werden, bevor sie auf die geistliche Literatur der Byzantiner angewendet wird. Der Begriff schließt in jenem geschichtlichen Rahmen noch nicht das subjektivistische, individuell emotionale oder sensualistische Moment ein, das ihm im modernen Sprachgebrauch zugekommen ist.

Bei den griechischen Kirchenvätern umschreibt das Eigenschaftswort *mystikos* meist das verborgene, alles übersteigende Wesen des Göttlichen, davon abgeleitet erst die Möglichkeit seiner Erfahrung durch den Menschen. So behandelt der kurze Traktat »Von der mystischen Theologie« des unbekannten Verfassers aus dem frühen sechsten Jahrhundert, der sich den Namen des Dionysios vom Areopag aus der Apostelgeschichte beigelegt hat, eigentlich die Unzugänglichkeit der Gottheit. Ihm ist Gott für die menschliche Vernunft nicht begreifbar, für die Sinne des Menschen nicht wahrnehmbar. Gotteserkenntnis vollzieht sich als geheimnisvolle Einung, der die Reinigung des Geistes und Befreiung von allen irdischen Bindungen vorausgehen müssen. Der Weg, der zu diesem Ziel führt, das Voranschreiten in geistiger Lauterkeit und innerer Gelassenheit, ist die Tugendübung der Askese, die darum der mystischen Erfahrung immer untrennbar verbunden bleibt. Sie wird für alle Gläubigen vorbildhaft vom Mönch gelebt, besonders vom Einsiedler, dem im östlichen Christentum deswegen eine besondere Rolle als Seelenführer zukommt. Zugleich steht durch die ganze byzantinische Geschichte monastische Geistigkeit in beständigem, oft spannungsreichem Austausch mit Dogma und Hierarchie der Staatskirche.

Die Väter der byzantinischen Mystik sind die beiden großen Alexandriner des zweiten und dritten Jahrhunderts, Origenes und sein Lehrer Klemens, die in immer weiter ausgreifenden Denkansätzen assimilierbare neuplatonische, platonische und stoische Motive christlich umgestalteten und in kühner Synthese mit der biblischen Botschaft zu verschmelzen suchten. Das offen konzipierte System des Origenes ist zunächst kosmisch orientiert. Ausgehend von einer Pyramide des Seins mit der Gottheit an der Spitze, deutet er die Heilsgeschichte nicht historisch, sondern allegorisch: die Schöpfung als glückerfüllte Ruhe und den Sündenfall als materialisierend vergröbernden Abfall reiner Geister. Der Mensch, der Geist im Zustand der Strafe, hat die Möglichkeit und die Aufgabe, aus dem Gefallensein durch Reinigung des Geistes von der Materie zur ursprünglichen Einheit mit Gott zurückzukehren. Der göttliche *Logos*, das fleischgewordene Wort, ist – ganz symbolisch aufgefaßt – Vermittler und Vorbild bei dieser Entmaterialisierung. Ihre erste Stufe ist die Askese, die Beherrschung der Leidenschaften und Befreiung des Geistes von leiblichen Bindungen.

Dieses geniale Gebäude spekulativer Ideen, von Origenes in wiederholten Versuchen annäherungsweise umrissen, diente im vierten Jahrhundert dem Mönch Euagrios aus dem Pontos in vereinfachter, weniger kosmisch inspirierter Gestalt zur theoretischen Begründung des monastischen Lebens. Als erster interpretierte er die geistliche Erfahrung der ägyptischen Wüstenväter mit Vorstellungen aus der Tradition antiker griechischer Philosophie und Psychologie. Zugleich verhalf er damit der noch jungen religiösen Bewegung zu einem spezifischen intellektuellen Selbstverständnis. Auch für ihn beginnt der Weg der Rückkehr zur verlorenen Einheit mit der asketischen Übung, der *praxis*, die zur *apatheia*, der Leidenschaftslosigkeit oder Gelassenheit, und zur *agape*, der Gottes- und Nächstenliebe, führen soll. In innerer Beruhigung, Befreiung und Reinigung fortschreitend, wird der Geist bereit für die *theoria*, die einigende Schau des Göttlichen, der eine geistliche Naturbetrachtung vorausgehen kann. Höchste Stufe der Gotteserkenntnis aber ist die *theologia*, ein intuitives Von-Gott-Wissen, das sein Wesen unvermittelt erfaßt. Euagrios begründete die Lehre vom geistigen Gebet, er deutete seine beständige, aufsteigende Übung – begleitet von beharrlichem Kampf gegen leidenschaftsgebundene Gedanken – als die dem Geist wahrhaft angemessene Aktivität. Diese Gebetstheorie, das Schema vom dreigestuften geistlichen Weg und die Terminologie der Leitbegriffe des Aufstiegs haben seither die durchgängige erkenntnisbetonte Richtung byzantinischer Mystik geprägt. Diesem nachhaltigen Einfluß konnte auch die posthume Verurteilung der heiklen origenistischen Christologie durch ein Konzil des sechsten Jahrhunderts nur teilweise Abbruch tun, zumindest was den asketischen Aspekt der Unterweisung anging.

Von den beiden großen Kappadokiern des vierten Jahrhunderts hat vor allem Gregor von Nyssa für die Geschichte der byzantinischen Mystik Bedeutung, ein umsichtiger Fortsetzer des Origenes, der an der biblischen Schöpfungslehre und der Vorstellung von der absoluten Transzendenz Gottes stets festhielt. Für ihn ist das Wesen Gottes der menschlichen Erkenntnis unzugänglich. Der geistliche Aufstieg bleibt Annäherung, selige Bewegung und liebendes Begehren, – eine Sehnsucht, die durch die göttliche Liebe selbst geschenkt wird. Die Einung mit Gott kann nur mit Begriffen der apophatischen Theologie umschrieben werden, für die allein negative Aussagen der Gottheit angemessen scheinen. Das Dunkel, nicht mehr das Licht wird nun zum Bild für die Gotteserfahrung des Mystikers. Diese Gedankenmotive begegnen später in den Schriften des Pseudo-Dionysios wieder. Freilich ist für Gregor der ferne Gott zugleich ganz nah, durch die historische Offenbarung in dem Menschen Jesus. Die Gleichzeitigkeit von göttlicher Ferne und göttlicher Nähe wird ihm zum Merkmal christlichen Glaubens.

Eine empfindungsbetonte Gegenströmung zu der origenistisch-evagrianischen Entwicklungslinie byzantinischer Mystik hat ihren Ursprung vor allem in den anonymen Schriften des vierten Jahrhunderts, die traditionell dem großen Wüstenvater Makarios von Ägypten zugeschrieben worden sind. Ihr in Kleinasien lebender Verfasser stand der häretischen Sekte der Messalianer nahe, einer charismatischen asketischen Gruppierung, die der sinnenhaften Erfahrbarkeit der Begnadung besondere Bedeutung beimaß, bis hin zu einer materialistischen Auffassung mystischer Erlebnisse. In behutsamer Auseinandersetzung mit ihren Thesen entwickelte im fünften Jahrhundert der Bischof Diadochos von Photike seine Lehre von der sicheren inneren Empfindung der Gegenwart des Göttlichen, die zugleich volle Heilsgewißheit einschloß.

Die differenzierenden, wiederholt Mißverständnissen ausgesetzten Theorien des Diadochos, welche die zukunftsträchtigen Elemente der pneumatologisch fundierten Gedankenwelt des Pseudo-Makarios weiterentfalteten, deuteten die verborgene Mitte des Menschen als psychisches Bewußtsein, als Wahrnehmung innerer Wirklichkeit, verbildlicht als Herz. Damit war der vorwiegend erkenntnisbetonte Überlieferungsstrang byzantinischer Mystik durchbrochen, der über Euagrios und Origenes zur Anthropologie Plotins und Platons zurückführte. Auch die entschiedene Zurückweisung aller sinnlich wahrgenommenen übernatürlichen Phänomene durch diese dominierende Geistorientiertheit wurde vorsichtig allmählich eingeschränkt. Zugleich veränderte sich die Lehre vom beständigen geistigen Gebet zur immerwährenden Anrufung des Namens Jesu, des Namens des menschgewordenen Gottes, zur *monologia,* die sich später zum Jesusgebet mit seiner festen Formel entwickelte. Vor allem bei den großen Sinaiten des siebenten und achten Jahrhunderts, den Fortsetzern der gefühlsorientierten Traditionslinie, läßt sich beobachten, wie dieses mystisch verstandene Gebet allmählich eine zentrale Stellung im geistlichen Leben einnimmt.

Johannes Klimakos, der bedeutendste Vertreter des Mönchtums auf dem Sinai, faßte die verschiedenen Motive der tradierten Unterweisung im vielstufigen Aufbau seines weitverbreiteten Hauptwerkes ausgleichend zusammen. Die höheren Stufen der Gotteserkenntnis erscheinen nicht mehr als heilsnotwendig und für alle Gläubigen verpflichtend. Der Nachdruck liegt auf der asketischen Übung, die zur *hesychia,* der mystischen Ruhe, führen soll. Als wesentliche Tugend wird die innere Wachsamkeit mit einer vielfältigen Terminologie, besonders der Bewahrung des Geistes und der Bewahrung des Herzens, in die mystische Begriffswelt eingeführt.

Pseudo-Dionysios Areopagites, dessen Leitvorstellungen bis auf verwandte Ansätze bei Gregor von Nyssa in der Ideengeschichte byzantinischer Mystik relativ isoliert bleiben, hat im christlichen Osten kaum schulbildend gewirkt, ganz im Unterschied zu seiner außerordentlichen Ausstrahlung in der westlichen Mystik des Mittelalters und der Neuzeit. Die Rezeption seiner Schriften seit dem sechsten Jahrhundert setzte ein, als die Lehre von der Lichtmystik schon fest umrissene Gestalt angenommen hatte. Sie wurde weiter behindert durch die Schwierigkeiten des Sprachstils und die Eigenwilligkeiten einer hierarchisch gestaffelten Emanationstheorie. Die drei Stufen des Systems, – Reinigung, Erleuchtung und Vereinigung –, entsprechen nur äußerlich dem evagrianischen Aufstiegsschema. Für den Areopagiten liegt der Nachdruck auf der geistigen Passivität. Nach der fortschreitenden Reinigung durch immer höhere göttliche Hierarchien wird der Geist in der Vollendung des inneren

Weges, der Ekstase, durch die Kraft liebenden Begehrens aus sich heraus in das Dunkel der Gottheit gerissen.

Maximos der Bekenner, der umfassendste theologische Denker des siebenten Jahrhunderts, bleibt in seinem mystischen System trotz intensiver Auswertung des Areopagiten aufs Ganze gesehen doch ein Geisteserbe der Alexandriner und des Euagrios. Es gelang ihm, widersprüchliche Härten in ihren Gedankenentwürfen auszugleichen und eine harmonische Synthese zu erzielen, die auch die chalkedonensische Christologie und Ekklesiologie einbezog. Mehr als seine Vorgänger hebt er die Bedeutung der Liebe hervor, als Führerin zu den Höhen der Schau und Erkenntnis Gottes, durch asketische Tugendübung und geistliche Naturbetrachtung hindurch, die zur universalen Betrachtung von Natur, Geschichte und Offenbarung erweitert wird. Mehr als viele Spätere sieht er in der Wiederholbarkeit der göttlichen Menschwerdung und in der Möglichkeit der Gottvereinigung durch das Kreuz die Mitte aller Mystik, historisch und symbolisch zugleich.

Centurien – Form und Gehalt

Eine bevorzugte Form des asketisch-mystischen Schrifttums bei den Byzantinern ist seit alters her die Centurie: eine Sammlung von Sprüchen, die nach Hundertergruppen geordnet ist. Als Zusammenstellung von Sentenzen steht sie den gnomischen und apophthegmatischen Gattungen der spätantiken griechischen Literatur nahe. Im christlichen Bereich begegnet sie zum erstenmal bei Euagrios Pontikos, der mit ihr eine doppelte Tradition übernommen hat: einmal die Spruchworte der großen geistlichen Meister aus den Anfängen des Mönchtums, die in Zeiten spiritueller Ermattung und moralischen Niedergangs als mahnende Weisung zusammengetragen wurden; sodann die Sammlung von Denksprüchen zum Zweck täglicher Reflexion in der Tradition der jüngeren Stoa. Euagrios hat also gleichsam den charismatisch inspirierten Leitspruch der Wüstenväter in eine spätantike literarische Form übertragen; zugleich hat er die Spekulation seines

Lehrers Origenes für die regelmäßige Betrachtung der Mönche in ein einprägsames Konzentrat verwandelt.

Neu gegenüber den Vorbildern ist, daß die Centurien der byzantinischen Überlieferung jeweils das Werk eines einzigen Verfassers sind, nicht mehr Kompilationen von Sentenzen verschiedener Herkunft wie die berühmten monastischen »Apophthegmata Patrum«. Dazu kommt nun die Anordnung und Begrenzung der Sammlungen nach bestimmten Zahlen, besonders nach Hundertergruppen. Die Festlegung auf eine Zahl kann mehrere Ursachen haben, etwa die Abgrenzung der literarischen Einheit des Werkes, die spätere Interpolationen verhindern sollte. Meist aber ist sie in der Zahlensymbolik begründet. Auch sie erwuchs aus der allegorischen Schriftinterpretation des Origenes. Hundert war ihm eine heilige Zahl der Vollkommenheit, deren Zehnergruppen in geheimnisvoller Entsprechung zu den Grundzahlen standen. So ist auch die Anzahl der Hundertergruppen in den Spruchsammlungen nicht ohne symbolische Bedeutung: Sechs bei Euagrios Pontikos für die Tage der Schöpfung, zugleich als Bild des mühseligen irdischen Lebens, abgesetzt vom siebenten Tag der Ruhe und dem achten der Auferstehung; vier bei Maximos dem Bekenner für die Anzahl der Evangelien; drei bei einem Autor des elften Jahrhunderts für die Stufen des geistlichen Weges.

Auch andere mechanische Formprinzipien können zur äußeren Begrenzung der Sentenzensammlung verwendet werden. So präsentiert sich die evagrianische Abhandlung vom Gebet als ein mystischer Korb von 153 Sprüchen, die den Fischen beim Fang des Tiberias im Evangelium entsprechen und dadurch in ihrer Gesamtzahl eine besondere Bedeutung erhalten. Weitere Varianten waren die alphabetische Anordnung der Sentenzen nach dem Anfangsbuchstaben oder die anspruchsvollere Einheitsform des Akrostichons, die etwa Thalassios der Libyer gebraucht hat.

Diese Folgen verdichtet formulierter Sentenzen, inhaltlich meist nur lose aufeinander bezogen und durch den Zahlenaufbau nur äußerlich zusammengehalten, ermöglichten zugleich eine intendierte Dunkelheit. Autoren wie Euagrios Pontikos sprechen bewußt zu einem eingeweihten Leser, für den sich die knappen Aphorismen in ihrer scheinbar willkürlichen Anordnung im geduldigen Mitvollzug zu einer verborgenen Ordnung zusammenfügen. Die innere Einheit, welche die immer neu abgewandelten Sentenzen der Sammlung verband, sollte seelisch erfaßt werden.

Im Laufe der Entwicklung der Centurie begegnen mannigfaltige Spielarten der literarischen Form. Sie kann sich von der bloßen Sentenzenreihe bis zum geschlossenen Traktat entfalten. Der Einzelspruch verändert sich dann langsam zum Kapitel, das an äußerer Länge zunimmt. Aus der lockeren Reihung bündig formulierter Gedanken wird die Behandlung eines einheitlichen Themas in logischer Folge. Doch bestehen immer wieder die verschiedenen Möglichkeiten der Abschnittsverkettung nebeneinander. Bis zuletzt bezeugen zahlreiche Zwischenformen die lebendige Faszination der Centurie für das byzantinische Publikum.

Es ist reizvoll zu beobachten, wie mehr oder weniger mechanisch, verinnerlicht oder kunstvoll der Autor mit der Centurie umgegangen ist. Oft werden einzelne Gedankenmotive durch mehrere Sprüche einer variablen Gruppe abgewandelt. Oder es wird ein Leitbegriff eine Spruchreihe lang festgehalten und in wiederholter Betrachtung verdichtet oder vertieft. Manche Grundvorstellungen können in der Sentenzenabfolge unvermittelt aussetzen, während andere weitergeführt werden; nach einer Pause werden sie dann erneut aufgenommen und fortbewegt.

Diese Technik der abwandelnden Wiederholung verleiht den zentralen Begriffen des asketisch-mystischen Weges durch innere Verknüpfung besonderes Gewicht. Jeder von ihnen ist ein historisch gewachsenes, einmaliges Gebilde, das einen von spekulativer Energie und spiritueller Erfahrung geprägten Sinn immer neu zu bezeichnen versucht. Ihr spezifischer Stellenwert wird der Individualität und Intention des Autors entsprechend je nach dem Zusammenhang etwas verschieden sein. Im Ganzen des Werkes aber fügen sich alle zu einem begrifflichen Netz zusammen. Es ermöglicht auf dem begrenzten Raum von Kernsätzen präzis geschliffene Aussagen von größter geistiger Weite.

Den praktischen Zwecken der Unterweisung und Betrachtung gemäß sind Sprache und Stil der Centurien relativ einfach. Trotzdem haben sie je nach Herkunft und Bildungsniveau ihrer Verfasser lebendigen Anteil an Wortschatz und Rhetorik des Griechischen ihrer Zeit. Das wird deutlich etwa in ausgedehnten Perioden und der Neigung zu eingehenden Vergleichen. In der Bildwelt herrscht das genaue, aber vorgeprägte Detail aus der Naturbeobachtung vor, das schon die Spätantike kannte. Bevorzugt wird es für eine allegorische Betrachtung nutzbar gemacht. Doch wie der Bereich begrifflicher Leitvorstellungen so bleiben Sprachschatz und Kunstmittel insgesamt recht begrenzt. Die einprägsame, nachhaltige Wirkung der Texte liegt teilweise in dieser Beschränkung begründet.

Auffällig ist, in wie starkem Maße die Centurien vom Geist der biblischen Bücher durchdrungen sind. Die Möglichkeiten des Schriftverweises, von der versteckten Anspielung bis zum ausführlichen direkten Zitat sind zahlreich. Der Stellenbeleg war für Autor und Leser gewöhnlich nicht notwendig, weil innere und äußere Nähe zum Evangelium, etwa zu den besonders häufig angeführten Briefen des Paulus, noch unmittelbar gegeben waren. Im exegetischen Umgang mit dem gleich vertrauten Alten und Neuen Testament spielt die allegorische Interpretation eine besondere Rolle. Sie entsprang nicht intellektueller Willkür, sondern bezeichnete nach Origenes die höchste, rein geistige Form der Schriftauslegung.

Die Gedanken, die Maximos der Bekenner seinen vier Centurien über die Liebe im Prolog vorangestellt hat, umreißen auch heute noch Form und Gehalt der Gattung in vollendeter Weise: Seine Schrift sei nicht allein die Frucht eigenen Bemühens. Er habe die Werke der heiligen Väter durcheilend und auslesend, den Geist auf das eigene Anliegen zurückgelenkt. Lange Ausführungen habe er in kurze Sprüche verdichtet, um sie leichter überblickbar und einprägsamer zu machen. Es sei ein Werk schmuckloser Rede entstanden, das in jedem Kapitelchen genaue Beachtung verdiene. Nicht alles werde für alle leicht verständlich sein. Vieles werde für die Menge einer längeren Auslegung bedürfen, auch wenn der Wortlaut auf den ersten Blick einfach anmute. Aus dem Gesagten könne wiederholt ein für die Seele nützliches Geheimnis aufscheinen. Aber das sei immer ein Geschenk der göttlichen Gnade an den, der nicht aus Neugier, sondern in Gottesfurcht und mit Liebe lese.

Euagrios Pontikos

(4. Jahrhundert)

Geboren um 345 in der Kleinstadt Ibora in der Provinz Pontus am Schwarzen Meer; daher die latinisierte Namensform Evagrius Ponticus. Schon früh in Verbindung mit Basileios von Caesarea, von dem er zum Lektor geweiht wurde, und mit Gregor von Nazianz, seinem großen Freund und Lehrer. Durch den Kreis um Basileios erste Berührung mit der Gedankenwelt des Origenes (gestorben um 254). Von Gregor zum Diakon geweiht und mit ihm seit 378 in Konstantinopel. 381 Teilnahme des erfolgreichen, wegen seiner dialektischen Gewandtheit geschätzten jungen Klerikers an der Reichssynode. Bald darauf floh er wegen einer Liebesaffäre aus der Hauptstadt. Im ersten Abschnitt der Hinwendung zu einem Leben der Askese schloß er sich in Jerusalem dem origenistisch inspirierten Kreis um die Römerin Melania die Ältere und Rufinus von Aquileja an. Dann seit etwa 383 in Ägypten als Einsiedlermönch: zunächst in der nitrischen Wüste bei Alexandria, dann in der Kellienwüste; unter dem persönlichen Einfluß des Priestermönchs Makarios von Alexandria und des Anachoreten Makarios des Ägypters in der Sketis. In den »Apophthegmata Patrum«, einer Sammlung von Sprüchen berühmter Mönche aus dem 5. Jahrhundert, ist die Härte der Schulung für den intellektuellen Fremdling bezeugt. Freundschaft mit einer Gruppe origenistisch denkender Mönche, vor allem mit dem gelehrten Ammonios. Nach längerer Unterstützung wandte sich infolge innerer kirchenpolitischer Spannungen der Patriarch Theophilos von Alexandria 399 gegen die Origenes-Anhänger in Nitrien; diese brachten sich 400 bei dem Patriarchen Johannes Chrysostomos in Konstantinopel in Sicherheit. Der Tod des Euagrios ist noch vorher, zu Anfang 399, bezeugt.

Unter den Werken ist am wichtigsten die Dreiergruppe »Praktikos«, »Gnostikos« und »Kephalaia gnostika«. Der »Praktikos«, eine Centurie – also eine Folge von hundert kurzen Kapiteln oder Sprüchen –, ist die vollständigste Darstellung der asketischen Lehre des Euagrios. Der »Gnostikos«, im Umfang nur eine halbe Centurie, die griechisch nur fragmentarisch erhalten, in syrischer und armenischer Übersetzung aber vollständig überliefert ist, wendet sich mit esoterischen Ratschlägen an den im »gnostischen« Leben Erfahrenen. Die »Kephalaia gnostika«, mit 540 Sprüchen das Hauptwerk des Euagrios, – wegen ihres ausgeprägten origenistischen Charakters griechisch nur in Bruchstücken überliefert, doch vollständig, aber bearbeitet in syrischer Übersetzung erhalten –, umspannen einen weiten Bereich philosophischen und theologischen Denkens. Neben kleineren Werken praktischer Unterweisung für Mönche sind über sechzig Briefe erhalten, ebenfalls nur in syrischer Übersetzung. Außer mehreren indirekt und fragmentarisch tradierten Kommentaren zu biblischen Büchern sind weitere Werke zu ihrem Schutz anderen Autoren zugeschrieben worden, vor allem Neilos von Ankyra (gestorben um 430). Das bedeutendste ist die für die mystische Lehre des Euagrios wesentliche Abhandlung »Vom Gebet«, eine Folge von 153 Sprüchen; sie erscheint auch in der »Philokalia« noch unter dem Decknamen.

Euagrios hat die von ihm empirisch aufgenommene, direkte Unterweisung der ägyptischen Wüstenväter mit spekulativen Elementen aus der philosophischen und theologischen Tradition der ersten drei nachchristlichen Jahrhunderte zu einem beeindruckenden persönlichen System verbunden. Er bevorzugt die Sammlung von locker aneinandergereihten, relativ selbständigen Sprüchen oder »Kapiteln« (*kephalaia*), die aus einem Willen zum Esoterischen gern rätselhaft formuliert sind. Seine asketisch-mystische Lehre ist aufgebaut auf der Gliederung in die zwei Abschnitte des geistlichen Lebens, die *praktike* und die *gnostike,* tätiges und beschauliches Leben. Die erste erstrebt durch den Kampf gegen die Leidenschaften die Reinigung der Seele und schließlich die *apatheia,* die Leidenschaftsfreiheit oder Gelassenheit. Mit psychologischem Scharfblick untersucht Euagrios das Wirken der Leidenschaften, das er auf die Dämonen zurückführt, die sich in ihrem Kampf gegen die Einsiedlermönche vor allem der *logismoi* bedienen, der acht versucherischen Gedanken oder Laster. Den Abschluß der *praktike* bezeichnet die Entfaltung der Liebe, *agape,* der Tochter der *apatheia.* Das Leben der *gnostike* sodann vollzieht sich in zwei Stufen: in der *physike,* der Naturbetrachtung oder Weltschau, die sich je nach dem geschauten Objekt (die sinnenhaften Körper oder deren letzte Gründe, die *logoi*) wiederum in zwei Stufen gliedert, und der *theologike,* dem Von-Gott-Wissen oder der Gottesschau, wo der Geist sich selbst und durch sein Licht indirekt Gott schaut. Das Voranschreiten des Geistes in der *physike* geschieht durch die fünf geistlichen Sinne; der letzte Aufstieg in der *theologike,* der in der Schau des reinen Gebetes gipfelt, ist Gnadengabe Gottes.

Die asketisch-mystische Lehre ist in ein eigenständiges metaphysisches und theologisches System eingefügt, das in seinen Hauptzügen ganz auf Origenes gegründet ist: Pyramide des Seins mit der Monas Gott an der Spitze, Abfallsbewegung der Geister in die körperliche Vielheit, Rückkehrmöglichkeit im Aufstieg der Stufen der Betrachtung, Wiedervereinigung mit der Monas in der Endzeit. Durch die Verurteilung des Origenismus, vor allem seiner Christologie, auf dem Konzil von Konstantinopel 533 unter Kaiser Justinian wurde die Nachwirkung des systematischen Werkes von Euagrios stark eingeschränkt; seine asketisch–mystische Lehre aber hat im Osten und im Westen auf die Entwicklung mönchischer Spiritualität entscheidend eingewirkt.

Trotz der erbitterten Feindschaft des Hieronymus, der vor allem die Vorstellung der *apatheia* entschieden ablehnte, in der lateinischen Welt, besonders durch die Vermittlung von Johannes Cassianus (gestorben um 430), von nachhaltigem Einfluß. Obwohl in der griechischen Überlieferung nach der Verurteilung relativ selten namentlich erwähnt, ist das asketische Werk in gewisser Weise bei fast allen byzantinischen Mystikern nachzuweisen. So etwa bei Maximos dem Bekenner und Johannes Klimakos, die beide Euagrios kaum nennen. Es hat auch durch die Form der Centurien, der Hundertergruppen von selbständigen Sprüchen, ausgestrahlt, die zu einer bevorzugten Gattung in der geistlichen Literatur der Byzantiner aller Epochen wurde.

In der syrischen Tradition sind nicht nur alle Schriften in Übersetzungen, häufig bearbeitet und kommentiert, weit verbreitet, sondern auch Euagrios Pontikos selbst ist von Autoren der Mystik, etwa Isaak von Ninive, hoch verehrt worden. Auf die syrischen Übersetzungen gehen auch armenische, arabische und andere Textfassungen zurück, die breite und lange Beschäftigung mit ihm bezeugen.

Die vier in die »Philokalia« aufgenommenen Texte des Euagrios behandeln vor allem den »praktischen«, also den asketischen Aspekt des geistlichen Lebens und sind damit relativ frei von suspekter origenistischer Spekulation.

Über die Unterscheidung von Leidenschaften und von Gedanken

Unsere geistliche Natur, die durch Sündhaftigkeit gestorben war, wird von Christus durch die Schau aller Weltalter der Schöpfung wieder erweckt. Und durch die geistliche Erkenntnis, die der Vater von sich schenkt, erweckt er die Seele, die den Tod Christi gestorben ist. Das ist der Sinn der Worte des Paulus: »Wenn wir mit Christus gestorben sind, dann werden wir auch mit ihm leben« (2 Tim 2,11). (17)

Wenn der Geist den Stand des Sündenfalls abgelegt und den Stand der Gnade erlangt hat, dann sieht er im Gebet seine eigene Natur wie einen Saphir oder wie die Farbe des Himmels (vgl. Ex 24,10). Dies wird in der Schrift das Reich Gottes genannt, das die Väter auf dem Berg Sinai gesehen haben. (18)

Von der Wachsamkeit

Der Mönch soll immer so handeln, als ob er am nächsten Tag sterben müßte; aber er soll mit seinem Leib so umgehen, als ob er noch viele Jahre zu leben hätte. Das eine nimmt ihm die Neigung zur Mattigkeit und macht ihn tätiger; das andere hält seinen Leib gesund und bewahrt ihm ausgeglichene Selbstbeherrschung. (1)

Einst besuchte ich mittags Makarios (von Alexandria) und bat ihn um einen Trunk Wasser, denn ich war vor großem Durst ganz ausgetrocknet. Er aber sprach: »Begnüge dich mit dem Schatten, denn es sind jetzt viele auf Reisen unterwegs, die auch ihn entbehren.« Als ich ihm dann von den Schwierigkeiten beim Üben der Selbstbeherrschung erzählte, sagte er: »Faß nur Mut, mein Sohn. Zwanzig Jahre lang habe ich mich nicht mit Brot sattgegessen, mit Wasser sattgetrunken oder ausgeschlafen. Ich habe mir vielmehr Brot und Wasser genau zugemessen, ich habe mir auch etwas Schlaf gegönnt, wenn ich mich ein wenig an die Wand lehnte.« (4)

Geistliche Lesungen, Nachtwachen und Gebete führen den schweifenden Geist zur Festigkeit. Hungern, Anstrengung und Rückzug aus der Welt ersticken leidenschaftliches Verlangen. Psalmenbeten, Geduld und Mitleid zügeln unruhiges Begehren. Alles, was zeitlich unangemessen oder übertrieben ist, wird mehr von kurzer Dauer und schädlich sein, als daß es nützt. (5)

Vom Gebet

Wenn die Seele durch die Fülle der Tugenden gereinigt ist, dann läßt sie den Geist unerschütterlich werden und bereitet ihn für den ersehnten Zustand des Gebetes. (2)

Als Mose sich dem brennenden Dornbusch nähern wollte, wurde es ihm verwehrt, bis er seine Schuhe von den Füßen gezogen hatte. Warum legst du dann nicht jeden leidenschaftlichen Gedanken ab, wenn du den sehen willst, der über jedem Gedanken und über jedem Gefühl ist? (4)

Bitte vor allem um die Gabe der Tränen, um durch die Reue die Härte deiner Seele zu erweichen und durch das Bekenntnis deiner Sünde vom Herrn Vergebung zu erlangen. (5)

Wenn du in deinem Gebet viele Tränen vergießt, so überhebe dich deswegen nicht in dir; dein Gebet hat nur Hilfe erhalten, damit du bereitwillig deine Sünden bekennen und den Herrn durch deine Tränen besänftigen kannst. (7)

Verkehre also nicht das Mittel gegen Leidenschaften in eine Leidenschaft, wenn du nicht den erzürnen willst, der diese Gnade geschenkt hat. Viele, die ihre Sünden beweint haben, sind dem Trug verfallen und in die Irre gegangen, weil sie das Ziel der Tränen vergaßen. (8)

Sei standhaft und bete mit Ausdauer; verwirf die Sorgen und Gedanken, die in dir aufsteigen; denn sie verwirren und stören dich, um deine Kraft zu schwächen. (9)

Bemühe dich, beim Gebet deinen Geist taub und stumm zu machen; dann kannst du beten. (11)

Das Gebet ist ein Sproß der Sanftmut und Befreiung vom Zorn. (14)

Das Gebet ist eine Frucht der Freude und Dankbarkeit. (15)

Das Gebet ist Abhilfe für Schwermut und Verzweiflung. (16)

Wenn du recht beten willst, dann verleugne dich jederzeit; und wenn du Widrigkeiten aller Art ertragen mußt, dann nimm sie aus Liebe zum Gebet geduldig an. (18)

Jede Mühsal, die du weise erduldest, wird dir in der Zeit des Betens Frucht bringen. (19)

Wenn du alles erträgst, dann wirst du immer freudig beten. (23)

Bete nicht nur der äußeren Haltung nach, sondern führe deinen Geist ehrfürchtig zum geistlichen Gebet. (28)

Bisweilen hast du dich eben erst dem Gebet hingegeben, und schon betest du gut; ein andermal aber kommst du trotz aller Anstrengung nicht zum Ziel. Daher sollst du dich weiter bemühen, und wenn du das Erstrebte erlangt hast, wird es dir kein Dieb mehr nehmen können. (29)

Was gibt es Gutes außer Gott? Überlassen wir ihm also alles, was uns angeht, und alles wird gut sein. Wer gut ist, spendet auch alle guten Gaben. (33)

Bekümmere dich nicht, wenn du von Gott nicht gleich empfängst, was du erbittest. Denn er will dir mit der Ausdauer im Gebet etwas Besseres geben. Was gibt es nämlich Höheres, als mit Gott zu sprechen und in innerer Gemeinschaft mit ihm aufzugehen? (34)

Das Gebet ist der Aufstieg des Geistes zu Gott. (36)

Wenn du das Gebet erstrebst, entsage allem, damit du alles gewinnst. (37)

Es ist recht, nicht nur für die eigene Reinigung zu beten, sondern für das ganze Menschengeschlecht, um so dem Tun der Engel nachzueifern. (40)

Ob du gemeinsam mit Brüdern oder allein betest, bemühe dich, nicht gewohnheitsmäßig, sondern bewußt zu beten. (42)

Wenn du betest, wache streng über deinem Gedächtnis, damit es dir nicht Erinnerungsbilder vorspiegelt, sondern dich zum Bewußtsein der Übung führt; der Geist neigt nämlich sehr dazu, sich beim Beten durch das Gedächtnis davontragen zu lassen. (45)

Durch die Übung der Tugenden gelangen wir zur Schau des inneren Wesens der geschaffenen Dinge, und von ihr zur Schau des Herrn, der sie geschaffen hat; er aber offenbart sich im Zustand des Gebetes. (52)

Der Zustand des Gebetes ist ein Zustand der Leidenschaftslosigkeit, der durch liebende Sehnsucht den nach geistlicher Weisheit begierigen Geist zur höchsten Erkenntnis hinreißt. (53)

Wer wahrhaft beten will, muß nicht nur seinen Zorn und seine Begehrlichkeit beherrschen; er muß sich auch von jedem leidenschaftlichen Gedanken freimachen. (54)

Wer im Geist und in der Wahrheit betet, lobt den Schöpfer nicht auf Grund der Geschöpfe; er lobt Gott aus Gott und in Gott. (60)

Wenn du ein geistlich Wissender bist, wirst du wahrhaft beten; wenn du wahrhaft betest, bist du ein geistlich Wissender. (61)

Wenn dein Geist in inniger Gottesliebe sich anschickt, allmählich gleichsam das Fleisch zu verlassen, wenn er alle Gedanken abweist, die aus Sinneswahrnehmung, Gedächtnis oder Seelenverfassung stammen, und wenn er zugleich erfüllt ist von Ehrfurcht und Freude, – dann magst du dich den Grenzen des Gebetes nahe wissen. (62)

Aus Erbarmen mit unserer Schwäche besucht uns der Heilige Geist auch, wenn wir noch nicht gereinigt sind. Wenn er unseren Geist in Sehnsucht nach dem wahren Gebet beten findet, dann kommt er schon über ihn und zerstreut die Schar aller Überlegungen und Gedanken, die ihn belagern; dann führt er ihn zum Werk des geistlichen Gebetes. (63)

Wenn du dich zu beten bemühst, dann tue nichts, was mit dem Gebet unvereinbar ist, damit Gott dir beistehe und dich begleite. (66)

Forme dir beim Beten kein Bild der Gottheit und laß deinen Geist nicht durch den Eindruck einer Gestalt prägen; nähere dich vielmehr unkörperlich dem Unkörperlichen, und du wirst verstehen. (67)

Nimm dich in acht vor den Fallen der Dämonen; manchmal, während du rein und ungestört betest, kann dir plötzlich eine unbekannte, fremde Gestalt erscheinen, um dich anmaßend glauben zu machen, dort sei Gott, und dich als Gottheit den Gegenstand ansehen zu lassen, der da plötzlich vor deinen Augen erschienen ist; die Gottheit aber ist ohne Größe oder Gestalt. (68)

Sei wachsam und bewahre deinen Geist beim Beten vor allen gedanklichen Vorstellungen, damit er in der Ruhe verharre, die ihm angemessen ist; dann wird der, der sich der Unwissenden erbarmt, auch über dich kommen, und du wirst die segensreiche Gabe des Gebetes empfangen. (70)

Du kannst nicht zum reinen Gebet kommen, wenn du in körperliche Dinge verstrickt bist und von beständigen Sorgen beunruhigt wirst; das Gebet nämlich ist die Aufhebung der Gedanken. (71)

Wenn der Geist das reine und wahre Gebet erreicht hat, greifen ihn die Dämonen nicht mehr von der linken, sondern von der rechten Seite an. Sie spiegeln ihm ein trügerisches Bild Gottes in sinnlich angenehmer Gestalt vor, um ihn glauben zu machen, er habe das Ziel des Gebetes ganz erreicht. Ein verehrungswürdiger Mann mit geistlichem Wissen hat gesagt, das sei ein Werk leidenschaftlichen Hochmuts und dämonischer Berührung, die bestimmte Bereiche des Gehirns erregt. (73)

Wenn dir scheint, du brauchtest im Gebet keine Tränen um deiner Sünden willen mehr, so bedenke, wie weit du von Gott entfernt bist, obwohl du doch immer in ihm sein solltest; dann wirst du bitterlich weinen. (78)

Wenn du wahrhaft betest, wirst du ganze Gewißheit erlangen; die Engel werden dich geleiten wie Daniel, und sie werden dich erleuchten mit der Einsicht in das innere Wesen des Geschaffenen. (80)

Bete recht und ruhig, psalmodiere mit Verständnis und Wohlklang, und du wirst sein wie der junge Adler, der in die Höhe steigt. (82)

Das Psalmensingen besänftigt die Leidenschaften und dämpft die Begehrlichkeit des Leibes; das Gebet steigert die Wirkkraft des Geistes. (83)

Das Gebet ist das Werk, das der Würde des Geistes entspricht; es ist sein höchstes und eigentliches Tun. (84)

Das Psalmensingen gehört der vielgestaltigen Weisheit an; das Gebet ist die Hinführung zum einen, unkörperlichen Erkennen. (85)

Die geistliche Einsicht ist kostbar; sie ist beim Gebet ein Helfer, der die erkennende Kraft des Geistes zur Schau göttlicher Erkenntnis erweckt. (86)

Wenn du dich dem Gebet widmest, bereite dich vor auf die Angriffe der Dämonen und ertrage ihre Schläge tapfer; denn sie werden sich wie wilde Tiere auf dich stürzen und deinen ganzen Leib übel zurichten. (91)

Rüste dich wie der geübte Kämpfer, damit du nicht wankst, auch wenn du plötzlich eine Erscheinung siehst; damit du nicht beunruhigt wirst, auch wenn ein Schwert auf dich gerichtet oder ein Licht dir ins Gesicht gestrahlt scheint; damit dein Mut überhaupt nicht erschüttert wird, auch nicht von einer abstoßenden, blutigen

Spukgestalt. Steh unbewegt, halte fest an deinem heiligen Bekenntnis; dann kannst du den Anblick deiner Feinde mit Zuversicht ertragen. (92)

Wer Prüfungen erträgt, wird auch Tröstungen empfangen; und wer in Widrigkeiten standhaft ist, wird auch Freuden erfahren. (93)

Wenn die Dämonen plötzlich drohen, dir aus der Luft zu erscheinen, dich zu ängstigen und dir den Geist zu verwirren, dann fürchte dich nicht und achte nicht auf ihre Drohungen. Sie erschrecken dich, um zu sehen, ob du dich mit ihnen abgibst, oder ob du sie ganz außer acht lassen kannst. (99)

Wie das Brot die Nahrung für den Leib ist, so die Tugend für die Seele, und so das geistliche Gebet für den Geist. (101)

Nimm keine Rücksicht auf die Bedürfnisse des Leibes, wenn du dich dem Gebet widmest, damit nicht der Biß von Laus oder Floh, von Mücke oder Fliege dir den wertvollsten Gewinn des Gebetes raubt. (105)

Man hat uns erzählt, daß beim Beten ein Heiliger, nachdem er die Hände erhoben hatte, so beharrlich vom Bösen angegriffen wurde, daß der böse Feind sich in einen Löwen verwandelte, seine Vorderpfoten aufhob und seine Klauen in beide Wangen des starken Mannes schlug und sie nicht freigab, bis der Heilige die Arme sinken ließ. Er aber ließ sie erst fallen, als er seine üblichen Gebete beendet hatte. (106)

Von einem anderen geistlichen Bruder haben wir gelesen, daß beim Beten eine Schlange herankroch und sich um seinen Fuß wand. Er aber ließ die Arme nicht sinken, ehe er sein übliches Gebet beendet hatte; so nahm er keinen Schaden, denn er hatte Gott mehr geliebt als sich selbst. (109)

Versuche beim Beten keinesfalls, ein Bild oder eine Gestalt zu sehen. (114)

Der Ursprung aller Täuschungen des Geistes ist Hochmut; er treibt den Geist, daß er versucht, die Gottheit durch Bilder und Gestalten zu begrenzen. (116)

Selig der Geist, der im Gebet ohne Ablenkung immer größere Sehnsucht nach Gott erfährt. (118)

Selig der Geist, der beim Gebet frei wird von aller Stofflichkeit und aller Dinge ledig. (119)

Selig der Geist, der beim Gebet die vollkommene Befreiung von sinnlicher Empfindung erreicht. (120)

Selig der Mönch, der jeden Menschen als Gott nach Gott betrachtet. (121)

Selig der Mönch, der freudig auf das Heil und das Voranschreiten aller schaut, als wäre es das eigene. (122)

Mönch ist, wer von allem getrennt und mit allen verbunden ist. (124)

Mönch ist, wer sich als eins mit allen betrachtet, weil er gewohnt ist, sich in jedem einzelnen zu sehen. (125)

Vertraue Gott die Bedürfnisse des Leibes an; das zeigt, daß du ihm auch die des Geistes anvertraust. (129)

Wenn du die Verheißung erlangst, wirst du als König herrschen; blicke also auf sie, und du wirst die gegenwärtige Armut heiter tragen. (130)

Wenn du das Gebet aufmerksam suchst, wirst du es finden; denn das Gebet folgt aus Aufmerksamkeit; also muß sie geübt werden. (149)

Der Wert des Gebetes besteht nicht in seinem bloßen Umfang, sondern in seiner inneren Güte; das zeigt sich an den beiden, die hinaufgingen in den Tempel, um zu beten (vgl. Lk 18,10), und auch in dem Wort: »Wenn ihr aber betet, plappert nicht daher wie die Heiden« (Mt 6,7). (151)

Solange du noch der Erscheinung des Leibes Beachtung schenkst und dein Geist sich mit dem äußerlich Annehmlichen beschäftigt, hast du den Ort des Gebetes noch nicht gesehen, und du bist fern von dem beseligenden Pfad, der zu ihm führt. (152)

Wenn du im Gebet dich über jede andere Freude erhoben hast, dann hast du das Gebet wahrhaft gefunden. (153)

Pseudo-Makarios

(etwa 5. Jahrhundert)

Lebte als Mönch während des letzten Drittels des vierten und des ersten Drittels des fünften Jahrhunderts, wahrscheinlich im Gebiet zwischen Mesopotamien und dem Süden von Kleinasien. Lange mit Makarios dem Ägypter (gestorben um 390) verwechselt, dem Begründer mönchischen Lebens in der Sketis, einem der berühmtesten ägyptischen Wüstenväter seiner Zeit. Pseudo-Makarios ist der Verfasser von rund hundert Lehrreden oder Homilien, die hauptsächlich in vier großen griechischen Sammlungen überliefert sind; vor allem die zweite mit den fünfzig Homilien hat ihn in Ost und West bekannt gemacht. Das Werk stellt äußerst schwierige textkritische Probleme, die zugleich den Autor und seine Lehre betreffen. Die meisten Sammlungen verdanken ihr Entstehen dem wiedererwachten Interesse an Mystik im Byzanz des zehnten und elften Jahrhunderts; sie gebrauchen das überkommene Material in freier Auswahl und Anordnung, dem Zeitgeschmack entsprechend. In seiner mühsam zu erschließenden ursprünglichen Gestalt ist das Gesamtwerk ein Ausdruck intensiven asketischen Lebens und authentischer mönchischer Unterweisung. Die traditionelle Zuschreibung der anonymen Sammlung an Makarios den Ägypter kann seit 1920 nicht mehr aufrecht erhalten werden, nachdem Parallelen mit Texten aus dem Umkreis der häretischen Sekte der Messalianer nachgewiesen wurden. Obwohl sich das Werk von den offenkundigen extremen Positionen der Sekte fernhält und in seiner Lehre vom geistlichen Leben eher einen ausgleichenden Standpunkt vertritt, wurde es zumindest teilweise 431 auf dem Konzil von Ephesos und früheren Synoden zusammen mit den dualistisch und materialistisch vergröbernden Thesen der Messalianer verurteilt. Trotzdem lassen sich auch innere Beziehungen des unbekannten Verfassers zu Werken von Basileios dem Großen (um 330-379) und seines Bruders Gregor von Nyssa nachweisen. Seine neuere Gleichsetzung mit Symeon von Mesopotamien, einem sonst kaum abgrenzbaren Führer der Messalianer, bleibt umstritten. Immerhin hat sich die traditionelle Zuschreibung an den großen ägyptischen Wüstenvater für die Überlieferung der inhaltlich zumindest teilweise verurteilten Sammlungen als Schutz erwiesen.

Die bestimmenden Züge der persönlichen Lehre des Pseudo-Makarios, die sich bewußt in den festen Rahmen einer praktischen Mönchsunterweisung einfügt, sind: Übergewicht des geistlichen Kampfes; Verinnerlichung des geistlichen Lebens, mit einer entsprechenden Betonung persönlicher Erfahrung göttlicher Wirklichkeit; hervorgehobene Rolle des Wirkens des Heiligen Geistes; besondere Bedeutung des Gebets als Weg der Vervollkommnung. Dem persönlichen Kriterium der erfahrenen Gegenwart des Heiligen Geistes wird dabei wiederholt größere Wichtigkeit zugemessen als dem kirchlichen Akt, auch den Sakramenten.

Der Einfluß des Pseudo-Makarios auf die asketisch-mystische Literatur der Ostkirche entspricht dem des Euagrios, dessen Geistbetontheit er durch seinen Nachdruck auf dem Moment persönlichen Empfindens korrigiert und ergänzt. Zu seinen bedeutendsten Schülern gehören Diadochos von Photike und später Symeon der Neue Theologe und Gregor Palamas. Im Westen hat er etwa im lutherischen Pietismus ein intensives Nachleben gehabt.

Die Auswahl, Zusammenstellung und Bearbeitung der in der »Philokalia« abgedruckten Texte des Pseudo-Makarios stammt von Symeon Metaphrastes, einem hohen Staatsbeamten unter mehreren byzantinischen Kaisern der zweiten Hälfte des 10. Jahrhunderts. Der vielseitige Literat ist vor allem als Herausgeber einer umfassenden Sammlung von Heiligenviten hervorgetreten, in der er das überlieferte Material dem Zeitgeschmack entsprechend stilistisch bearbeitete und neu faßte.

Die von Symeon »dem Übersetzer« formal gestrafften und sprachlich geglätteten Texte folgen im chronologischen Aufbau der »Philokalia«, dem Alter der Bearbeitung entsprechend, auf die Auswahl aus Petros Damaskenos.

Homilien, in der Bearbeitung von Symeon Metaphrastes

Von der geistlichen Vervollkommnung

Jeder von uns erlangt das Heil durch Gnade und als göttliches Geschenk des Heiligen Geistes. Aber er kann das vollkommene Maß der Tugend durch den Glauben, die Liebe und den Kampf der freien Willensentscheidung erreichen und wird so durch Gnade wie auch durch Gerechtigkeit das ewige Leben erben. Nicht durch göttliche Kraft und Gnade allein, ohne den Beitrag eigener Anstrengung, wird er gewürdigt, zur Vollkommenheit fortzuschreiten; auch erreicht er das vollkommene Maß der Freiheit und Reinheit nicht allein aus eigener Anstrengung und Kraft, ohne Beteiligung göttlicher Hilfe. Denn es heißt: »Wenn der Herr nicht das Haus baut und die Stadt behütet, wacht der Wächter vergeblich, und die Bauleute mühen sich vergeblich« (Ps 127,1). (1)

Vom Gebet

Ausdauer im Gebet ist der Grund allen guten Strebens und die Vollendung guter Werke. Mit Gottes Führung und Hilfe erwerben wir dadurch die anderen Tugenden. Die würdig befunden werden, erfahren im Gebet Teilhabe am verborgenen Wirken von Gottes Heiligkeit und innere Gemeinschaft mit ihm, und ihr Geist wendet sich in unaussprechlicher Liebe dem Herrn zu. »Du erfüllst mein Herz mit Freude« (Ps 4,8) heißt es, und der Herr selbst spricht: »Das Reich Gottes ist mitten in euch« (Lk 17,21). Und was bedeutet, daß das Reich in uns ist, anderes als daß die himmlische Freude des Heiligen Geistes die ihrer würdigen Seelen deutlich prägt? Denn die Seelen, die durch wirkende Teilhabe am Heiligen Geist gnadenhaft gewürdigt werden, empfangen schon hienieden ein Unterpfand und einen Vorgeschmack des Entzükkens, der Freude und der geistlichen Glückseligkeit, deren die Heiligen im ewigen Lichte des Reiches Christi teilhaftig werden. Das lehrt auch der heilige Apostel: »Er schenkt uns Trost in all unserer Trübsal, damit wir unsererseits die zu trösten vermögen, die in allerlei Trübsal sind, mit eben dem Trost, mit dem wir selber von Gott erquickt werden« (2 Kor 1,4). Es heißt auch: »Mein Geist und mein Leib jubeln dem lebendigen Gott« (Ps 84,3) und: »Wie von Fett und Mark wird satt meine Seele« (Ps 63,6). Solche Schriftstellen spielen auf dasselbe an; sie beziehen sich auf die wirkende Freude und Tröstung des Heiligen Geistes. (18)

Wie das Werk des Gebetes größer ist als anderes Werk, so erfordert es von dem, der sich ihm hingibt, größere Anstrengung und Achtsamkeit, damit es nicht unversehens vom Bösen geraubt wird. Denn je größer das Gut, das jemand erstrebt, desto größer die Angriffe, die der böse Feind gegen ihn richtet. Daher muß er überaus wachsam sein, damit die Früchte der Liebe und Demut, der Einfalt und Güte täglich aus der Beständigkeit des Gebetes erwachsen. Sie werden sein Fortschreiten und Wachsen in göttlichen Dingen anzeigen und andere zu ähnlichem Eifer ermutigen. (19)

Wer sich dem Gebet widmet, bedarf allen Eifers und aller Wachsamkeit, aller Geduld, allen Seelenkampfes und aller Leibesmühe, damit er mutig handelt, ohne nachlässig zu werden und sich den Ablenkungen der Gedanken zu überlassen, ohne sich übermäßigem Schlaf, der Niedergeschlagenheit, Erschlaffung und Verwirrung hinzugeben oder mit verworrenen und unzüchtigen Einflüsterungen zu beflecken, – damit er seinem Denken solches nicht erlaubt, nicht mit ausdauerndem Stehen oder Niederknien zufrieden ist, während der Geist weit abirrt. Denn wenn jemand nicht eingeübt ist in strenger Wachsamkeit, durch die er sich einer Flut nichtiger Gedanken widersetzt, sie einzeln prüft und erforscht, doch immer nach dem Herrn begehrt, – dann wird er auf manchen unsichtbaren Wegen leicht vom Bösen verführt; oder er wird überheblich zu denen, die im Gebet noch nicht ausharren können. So fällt er den Ränken des Bösen zum Opfer, zerstört sein gutes Werk und macht es dem Dämon zum Geschenk. (21)

Das Werk des Gebetes und des Wortes, recht geübt, steht höher als jede Tugend und jedes Gebot. Das bezeugt der Herr selbst. Als er im Hause von Martha und Maria weilte, war Martha bemüht, ihn zu umsorgen; Maria aber saß dem Herrn zu Füßen und genoß die göttliche Speise seines heiligen Wortes. Als nun Martha sie tadelte, weil sie nicht mit ihr arbeitete, und Christus anrief, machte er ihr den Vorrang klar mit den Worten: »Martha, Martha, du sorgst und beunruhigst dich um viele Dinge. Doch weniges ist notwendig, nur eines. Maria hat den guten Teil erwählt, der wird ihr nicht genommen werden« (Lk 10, 41f.). Er sagte das also nicht, weil er das Werk des Dienens verwerfen wollte, sondern um das Größere deutlich über das Kleinere zu setzen. Denn wie hätte er das Dienen mißbilligen können, da er doch selbst Dienst verrichtete und seinen Jüngern die Füße wusch; weit entfernt, es abzulehnen, befahl er vielmehr seinen Jüngern, einander das gleiche zu tun (vgl. Joh 13,5-15). Ja, auch die Apostel selbst, die doch zuerst den Dienst bei Tische besorgten, hoben Gebet und Wort als das größere Werk hervor. »Es ist nicht recht«, sagten sie, »daß wir das Wort Gottes vernachlässigen und den Tisch besorgen. Wählt darum, Brüder, aus eurer Mitte sieben Männer aus, die in gutem Rufe stehen und voll des Heiligen Geistes und der Weisheit sind; die wollen wir für dieses Werk bestellen. Wir aber werden weiter beim Gebet und Dienst des Wortes verbleiben« (Apg 6,2-4). So haben sie das Erste vor das Zweite gesetzt, obwohl sie wußten, daß beide der gleichen gesegneten Wurzel entsprießen. (32)

Von der Geduld und der Unterscheidung

Wie mehrere Lampen, die mit dem gleichen Öl und von derselben Flamme entzündet werden, oft nicht den gleichen Schein von sich geben: so strahlen die Gnadengaben, die mit verschiedenen guten Werken verbunden sind, das Licht des Heiligen Geistes verschieden aus. Oder wie in einer Stadt mit vielen Einwohnern, die alle das gleiche Brot und das gleiche Wasser zu sich nehmen, doch manche Männer, andere Kinder, andere Knaben, andere Greise sind, zwischen denen Vielfalt und Verschiedenheit groß ist; oder wie das Getreide, das in den gleichen Acker gesät wird, verschiedene Kornähren hervorbringen kann, die doch alle auf die gleiche Tenne gebracht und in der gleichen Scheune gespeichert werden: so werden bei der Auferstehung der Toten wohl verschiedene Grade der Herrlichkeit den Auferstehenden erkennbar zugemessen, entsprechend dem Rang ihrer guten Werke und ihrer Teilhabe am Heiligen Geist, der schon hienieden in ihnen wohnt. Das ist der Sinn des Apostelwortes: »Ein Stern ist vom andern an Glanz verschieden« (1 Kor 15,41). (42)

Wenn auch manche Sterne kleiner sind als andere, – sie erstrahlen doch alle von dem einen Lichte. Das Bild ist ganz klar; wenden wir uns aber nun einem zu: Wer im Heiligen Geist geboren ist, soll sich von der ihm einwohnenden Sünde reinigen. Denn diese

Geburt durch den Heiligen Geist trägt in gewisser Weise das Bild der Vollkommenheit in sich, nämlich in der Gestalt und in den Gliedern, aber nicht durch Kraft, Geist oder Mut. Wer die Verfassung des vollkommenen Menschen und den Zustand des reifen Mannes erreicht hat, legt die kindische Art von Natur aus ab (vgl. 1 Kor 13,11). Deswegen sagt der Apostel, daß Sprachengaben und Prophetengaben aufhören werden (vgl. 1 Kor 13,8). Wie der Erwachsene weder die Kindern gemäße Nahrung noch ihre Sprechweise annimmt, sondern sie als unwürdig verachtet, weil er in einen anderen Lebensabschnitt eingetreten ist: so hört im Wachsen zur Vollkommenheit auf, ein Kind zu sein, wer sich in den Werken des Evangeliums der Vollkommenheit nähert. So sagt ja der göttliche Apostel: »Seit ich ein Mann geworden bin, habe ich die kindische Art abgelegt« (1 Kor 13,11). (43)

Kein kleiner Kampf wird uns abverlangt, um den Tod zu durchbrechen. Denn es heißt: »Das Reich Gottes ist mitten in euch« (Lk 17,21); doch der uns bekämpft und gefangennimmt, findet auch einen Weg, mitten in uns zu sein. Daher darf die Seele nicht ruhen, bis sie den getötet hat, der sie gefangenhält. Dann fliehen Schmerz, Kummer und Seufzen (vgl. Jes 35,10), weil im dürren Land Wasser aufsprudelte (vgl. Jes 43,20) und die Wüste zu Wasserteichen wurde (vgl. Jes 41,18). Denn der Herr hat versprochen, das unfruchtbare Herz mit lebendigem Wasser zu erfüllen; erst redete er durch den Propheten: »Ich werde denen Wasser geben, die durstig sind und durch trockenes Land gehen« (Jes 44,3), dann sprach er selbst: »Wer von dem Wasser trinkt, das ich geben werde, wird in Ewigkeit nicht mehr dürsten« (Joh 4,14). (48)

Es ist bezeichnend, wie anziehend und begehrt der Anblick eines irdischen Königs für die Menschen ist. Wer in die Residenzstadt eines Königs kommt, möchte von der Pracht und dem Prunk seines Gefolges einen Blick erhaschen; nur geistliche Güter lassen ihn all das geringschätzen und verachten, weil er von anderer Schönheit verwundet ist und anderen Ruhm begehrt. Wenn der Anblick eines sterblichen Königs fleischlich gesinnten Menschen schon so wichtig ist, wieviel begehrenswerter muß der Anblick des unsterblichen Königs denen sein, in die mancher

Tropfen des Heiligen Geistes geflossen und deren Herz von göttlicher Liebe verwundet ist? So geben sie alle Freundschaft zur Welt auf, damit sie dieses liebende Begehren immer im Herzen tragen können, das sie allem anderen vorziehen. Aber nur wenige gibt es, die guten Anfang durch entsprechendes Ende krönen und ohne Straucheln bis zum Ziel durchhalten. Viele sind von Reue ergriffen, viele sind himmlischer Gnade teilhaftig und von göttlicher Liebe verwundet; weil sie aber die unvermeidlichen Leiden und die mannigfaltigen listigen Angriffe des bösen Feindes nicht ertragen können, unterwerfen sie sich der Welt und gehen aus Erschlaffung und Schwäche in ihrem Abgrund unter, oder sie fallen weltlicher Neigung zum Opfer. Die den Weg bis zum Ziel sicher gehen wollen, lassen nicht zu, daß anderes Sehnen oder Begehren sich mit dieser himmlischen Liebe verbindet. (53)

Bedenke, daß in Heimsuchung und Leiden, in Geduld und im Glauben Verheißungen verborgen sind, die Herrlichkeit und die Wiedererlangung himmlischer Güter. Denn auch das Getreidekorn im Acker oder das Pfropfreis auf dem Baum muß erst der Fäulnis und damit scheinbarer Erniedrigung anheimfallen, bevor es wieder in volle Pracht gekleidet wird und reiche Ernte hervorbringt. Aber ohne Hindurchgehen durch diese Verwesung und scheinbare Entehrung könnte niemand letzte Herrlichkeit und Schönheit erreichen. Das bestätigt das Apostelwort, daß wir durch viele Drangsale ins Reich Gottes eingehen müssen (vgl. Apg 14,22). Und der Herr spricht: »In eurer Ausdauer werdet ihr eure Seelen gewinnen« (Lk 21,19) und: »In der Welt werdet ihr Bedrängnis haben« (Joh 16,33). (60)

Inwieweit wir durch Glauben und Bemühen gewürdigt werden, am Heiligen Geist teilzuhaben, in dem Maße wird unser Leib am jüngsten Tag verherrlicht. Denn was jetzt in der Seele bewahrt ist, wird dann äußerlich im Leibe offenbar. Das veranschaulichen die Bäume: Wenn der Winter vergangen ist, die Sonne klarer und kräftiger scheint und die Winde lind wehen, dann sprießen sie von innen heraus und kleiden sich in Blätter, Blüten und Früchte. Auch sprießen im Frühling blühende Pflanzen aus der Erdenbrust und bedecken den Boden ganz wie ein schönes Kleid; so sagt das

Gotteswort ja von ihnen: »Selbst Salomo in all seiner Pracht war nicht gekleidet wie eine von diesen« (Mt 6,29). Dies alles sind Bilder, Beispiele und Gleichnisse dessen, was den Erlösten bei der Auferstehung geschenkt wird; denn für alle gottliebenden Seelen – für alle wahren Christen nämlich – wird im ersten Monat, im April, die Kraft der Auferstehung offenbar. Die Heilige Schrift sagt von ihm: »Dieser Monat sei euch der erste Monat des Jahres« (Ex 12,2). Er wird die nackten Bäume mit der Herrlichkeit kleiden, die vorher verborgen in ihnen war. So wird der Leib der Gerechten durch das unbeschreibliche Licht verherrlicht, das schon jetzt in ihnen ist, die Kraft des Heiligen Geistes; sie wird ihnen sein: Kleidung, Nahrung, Trank, Jubel, Freude, Frieden, und – alles umgreifend – ewiges Leben. (61)

Von der Erhebung des Geistes

Durch die Herrlichkeit des Heiligen Geistes, die von seinem Angesicht strahlte, so daß niemand es anblicken konnte (vgl. Ex 34,29f.), offenbarte der selige Mose, wie der Leib bei der Auferstehung der Gerechten mit der Herrlichkeit verherrlicht wird, die innerlich zu besitzen die Seele schon in diesem Leben gewürdigt wird. Denn, wie der Apostel sagt, wir spiegeln mit unverhülltem Angesicht, nämlich innerlich, die Herrlichkeit des Herrn wider und werden in das gleiche Bild verwandelt von Herrlichkeit zu Herrlichkeit (vgl. 2 Kor 3,18). Es heißt auch, daß Mose vierzig Tage und vierzig Nächte nicht an Essen oder Trinken dachte (vgl. Ex 34,28), was die menschliche Natur nur vollbringen kann, wenn ihr geistliche Nahrung gewährt wird. Diese Speise empfängt die selige Seele schon jetzt vom Heiligen Geist. (62)

Die Herrlichkeit, welche die Seele der Heiligen schon hienieden in Fülle besitzt, wird bei der Auferstehung ihren nackten Leib bedecken und einhüllen, und wird sie in die Himmel tragen. Dann werden sie mit Leib und Seele für immer im Reiche Gottes ruhen. Als Gott nämlich Adam schuf, gab er ihm nicht leibliche Flügel wie den Vögeln; denn er wollte ihm bei der Auferstehung geistliche Flügel verleihen, damit er durch sie emporgetragen und hingerissen werde, wohin der Heilige Geist begehrte. Solche geistlichen Flügel werden der Seele der Heiligen schon jetzt geschenkt, damit durch sie ihr Sinn zum Himmlischen emporgezogen wird. Denn die Welt der Christen ist eine andere Welt, anders ihre Kleidung, anders ihre Speise und anders ihre Freude. Wir wissen, daß wenn Christus vom Himmel herabkommt und alle auferweckt, die seit Anbeginn der Welt entschlafen sind, er sie nach dem Zeugnis der Schrift in zwei Gruppen scheiden wird (vgl. Mt 25,31-33). Die sein Zeichen tragen, das Siegel des Heiligen Geistes nämlich, wird er zu seiner Rechten stellen, und er wird sprechen: »Meine Schafe hören meine Stimme und kennen mich« (vgl. Joh 10,14). Dann wird ihr Leib in die göttliche Herrlichkeit eingehüllt werden, die durch die guten Werke und den Heiligen Geist ihrer Seele schon hienieden geschenkt wurde. So werden sie, durch das göttliche Licht verherrlicht und dem Herrn entgegen in die Himmel entrückt, immerdar bei ihm sein (vgl. 1 Thess 4,17). (63)

Ich möchte, soweit möglich, etwas Schwieriges und Tiefgründiges behandeln. Der unendliche und unkörperliche Herr verleiblicht sich in grenzenloser Güte; der größer als das Sein ist, macht sich gleichsam klein, um sich seinen geistbegabten Geschöpfen verbinden zu können, den Seelen der Heiligen und der Engel nämlich, und ihnen zu ermöglichen, am unsterblichen Leben seiner Gottheit teilzuhaben. Jedes Geschöpf nämlich, – ob Engel, Seele oder Dämon –, ist entsprechend der eigenen Natur ein Körper. Jedes Ding, so fein es auch sei, ist ein Körper, dessen Feinheit in Beschaffenheit, Gestalt und Bild der Feinheit seiner Natur entspricht. Wie unser irdischer Leib in seiner Beschaffenheit ein grober Körper ist, so hat die Seele, die ein feiner Körper ist, sich eingehüllt und eingekleidet in die Glieder dieses Leibes. Sie hat sich gekleidet in das Auge, mit dem sie sieht; in das Ohr, mit dem sie hört; in die Hand, in die Nase. Kurz gesagt, die Seele hat sich in den ganzen Leib und alle seine Glieder gekleidet, sich mit ihnen verbunden, und verrichtet durch sie alles, was sie im Laufe des Lebens vollbringt. Ebenso macht sich die unaussprechliche und unbegreifliche Güte Christi klein und körperlich, verbindet sich mit der glaubenden und liebenden Seele, umfängt sie und wird mit ihr ein Geist, wie Paulus sagt (vgl. 1 Kor 6,17), gleichsam Seele mit Seele, Person mit Person verbunden. So wird solcher Seele zuteil, in seiner Gottheit zu leben, das unsterbliche Leben zu erlangen und unvergänglicher Freude und unaussprechlicher Herrlichkeit sich zu erfreuen. (67)

Einer solchen Seele wird der Herr nach seinem Willen zum Feuer, das alles Niedrige und Fremde in ihr verzehrt, entsprechend dem Prophetenwort: »Unser Gott ist ein verzehrendes Feuer« (Dtn 4,24); dann wieder ist er wunderbare und unbeschreibliche Ruhe; dann wieder Freude und Frieden, welche die Seele erwärmen und umfangen. Man soll nichts anderes begehren, als ihn zu lieben und ihm mit guten Werken zu gefallen; wer das tut, wird sich durch unmittelbare Erfahrung, in eigener Wahrnehmung unbeschreiblicher Gnadengaben teilhaftig sehen, die »kein Auge gesehen und kein Ohr gehört hat und die in keines Menschen Herz gedrungen sind« (1 Kor 2,9). Dann wird der Geist des Herrn zur Ruhe und Freude, zum Entzücken und Leben der Seele, die sich seiner würdig erweist. Denn er verleiblicht sich, um zur geistlichen Speise, zum schmückenden Kleid von unbeschreiblicher Schönheit zu werden, und erfüllt die Seele mit geistlicher Freude. So hat er gesprochen: »Ich bin das Brot des Lebens« (Joh 6,35) und: »Wenn einer von dem Wasser trinkt, das ich ihm gebe,... dann wird es in ihm zu einer Quelle von Wasser werden, das ins ewige Leben sprudelt« (Joh 4,14). (68)

Gott ist jedem Priester und Heiligen so erschienen, wie ihm beliebte und dem Schauenden diente. So erschien er Abraham, anders Isaak, anders Jakob, anders Noah, Daniel, Mose, David und allen Propheten. Er verkleinerte sich und nahm leibliche Gestalt an, wie schon gesagt, änderte seine Erscheinung und offenbarte sich denen, die ihn liebten, nicht wie er ist – denn er ist unfaßbar –, sondern nach ihrem Fassungsvermögen, aus seiner großen, unbegreiflichen Liebe zu ihnen. (69)

Die Seele, die würdig befunden wurde, daß die Kraft aus der Höhe in ihr Wohnung nimmt und jenes göttliche Feuer, die himmlische Liebe des Heiligen Geistes, sich ihren Gliedern verbindet, ist ganz von aller weltlichen Liebe befreit. Eisen, Blei, Gold und Silber schmelzen, wenn sie ins Feuer kommen, und ihre natürliche Festigkeit erweicht, so daß sie in der Flammenhitze geschmeidig und biegsam werden und durch die Feuerskraft ihre natürliche Härte verlieren. So löst sich die Seele, die das himmlische Feuer der Liebe des Heiligen Geistes empfangen hat, von jeder Bindung an die Gesinnung dieser Welt, befreit sich von den Fesseln des Bösen, verliert die natürliche Härte der Sünde und achtet alle weltlichen Dinge für gering. Ja, eine Seele, die von solcher Gottesliebe ergriffen ist, wird sich sogar von der Zuneigung zu manchen geliebten Brüdern freimachen, wenn sie dadurch in der Hingabe an die Gottesliebe behindert wurde. Eheliche Liebe entfernt vom Vater, von der Mutter und den Geschwistern, und jede Liebe zu ihnen wird abgeschwächt, weil alle Zuneigung und alles Begehren auf den Gatten gerichtet ist. Wenn fleischliche Liebe schon jede andere weltliche Zuneigung löst, wieviel weniger werden dann jene von Liebe zum Weltlichen gebunden, die von jener leidenschaftsfreien Sehnsucht verwundet sind. (70)

Wenn der Leib eines Kranken oder Schwachen kein Essen und Trinken mehr aufnehmen kann, verzweifelt man an dem Leidenden, der zum Bild des Todes geworden ist, und Freunde und Verwandte beklagen ihn. So schauen Gott und die Engel voll Trauer und Betrübnis auf die Seelen, die sich mit himmlischer Speise nicht ernähren können. Wenn du aber zum Thron Gottes geworden bist und er sich auf dir niederläßt; wenn deine Seele ganz geistliches Auge, ganz Licht geworden ist; wenn du dich von jener geistlichen Speise genährt, das lebendige Wasser und den geistlichen Wein getrunken hast, der das Herz erfreut (vgl. Ps 104,15); wenn du deine Seele in unbeschreibliches Licht gekleidet hast; wenn du innerliche Erfahrung und Gewißheit all dieser Dinge erlangt hast, – dann lebst du das wahre ewige Leben und ruhst schon hienieden in Christus. Wenn du aber das alles noch nicht empfangen, noch nicht angefangen hast, es zu erwerben, – dann weine bitterlich, dann klage, daß du diesen Reichtum noch nicht besitzt; sei immer deiner Armut eingedenk und bete ihretwegen. Aber auch wer solches besitzt, soll sich seiner Bedürftigkeit bewußt sein, damit er nicht nachlässig wird, als sei er vom göttlichen Reichtum gesättigt. Denn es heißt: »Wer sucht, findet, und wer anklopft, dem wird aufgetan« (Mt 7,8). (73)

Wenn jenes gemischte Salböl (vgl. Ex 30,23-25) solche Kraft hatte, daß es die Gesalbten zu fürstlichem Rang erhob (vgl. 1 Sam 10,1), – wieviel eher werden die, deren Geist und inneres Wesen mit dem heiligenden Öl der Freude gesalbt ist (vgl. Ps 45,8) und die das Unterpfand des Heiligen Geistes empfangen haben, bis zu dem Reich der Vollkommenheit sich erheben, dem Königtum Christi und der Annahme als seine Kinder, als königliche Mitherrscher, die nach Wunsch vor den Vater hintreten. Obwohl sie das vollkommene Erbe noch nicht empfangen haben, weil noch mit dem Gewicht des Fleisches beladen, sind sie durch das Unterpfand des Heiligen Geistes dennoch der erhofften Güter versichert; sie bezweifeln durchaus nicht, daß sie mit Christus herrschen und sich der überströmenden Fülle des Heiligen Geistes erfreuen werden; sie haben die Erfahrung jener Macht und jener Freude gehabt, auch wenn sie noch im Fleische sind. Denn wenn erst durch Reinigung des Geistes und des inneren Wesens die Gnade verliehen worden ist, dann entfernt sie vollkommen den Schleier, den Satan nach dem Fall um den Menschen gelegt hat; sie vertreibt aus der Seele jede Befleckung und jeden niedrigen Gedanken. Sie will die Seele reinigen, daß sie ihre ursprüngliche Natur zurückgewinnt und unbehindert, klaren Auges die Herrlichkeit des wahren Lichtes schauen kann. Dann ergreift der Mensch schon jetzt das Künftige und erblickt seine wunderbare Schönheit. Wie das leibliche Auge, solange es heil und gesund ist, vertrauend zu den Sonnenstrahlen aufschaut, so betrachtet der Mensch dann erleuchteten und gereinigten Geistes unaufhörlich das unzugängliche Licht des Herrn. (74)

Wir haben öfters Brüder kennengelernt, die mit solchem Reichtum der Gnade begabt waren, daß alle Begehrlichkeit in ihnen fünf oder sechs Jahre lang ganz ausgetrocknet und ausgelöscht war. Dann aber, als sie den Hafen erreicht und die Ruhe gefunden zu haben glaubten, überfiel das Böse wie aus dem Hinterhalt sie so heftig und feindselig, daß sie in Angst und Schrecken gestürzt wurden. Daher wird kein Verständiger zu sprechen wagen:

»Die Gnade ist in mir, seitdem bin ich befreit von der Sünde.« Beide, Gnade und Sünde, wirken – wie gesagt – in demselben Geiste, auch wenn Einfältige und Unwissende nach einer kleinen geistlichen Erfahrung schon meinen, sie hätten gesiegt. Mir scheint es vielmehr so: Auch wenn die Sonne klar scheint, kann trüber Dunst oder einfallender Nebel plötzlich ihr Licht verdunkeln. Ähnlich kann es jenen ergehen, die Gottes Gnade empfangen haben, aber noch nicht vollkommen gereinigt sind; denn im Innersten sind sie noch der Sünde unterworfen. Es ist wahrhaftig große Unterscheidungskraft notwendig, um von alldem sichere Erfahrung zu erlangen. (76)

Wie es unmöglich ist, ohne Augen zu sehen, ohne Zunge zu sprechen, ohne Ohren zu hören und ohne Füße zu gehen, – so ist es ohne Gottes Hilfe und die von ihm verliehene Wirkkraft unmöglich, an den göttlichen Geheimnissen teilzuhaben, Gottes Weisheit zu erkennen oder vom Reichtum des Heiligen Geistes zu empfangen. Die griechischen Weisen waren im Gebrauch der Worte geschickt und widmeten sich eifrig dem Wortstreit. Die Diener Gottes aber sind zwar ungeübt im Kampf mit Worten, doch durchaus erfahren in göttlichem Wissen und Gottes Gnade. (77)

Ich kann wohl sagen, daß nicht einmal die Apostel, die vom Heiligen Geist erfüllt waren, deswegen ganz frei waren von Angst. Außer Jubel und unaussprechlicher Freude erwuchs ihnen durch die Gnade selbst auch eine bestimmte Furcht, freilich nicht vom Bösen her; denn die Gnade gab ihnen solche Sicherheit, daß sie nicht im geringsten vom rechten Weg abirren konnten. Wie das Kind, das einen Kieselstein wirft, an einer Mauer keinen Schaden anrichtet, oder wie der schwache Pfeil einen schweren Brustharnisch kaum beschädigt: so erwies sich bei den Aposteln der Angriff von Bösem als wirkungslos und vergeblich, denn sie waren durch Christi Macht gut beschützt. Aber so vollkommen sie auch waren, sie hatten doch noch ihren freien Willen; und man soll nicht glauben, wie einige in Unwissenheit daherreden, daß mit der Ankunft der Gnade die Angst aufgehoben ist. Der Herr verlangt auch von den Vollkommenen, daß der Wille der Seele dem Heiligen Geist dienen soll, damit beide einander entsprechen. So sagt der Apostel: »Löschet den Geist nicht aus« (1 Thess 5,20). (78)

Es macht durchaus keine Mühe, die Dinge mit einfachen Ausdrücken zu beschreiben. So kann jeder leicht sagen, daß dieses Brot aus Getreide gemacht wurde. Aber es ist nicht allen gegeben, seine Zubereitung im einzelnen zu beschreiben, sondern nur jenen, die darin erfahren sind. Ähnlich ist es leicht, einfachhin von Leidenschaftslosigkeit und Vollkommenheit zu sprechen. Aber Vollkommenheit kann in den Stufen ihrer Entwicklung nur dann wirklich begriffen werden, wenn sie in wahrer Erfahrung erreicht worden ist. (79)

Wer sich über geistliche Dinge ausläßt, ohne sie verkostet oder erfahren zu haben, ähnelt dem Menschen, der an einem Sommertag zur Mittagsstunde ein kahles, ausgebranntes Feld überquert; sein Durst wird so groß und so brennend, daß er sich ganz nahe eine kühle Quelle mit süßem, klarem Wasser vorstellt, von der er ungehindert nach Herzenslust trinken kann. Oder er ist wie der Mensch, der, ohne Honig geschmeckt zu haben, doch anderen seine Süße beschreiben möchte. So sind wahrlich jene, die nicht durch eigenes Werk und unmittelbare Erfahrung von Vollkommenheit, Heiligung und Leidenschaftslosigkeit Kenntnis haben und sie doch anderen erläutern wollen. Aber wenn Gott ihnen auch nur eine kleine Vorstellung von den Dingen gegeben hätte, von denen sie daherreden, dann sähen sie sicherlich ein, daß die Wahrheit über diese Dinge nicht ihrer Darstellung entspricht, sondern stark von ihr abweicht. So kann das Christentum leicht immer mehr mißdeutet und in Gottlosigkeit verkehrt werden. Aber das Christentum ist wie Speise und Trank; je mehr einer davon aufnimmt, desto mehr begehrt er, bis sein Geist unersättlich und unbezähmbar wird. Es ist, als ob man dem Durstigen das begehrte Getränk bietet, nicht nur um seinen Durst zu stillen, sondern ihn um des Genusses willen immer mehr trinken zu lassen. Diese Dinge können, wie gesagt, nicht in einfachen Ausdrücken verstanden werden. Sie werden durch das Wirken des Heiligen Geistes geheimnisvoll im Geist geschaffen, und nur dann kann von ihnen gesprochen werden. (80)

Manche halten sich fern von sichtbarer Unkeuschheit, Täuschung, Habgier und ähnlicher Sünde und rechnen sich deswegen zu den Heiligen, obwohl sie von wahrer Heiligkeit weit entfernt sind. Denn oft wohnt das Böse in ihnen, lebt und kriecht in ihrem Geist; erst wenn es ihn zerstört freigibt, zieht es ab. Heilig aber ist, wer innerlich geheiligt und vollkommen gereinigt ist. Einst wurde einer der Brüder beim gemeinsamen Gebet von der göttlichen Kraft hingerissen, und in seiner Ergriffenheit sah er das himmlische Jerusalem, die leuchtenden Wohnungen dort und das unendliche, unbeschreibliche Licht. Und er hörte eine Stimme sprechen, dies sei die Ruhestätte der Gerechten. Da wurde er ganz hochmütig und überheblich, er stürzte tief in die Sünde und verstrickte sich in viele Laster. Wenn einer wie er gestürzt ist, wie kann dann irgend jemand von sich sagen: »Weil ich faste, in freiwilliger Verbannung lebe, meine ganze Habe weggebe, mich von allen sichtbaren Lastern fernhalte, fehlt mit nichts, um ein Heiliger zu sein.« Denn, wie gesagt, Vollkommenheit besteht nicht in Enthaltung von sichtbaren Lastern, sondern in gänzlicher Reinigung des Geistes. (82)

Von der Liebe

Auch wenn du Himmlisches verkostet und an göttlicher Weisheit teilgehabt hast, wenn deine Seele zur Ruhe gekommen ist, sei nicht überheblich und allzu selbstsicher, als wärest du schon am Ziele und hättest alle Wahrheit begriffen, – damit nicht auch du hören mußt: »Ihr seid schon satt, seid schon reich geworden; ohne uns seid ihr zur Königsherrschaft gelangt. Ach, träfe es nur zu, daß ihr zur Königsherrschaft gelangt seid, damit auch wir mit euch herrschen könnten« (1 Kor 4,8). Auch wenn du einen Vorgeschmack empfangen hast, sei dessen eingedenk, daß du das Christsein noch nicht erreicht hast; bedenke das nicht leichthin, sondern halte es beständig, wie eingepflanzt im Sinn. (85)

Wer nach Reichtum giert, wird sich nie zufriedengeben, soviel Besitz er auch ansammelt, und je mehr er täglich erwirbt, desto mehr wächst sein Begehren; und wer von einem erquickenden

Trank weggezogen wird, bevor er seinen Durst gelöscht hat, wird nur noch durstiger. So kennt, wer Gott verkostet hat, nicht Sättigung noch Genügen; je mehr er mit diesem Reichtum überhäuft wird, desto mehr empfindet er sich als arm. Den Christen gilt das eigene Leben nicht als großer Wert, sie betrachten sich als nichts vor Gott und als Sklaven aller Menschen. Gott hat großes Wohlgefallen daran, und er verweilt in der Seele, weil er sich an ihrer Demut freut. Wenn also jemand ein Gut besitzt oder erwirbt, soll er deswegen nicht glauben, etwas zu sein oder etwas zu haben. Denn Vermessenheit ist dem Herrn ein Greuel; im Anfang vertrieb sie den Menschen aus dem Paradiese, als er die Schlange sagen hörte »Ihr werdet sein wie Götter« (Gen 3,5) und er dieser eitlen Hoffnung vertraute. Bedenke, wie dein Gott und König, und Gottes Sohn, sich selbst entäußerte und Knechtsgestalt annahm (vgl. Phil 2,7), wie er arm war, zu den Verbrechern gerechnet wurde, wie er litt. Wenn das Gott geschah, wie willst du als Mensch dann stolz und vermessen sein, der du aus Fleisch und Blut gebildet bist, nur Staub und Asche, ganz ohne Güte und voll Verderbtheit. Wenn du verständig bist, wirst du erkennen, daß auch das von Gott Empfangene dir nicht gehört, weil es dir von einem anderen gegeben wurde und weil es dir wieder genommen wird, wenn er es für richtig hält. Schreib also alles Gute dem Herrn zu, alles Schlechte aber deiner eigenen Schwäche. (86)

Der Apostel sagt, daß wir in irdenen Gefäßen den Schatz haben (vgl. 2 Kor 4,7), die heiligende Kraft des Heiligen Geistes nämlich, die er empfangen durfte, als er noch im Fleische war. Er sagt auch: »Er, der uns von Gott zur Weisheit gemacht ist, zur Gerechtigkeit, Heiligung und Erlösung« (1 Kor 1,30). Wer diesen himmlischen Schatz des Heiligen Geistes findet und in sich hat, kann nicht nur rein und untadelig, sondern auch mühelos und unbelastet die gerechten Werke nach den Geboten vollbringen, während er sie früher so schmerzfrei durchaus nicht ausführen konnte. Denn trotz allen Versuchens kann niemand geistliche Frucht zur Reife bringen, wenn er nicht teilhat am Heiligen Geiste. Jeder aber sollte sich bemühen, geduldig und vertrauend voranzuschreiten, und Christus inständig bitten, ihn diesen himmlischen Schatz erwerben zu lassen; denn, wie gesagt, nur in ihm und durch ihn kann er jedes gerechte Werk rein und vollkommen vollbringen, ohne Mühe und ohne Beschwerde. (87)

Wenn jene, die den göttlichen Reichtum des Heiligen Geistes in sich haben, geistliche Gespräche führen, dann teilen sie gleichsam aus ihrer inneren Schatzkammer anderen davon mit. Die aber nicht im Innersten des Herzens den Schatz verwahrt haben, aus dem die Güte göttlicher Gedanken, Geheimnisse und Worte emporquillt, sammeln ihre Aussagen in den Heiligen Schriften und haben sie nur auf der Zungenspitze; oder wenn sie geistlichen Männern zugehört haben, schmücken sie sich mit ihren Worten, bringen sie als ihre eigenen vor und beanspruchen so fremdes Vermögen. Sie machen anderen die Zustimmung zu ihren Reden leicht; wenn sie aber zu Ende gesprochen haben, stehen sie gleichsam als Bettler da. Denn jedes ihrer Worte ist gewissermaßen dorthin zurückgekehrt, wo es hergenommen war; sie aber haben keinen eigenen Schatz, an dem sie sich erst erfreuen und den sie dann nutzbringend anderen mitteilen könnten. Deshalb sollen wir zuerst Gott bitten, dieser wahre Reichtum möge in uns wohnen; dann können wir leicht auch anderen helfen und zu ihnen von geistlichen Dingen und göttlichen Geheimnissen sprechen. Denn es gefällt Gottes Güte, in jedem zu wohnen, der da glaubt. Wie es ja heißt: »Wer mich liebt, wird von meinem Vater geliebt werden, und ich werde ihn lieben und mich ihm offenbaren« (Joh 14,21); und auch: »Ich und der Vater werden zu ihm kommen und Wohnung bei ihm nehmen« (Joh 14,23). (88)

Die gewürdigt wurden, Gotteskinder zu werden und Christi Licht in sich zu haben, werden von verschiedenen, mannigfaltigen Ausprägungen des Heiligen Geistes geleitet und im Verborgenen des Herzens von der Gnade umhegt. Die scheinbaren Freuden der Welt sind nicht zu vergleichen mit der Erfahrung göttlicher Gnade in der Seele. So Begnadete werden oft von unsäglichem Jubel und unbeschreiblicher Freude erfüllt, als wären sie bei einem königlichen Gastmahl zugegen. Manchmal sind sie wie Brautleute, die einander geistlich erfreuen; und manchmal sind sie wie unkörperliche Engel, so frei und leicht, daß ihnen scheint, sie seien nicht mehr mit dem Leib bekleidet. Wie von einem Getränk aufgemuntert, sind sie manchmal trunken von unbeschreiblicher Trunkenheit der Geheimnisse des Heiligen Geistes; dann wieder sind sie trauervoll, wenn sie weinend und klagend für das Menschenheil bitten. Denn entflammt von göttlicher Liebe des Heiligen Geistes zu allen Menschen, nehmen sie den Schmerz des ganzen Adam auf sich. Manchmal sind sie in unaussprechlicher Freude und Liebe vom Heiligen Geist so entzündet, daß sie – wenn überhaupt möglich – jeden an die Brust drücken würden, ohne im geringsten zwischen Guten und Bösen zu unterscheiden; dann wieder setzen sie sich so herab, daß sie sich als die geringsten von allen betrachten. Manchmal sind sie von unsagbarer geistlicher Freude verzehrt; dann wieder – wie ein Krieger in königlicher Rüstung zum Kampfe schreitet und den Feind in die Flucht schlägt – greifen sie, mit den Waffen des Heiligen Geistes gerüstet, die unsichtbaren Feinde an und zwingen sie zu Boden. Manchmal erfaßt sie große Gelassenheit, Ruhe und Friede erfüllt sie, und sie empfinden großes Entzücken; dann wieder erlangen sie Einsicht, göttliche Weisheit und unergründliche geistliche Erkenntnis. Kurz, Christi Gnade vermittelt ihnen solche Weisheit, daß keine Zunge es aussprechen kann. Zu Zeiten kann es dann scheinen, als seien sie wie alle Menschen. So nimmt die göttliche Gnade in ihnen viele verschiedene Ausprägungen an; sie lehrt und schult die Seele, um sie dereinst vollkommen, rein und makellos dem himmlischen Vater darzubringen. (89)

All dies Wirken des Heiligen Geistes entspricht einer hohen, der Vollkommenheit sehr nahen Stufe. Denn die mannigfaltigen Tröstungen der Gnade wirken durch den Heiligen Geist in solchen Menschen unterschiedlich, aber unaufhörlich, indem eine geistliche Wirkkraft auf die andere folgt. Wenn jemand zur geistlichen Vollkommenheit gelangt, von allen Leidenschaften gänzlich gereinigt, mit dem Heiligen Geist, dem Tröster, in unbeschreiblicher Verbindung geeint und vermischt ist, und die Seele durch die Einung mit dem Heiligen Geist selbst geistlich werden darf, – dann wird dieser Mensch ganz Licht, ganz Freude, ganz Ruhe, ganz Jubel, ganz Liebe, ganz Erbarmen, ganz Güte und Freundlichkeit. Er ist von den Vollkommenheiten der Kraft des Heiligen Geistes gleichsam verschlungen worden, wie ein Stein in den

Meerestiefen rings von Wasser umgeben ist. So mit dem Heiligen Geist völlig verbunden, werden solche Menschen Christus selbst ähnlich. Sie tragen in sich die unveränderlichen Vollkommenheiten des Heiligen Geistes und offenbaren allen seine Früchte. Da sie durch den Heiligen Geist innerlich unbefleckt und herzensrein gemacht worden sind, können sie äußerlich nicht die Früchte des Bösen hervorbringen; immer und in allem werden die Früchte des Heiligen Geistes an ihnen aufscheinen. Dies ist das Fortschreiten zur geistlichen Vollkommenheit, zur Fülle Christi, die zu erreichen uns der Apostel ermahnt, wenn er sagt: »auf daß ihr erfüllt werdet zur ganzen Fülle Christi hin« (vgl. Eph 3,19) und auch: »bis wir hingelangen zur vollen Mannesreife, zum Altersmaß der Fülle Christi« (Eph 4,13). (90)

Es geschieht, daß jemand eben niedergekniet ist und sein Herz schon als erfüllt von göttlicher Wirkkraft erfährt, daß seine Seele sich im Herrn erfreut wie die Braut am Bräutigam. Das hat bereits der große Jesaja gesagt: »Wie der Bräutigam seine Wonne an der Braut hat, so wird dein Gott an dir seine Wonne haben« (Jes 62,5). Manchmal kann ein solcher Mensch den ganzen Tag beschäftigt sein, dann sich nur eine Stunde dem Gebet zuwenden, und doch innerlich fortgetragen sein, aufgenommen in unendliche Tiefen des künftigen Weltalters. Ein geheimnisvolles und unfaßliches Entzücken ergreift ihn; sein Geist ist überwältigt, ganz aufgehoben und hinweggerafft; und sein Herz vergißt indes alle irdische Sorge. Denn seine Gedanken sind, wie gesagt, erfüllt und gefesselt von zahllosen unbegreiflichen Dingen. Es geschieht in jener Stunde durch das Gebet, daß dem Menschen mit seinem Beten die Seele hinweggetragen wird. (91)

Wenn gefragt wird, ob es für einen solchen Menschen möglich ist, in diesem Zustand zu bleiben, dann ist zu antworten: er ist nie ohne Gnade, sie ist in ihm verwurzelt und mit ihm verwachsen, gleichsam Teil seines Wesens. Obwohl sie einzig ist, prägt sie sich frei auf verschiedene Weise aus, jeweils zum Besten des Menschen. Manchmal brennt ihr Feuer in ihm stärker, manchmal schwächer; und zuweilen leuchtet ihr Licht klarer, zuweilen verdunkelt es sich und schwindet, immer nach Gottes Plan, obwohl die Lampe unverlöschlich brennt. Wenn das Licht aber kräftiger strahlt, dann ist der Mensch wie in größerer Trunkenheit von der Liebe Gottes erfaßt. Manchmal erscheint das Feuer, das im Herzen beständig brennt, als inneres und tieferes Licht. Dann ist der Mensch, von jener Süße und jener Schau ganz verschlungen, nicht mehr er selbst; er erscheint der Welt wie ein plumper Tor, wegen der Liebe und des Entzückens und der tiefen Geheimnisse, an denen er teilhaben durfte. Dabei geschieht es oft, daß er das Maß der Vollkommenheit erreicht und von aller Sündhaftigkeit befreit ist. Danach aber zieht sich die Gnade in gewisser Weise zurück, und der Schleier der Gegenmacht breitet sich über ihn. (92)

Die Gnade aber wirkt so: Angenommen, jemand erlangt beim Erreichen der zwölften Stufe die Vollkommenheit. Es ist also manchmal möglich, das Maß dieser Stufe zu erreichen; aber die Gnade zieht sich wieder zurück, der Mensch steigt gleichsam eine Stufe hinab und steht auf der elften. Solche Wunder sind ihm offenbart worden, und er hat sie wahrgenommen. Aber wenn er sie stets im gleichen Maße erfahren hätte, wäre es ihm nicht möglich gewesen, das Amt und die Last des Lehrens auf sich zu nehmen; er hätte nichts hören oder sprechen können, er hätte sich um gar nichts kümmern können, – er hätte nur entrückt in einer Ecke liegen können, verzückt und trunken. Daher wurde ihm das Maß der vollkommenen Stufe nicht gewährt, damit er Zeit gewänne, sich der Betreuung und Belehrung der Brüder zu widmen. (93)

Wenn wir vom Gottesreich hören und zu Tränen bewegt sind, dann sollen wir nicht mit diesen Tränen zufrieden sein oder sie unseren Ohren zuschreiben, weil sie gut gehört haben, oder unseren Augen, weil sie gut gesehen haben; und wir sollen nicht glauben, daß sie uns genügen. Denn es gibt andere Ohren, andere Augen, andere Tränen, – wie es eine andere Denkkraft und eine andere Seele gibt: den göttlichen, himmlischen Heiligen Geist nämlich, der hört und weint, betet und erkennt, und der Gottes Willen wirklich ausführt. Als der Herr den Aposteln die große Gabe des Heiligen Geistes verhieß, sprach er: »Ich gehe; der Helfer aber, der Heilige Geist, den der Vater in meinem Namen senden wird, der wird euch alles lehren« (Joh 14,26); und auch:

»Noch vieles habe ich euch zu sagen, aber ihr könnt es jetzt noch nicht tragen. Wenn jener aber kommt, der Geist der Wahrheit, wird er euch zur vollen Wahrheit führen« (Joh 16,12f.). Er also wird beten, und er wird weinen. Denn, wie der göttliche Apostel sagt: »Wir wissen ja nicht, um was wir bitten sollen, wie es sich gehört. Da tritt der Geist selbst für uns ein mit unaussprechlichen Seufzern« (Röm 8,26). Gottes Wille ist nur dem Heiligen Geist erkennbar. Denn es heißt: »Keiner erkennt, was in Gott ist, als nur der Geist Gottes« (1 Kor 2,11). Als am Pfingsttage, wie verheißen, der Tröster herabkam und die Kraft des Heiligen Geistes in der Seele der Apostel Wohnung nahm, da wurde der Schleier der Sündhaftigkeit ganz von ihnen genommen, ihre Leidenschaften wurden ausgelöscht, und die Augen ihres Herzens wurden aufgetan. Von Weisheit erfüllt und durch den Heiligen Geist vollkommen, konnten sie durch ihn Gottes Willen tun und wurden durch ihn zur ganzen Wahrheit hingeführt, denn er leitete und lenkte ihre Seele. Wenn wir also beim Hören von Gottes Wort Tränen vergießen, dann sollen wir in festem Glauben Christus bitten, daß der Heilige Geist zu uns komme, der wahrhaft hört und betet, ganz nach Gottes Willen und Absicht. (94)

Es ist aber so, daß eine bestimmte verdunkelnde Kraft, fein wie Luft, den Geist leicht bedeckt, und obwohl die Lampe der Gnade im Menschen – wie gesagt – immer brennt und strahlt, ist dieses Licht gleichsam von einem Schleier bedeckt; daher muß der Mensch bekennen, daß er nicht vollkommen ist, nicht ganz von Sünde befreit, sondern er ist zugleich frei und nicht frei. Das geschieht freilich nicht ohne Gottes Einverständnis, entspricht vielmehr göttlicher Vorsehung. Manchmal ist die trennende Scheidewand gelockert und zertrümmert (vgl. Eph 2,14), manchmal ist sie nicht völlig niedergerissen. Auch ist der Verlauf des Gebetes nicht immer gleich: Manchmal ist die Gnade stärker entflammt, tröstet und erquickt sie mehr, manchmal ist sie matter und schwächer, wie es dem Menschen jeweils zum Besten dient. Gelegentlich habe ich das Maß der Vollkommenheit erreicht, das künftige Weltalter verkosten und erfahren dürfen; aber ich habe noch nie einen vollkommenen oder ganz freien Christen kennengelernt. Es kann jemand in der Gnade ruhen, der Teilhabe an Geheimnissen und Offenbarungen gewürdigt werden, in die große Süße der Gnade eintreten, – und doch ist die Sünde in ihm. Wegen der überreichen Gnade und des innerlich strahlenden Lichtes haben solche Menschen unerfahren geglaubt, sie seien vollkommen und frei. Aber ich habe, wie gesagt, niemanden getroffen, der völlig frei war; denn manchmal durfte auch ich teilweise jenes Maß erreichen, von dem ich gesprochen habe, und so weiß ich aus Erfahrung, was der zur Vollkommenheit gelangte Mensch ist. (95)

Wenn du von der Verbindung von Bräutigam und Braut sprechen hörst, von Tanzen, Singen und Feiern, dann versteh das alles nicht etwa stofflich oder weltlich; es dient nur der Veranschaulichung, um unserem Verstehen entgegenzukommen. Denn die so bezeichneten Dinge sind geistlich und unaussprechlich, nicht unterscheidbar dem leiblichen Auge; heiligen und gläubigen Seelen aber ist es gegeben, sie zu erkennen. Die Gemeinschaft des Heiligen Geistes selbst, die himmlischen Schätze, die Tänze und Feste der Engel sind nur dem offenbar, der sie erfahren hat; wer nicht eingeweiht ist, kann sie überhaupt nicht begreifen. Deshalb sollst du ehrfürchtig von diesen Dingen sprechen hören, bis auch du durch Glauben gewürdigt wirst, sie wahrzunehmen. Dann wirst du in eigentlicher Erfahrung der Augen der Seele erkennen, an welchen Gnadengaben und Geheimnissen die Christenseele schon hienieden teilhaben kann. Wenn in der Auferstehung der Leib geistlich wird, dann wird auch er gewürdigt, diese Dinge wahrzunehmen, zu erblicken und gleichsam zu ergreifen. (96)

Wenn sich die eigentlichen Schönheiten unserer Seele und die guten Früchte, – nämlich Gebet, Liebe und Glaube, Nachtwachen, Fasten und andere Tugendübungen –, vereinigen und an der Gemeinschaft des Heiligen Geistes teilhaben, dann verströmen sie starken Wohlgeruch, wie entzündetes Räucherwerk. Dann wird es uns leicht, nach Gottes Willen zu leben; doch kann ohne den Heiligen Geist, wie gesagt, niemand den Willen Gottes erkennen. Die Frau, die sich einem Mann zur Ehe verbindet, folgt vor der Heirat noch ihrem eigenen Denken und handelt nach ihrem eigenen Willen; wenn sie aber die Ehe mit ihm eingegangen ist, dann lebt sie ganz unter der Leitung des Mannes und gibt den Eigenwillen auf. So hat auch die Seele ihren eigenen Willen, eigene Gesetze und eigene Werke; wenn sie aber gewürdigt wird, sich dem himmlischen Bräutigam, Christus, zu verbinden, dann unterwirft sie sich seinem Gesetz und sie gehorcht nicht mehr ihrem Willen, sondern dem Christi, ihres Bräutigams. (97)

Wahrhaft selig, nach Leben und überirdischer Freude begierig sind jene, die durch inbrünstigen Glauben und tugendhaftes Verhalten wahrnehmend und erfahrend die Erkenntnis der himmlischen Geheimnisse des Heiligen Geistes empfangen haben und deren Heimat im Himmel ist (vgl. Phil 3,20). Sie überragen offensichtlich alle anderen Menschen; denn wem unter den Mächtigen, Weisen oder Klugen war es gegeben, zum Himmel aufzusteigen, während er noch auf Erden weilte, dort geistliche Werke zu vollbringen und die Schönheit des Heiligen Geistes zu schauen? Ein solcher Mensch mag arm scheinen, ganz arm, von seinen Nächsten verachtet und verkannt, wenn er aber sich vor dem Herrn aufs Gesicht niederwirft, dann steigt er zum Himmel auf, vom Heiligen Geist geleitet, und in der Gewißheit seiner Seele genießt er geistig himmlische Wunder, wirkt und lebt dort, hat dort seine Stätte, wie der göttliche Apostel sagt: »Unsere Heimat aber ist im Himmel« (Phil 3,20). Und er sagt auch: »Was kein Auge gesehen und kein Ohr gehört hat und was in keines Menschen Herz gedrungen ist, alles, was Gott denen bereitet hat, die ihn lieben«. Und er fügt hinzu: »Uns hat es Gott offenbart durch den Geist« (1 Kor 2,9f.). Das sind die wahrhaft Weisen und Mächtigen, das sind die Hochgeborenen und Klugen. (101)

Wahrhaft gottliebende Seelen können auch ein leichtes Nachlassen ihrer Sehnsucht nach dem Herrn nicht ertragen; innerlich ganz an sein Kreuz gebunden, bemühen sie sich, ihr geistliches Voranschreiten zu erkennen. Von ihrem Verlangen verwundet, gleichsam hungernd nach Gerechtigkeit der Tugenden und Erleuchtung des Heiligen Geistes, vertrauen sie nicht auf sich und schätzen sich gering, obwohl sie göttlicher Geheimnisse gewürdigt wurden und an himmlischer Freude und Gnade teilhaben. Je mehr sie mit Gnadengaben des Heiligen Geistes überhäuft werden, desto eifriger und unersättlicher trachten sie nach himmlischem Gut; und je klarer sie ihr geistliches Voranschreiten wahrnehmen, desto glühender begehren sie nach Teilhabe an diesem Gut. Obwohl geistlich überreich, betrachten sie sich doch als arm. Wie die Schrift sagt: »Wer mich verkostet, den hungert noch, und wer mich getrunken, den dürstet noch« (Sir 24,21). (109)

Das Sichtbare sollst du als Erscheinung und Abbild des Verborgenen betrachten; so ist der sichtbare Tempel Erscheinung und Abbild des Herzenstempels, der sichtbare Priester Erscheinung und Abbild des wahren Priesters der Gnade Christi, und so fort. Wenn in der sichtbaren Kirche die Lesungen, Psalmen und anderen Teile des festgesetzten Ritus nicht in der vorgeschriebenen Abfolge vorangegangen sind, kann der Priester die Feier des göttlichen Geheimnisses von Christi Leib und Blut nicht durchführen; und auch wenn der Gottesdienst in seiner Ordnung nahezu ganz durchgeführt worden ist, aber das mystische Danksagungsgebet vom Priester nicht dargebracht und die Gemeinschaft in Christi Leib nicht hergestellt wurde, auch dann ist der kirchliche Ritus nicht vollzogen und die Feier des Geheimnisses unvollkommen. Ebenso sollst du das Voranschreiten des Christen betrachten. Er mag Fasten, Nachtwachen, Psalmensingen und jede Tugendübung durchgeführt haben; doch wenn die mystische Wirkkraft des Heiligen Geistes nicht auf dem Altar seines Herzens in innerer Wahrnehmung geistlichen Friedens gnadenhaft vollzogen wurde, – dann ist die ganze Folge der Tugendübungen unvollkommen und fast nutzlos; denn sie ist ohne die Freude des Heiligen Geistes, die mystisch im Herzen wirkt. (113)

Von der Freiheit des Geistes

Wenn du hörst, daß Christus in die Hölle hinabgestiegen ist und die dort festgehaltenen Seelen befreit hat, dann glaube nicht, was jetzt geschieht, sei ganz anders. Betrachte das Herz als Grab, in dem die Gedanken und der Geist verschüttet sind, in dichter Finsternis gefangen. Also kommt der Herr in die Hölle zu den Seelen, die ihn anrufen, er steigt nämlich hinab in die Tiefen des Herzens; und dort gibt er dem Tod den Befehl: »Laß die gefangenen Seelen frei, die mich anrufen, denn ich kann sie erlösen.« Dann hebt er den schweren Stein hoch, der die Seele niederdrückt, öffnet das Grab, erweckt den, der wahrhaft tot war, wieder zum Leben und befreit die eingesperrte Seele aus ihrem dunklen Gefängnis. (116)

Jeder soll seine Seele zur Untersuchung ziehen, er soll sie prüfen und ihre Bindungen erforschen. Und wenn er feststellt, daß sein Herz sich Gottes Gesetzen nicht fügt, dann soll er sich mit ganzer Kraft bemühen, nicht nur den Leib, sondern auch den Geist vor Verderbnis und Verstrickung in böse Gedanken zu bewahren, – wenn er wirklich begehrt, daß der reine Gott nach der Verheißung in ihm Wohnung nimmt. Denn er hat verheißen, in den Seelen zu wohnen und zu wandeln (vgl. 2 Kor 6,16), die rein sind und das sittlich Schöne lieben. (120)

Der umsichtige Landmann pflügt seinen Acker und reinigt ihn zuerst von Dornen, dann sät er das Saatgut. Wer den Samen der Gnade von Gott zu empfangen trachtet, soll ebenso zunächst den Acker seines Herzens reinigen, so daß die Saat des Heiligen Geistes, wenn sie dort eindringt, eine volle, üppige Ernte erbringt. Wenn er nicht so beginnt, sich nicht zuerst von jeder Befleckung des Fleisches und Geistes reinigt (vgl. 2 Kor 7,1), dann ist er noch Fleisch und Blut, fern vom wahren Leben (vgl. 1 Kor 15,50). (121)

Man muß äußerst vorsichtig überall achtgeben auf die Täuschungen des bösen Feindes, seine List und Bosheit. Denn wie der Heilige Geist durch Paulus spricht, »Allen bin ich alles geworden, um alle zu retten« (vgl. 1 Kor 9,22), – so versucht der Böse, alles zu werden, um alle ins Verderben zu führen. Mit den Betenden betet er zum Schein, um sie zu betrügen, so daß sie durch die Einschätzung des Gebetes zur Überheblichkeit verführt werden. Mit den Fastenden fastet er zum Schein, wiederum um sie durch die Leistung des Fastens zum Eigendünkel zu verlocken. Mit den Schriftgelehrten verfährt er ebenso, in der Hoffnung, sie durch den Anspruch geistlichen Wissens irrezuführen. Den Erleuchteten gewährt er zum Schein die gleiche Offenbarung; er gibt sich das Aussehen eines Lichtengels, wie Paulus sagt (vgl. 2 Kor

11,14), um sie durch Vortäuschung des Lichtes an sich zu locken. Kurz, er gebraucht jede List und paßt sich jeder Erscheinung an, so daß er durch Vorspiegelung des Guten zum trügerischen Führer ins Verderben wird. Es heißt: »Wir zerstören Vernünfteleien und alles, was sich hoch auftürmt gegen die Erkenntnis Gottes« (2 Kor 10,4f.). Wie weit der anmaßende Betrüger geht, ersieht man daraus, daß er auch jene hinabstürzen will, die schon göttliche Erkenntnis der Wahrheit erlangt haben. Daher muß jeder überaus sorgfältig sein Herz behüten; er muß Gott um große Einsichtskraft bitten, so daß er die Schliche des Bösen wahrnehmen kann. Aber er muß auch den Geist schulen und in Einsicht üben, so daß er beständig über die Gedanken wacht, in Übereinstimmung mit dem Willen Gottes; denn es gibt kein größeres und köstlicheres Werk. Es heißt ja: »Sein Werk ist Hoheit und Macht« (Ps 111,3). (122)

Auch wenn die gottliebende Seele alle Tugenden übt, schreibt sie doch nichts sich selbst zu, sondern alles immer dem Herrn. Gott aber, der die kräftige Einsicht und das wahre Wissen in ihr sieht, rechnet alles der Seele an; er belohnt sie, als ob sie alles durch eigenes Bemühen erreicht hätte. Er tut das, obwohl er nichts wahrhaft Gerechtes im Menschen fände, wenn er zum Gericht käme. Denn aller Besitz, alles Wertvolle, womit der Mensch Gutes tun kann, die Erde und alles auf ihr, – alles ist Gottes. Den Leib und die Seele, das Sein selbst, hat der Mensch nur aus Gnade. Was also bleibt ihm an Eigenem, womit er sich rühmen oder rechtfertigen könnte? Und doch nimmt Gott dies als größte Gabe, als kostbarstes Opfer vom Menschen an: daß die Seele wahrhaft erkennt, alle ihre guten Werke um Gottes Willen, alle ihre Einsicht und ihr Wissen sind Gott allein zuzuschreiben, so wie alles auf ihn zurückgeführt werden soll. (123)

Wenn die Frau sich einem Manne verbindet, um das Leben mit ihm zu teilen, dann wird gemeinsamer Besitz alles, was jedem gehört. Sie haben zusammen das gleiche Haus, das gleiche Gut, das gleiche Dasein. Die Frau kann nicht nur über die Habe des Mannes verfügen, sondern auch über seinen Leib; wie der göttliche Apostel sagt: »Der Mann hat kein Verfügungsrecht über seinen Leib, sondern die Frau« (1 Kor 7,4). Gleiches gilt für die wahre, geheimnisvolle Verbindung der Seele mit Christus; die Seele ist ein Geist mit ihm (vgl. 1 Kor 6,17). Weil sie seine Braut geworden ist, muß sie gleichsam auch Herrin über seinen ganzen unermeßlichen Reichtum sein. Denn wenn Gott sich der Seele geschenkt hat, dann muß sicherlich alles, was sein ist, auch ihr gehören: Welt, Leben oder Tod, Engel oder Herrschaften, Gegenwärtiges oder Zukünftiges (vgl. Röm 8,38). (124)

Wenn Hanf nicht gründlich geschlagen wird, kann er nicht zu dünnem Faden verarbeitet werden; je mehr er aber geschlagen und gewalkt wird, desto feiner und haltbarer wird er. Auch kann ein frisch getöpfertes Gefäß, das nicht gebrannt ist, noch von niemandem benützt werden. Ähnlich kann ein kleines Kind, das in weltlichen Fertigkeiten unerfahren ist, nicht bauen, pflanzen, säen oder andere Arbeit dieser Welt verrichten. So ergeht es oft auch den Seelen: Obwohl sie durch die Güte des Herrn um ihrer Kindhaftigkeit willen an göttlicher Gnade teilhaben und von Süße und Ruhe des Heiligen Geistes erfüllt sind, fehlt ihnen die Erfahrung der Prüfung und Versuchung durch die verschiedenen Heimsuchungen der bösen Geister; sie sind noch nicht erwachsen und gleichsam noch nicht reif für das Gottesreich. Wie ja auch der göttliche Apostel sagt: »Wenn ihr ohne die Erziehung seid, an der alle teilgehabt haben, dann seid ihr Bastarde, aber keine Söhne« (Hebr 12,8). So werden dem Menschen Prüfungen und Anfechtungen zu seinem Besten auferlegt, damit seine Seele stärker und fester wird; wenn sie dann in der Hoffnung des Herrn bis zum Ende ausharrt, wird sie sicherlich den verheißenen Lohn des Heiligen Geistes empfangen und Befreiung von den Leidenschaften des Bösen. (130)

Wenn wir jede Bedrängnis und Versuchung gerne ertragen wollen, dann sollen wir begehren, für Christus zu sterben, und wir sollen diesen Tod beständig vor Augen haben. Denn uns ist befohlen, das Kreuz auf uns zu nehmen und ihm nachzufolgen (vgl. Mt 16,24); das bedeutet, zu sterben bereit und willens zu sein. Wenn wir so gesinnt sind, werden wir – wie gesagt ist – jede innere und äußere Heimsuchung leichter ertragen. Wie kann, wer für

Christus wirklich zu sterben verlangt, es überhaupt schwierig finden, Leid und Bedrängnis zu erdulden? Doch wir halten Heimsuchungen für beschwerlich, weil wir für Christus nicht sterben wollen und unser Denken nicht beständig auf ihn richten. Wer aber des Erbes Christi teilhaftig werden möchte, der muß ebenso sehr seiner Leiden teilhaftig werden wollen. Die den Herrn nicht nur den Worten nach lieben, können daran erkannt werden, daß sie in Hoffnung auf ihn jede Heimsuchung nicht nur tapfer, sondern auch willig ertragen. (133)

Wenn jemand sich nur im Voranschreiten zum Gebet anstrengt, sich aber nicht antreibt oder zwingt im Bemühen um Demut, Liebe, Sanftmut und andere, verwandte Tugenden, dann wird es so um ihn stehen: Manchmal kommt auf sein Beten die göttliche Gnade über ihn, weil Gott in seiner Güte und Liebe die Bitten der ihn Anrufenden erfüllt. Weil er aber in der Übung anderer Tugenden nicht bewährt und erfahren ist, fällt er entweder von der empfangenen Gnade ab und stürzt durch Eigendünkel, oder er versäumt, in dieser Gnade voranzuschreiten und zu wachsen. Denn Wohnstatt und Ruheort des Heiligen Geistes sind Demut, Liebe, Sanftmut und andere heilige Gebote Christi. Wer also voranschreiten und durch all dies Vollkommenheit erreichen will, muß sich zuerst beständig bemühen, sein widerstrebendes Herz Gott gefällig und gehorsam zu machen. Wenn er sich zunächst auf diesem Wege anstrengt, den Widerstand seiner Seele ganz bezwingt, sie durch gute Übung zum Gehorsam gegen Gott, zum Beten und Bitten führt, – dann wächst und blüht die Gnade des Gebetes, jene Gabe des Heiligen Geistes, die auf Demut, Liebe und Sanftmut ruht, um die er sich auch bemüht hatte. Daher gewährt ihm der Heilige Geist auch diese Tugenden; er lehrt ihn wahre Demut, wirkliche Liebe und Sanftmut, die er anfangs mit Anstrengung erstrebt hatte. So wächst er in Vollkommenheit des Herrn und wird des Gottesreiches würdig. Der Demütige nämlich stürzt nie; denn wohin sollte der hinabstürzen, der sich als Allerniedrigsten betrachtet? Überheblichkeit führt zu tiefer Erniedrigung, Demut aber bedeutet große Erhabenheit und Ehre. (135)

Der göttliche Apostel Paulus hat jeder gläubigen Seele äußerst klar und gründlich enthüllt, wie das absolute Geheimnis des Christentums, das Aufstrahlen des himmlischen Lichtes in Offenbarung und Kraft des Heiligen Geistes, durch göttliche Gnade erfahren werden kann. Niemand sollte meinen, die Erleuchtung des Heiligen Geistes bestünde nur in begrifflicher Erkenntnis, und so Gefahr laufen, das absolute Geheimnis der Gnade durch Unwissenheit und Trägheit nicht zu erreichen. Um die geistliche Erkenntnis mit dem Geheimnis in Übereinstimmung zu zeigen, nennt Paulus als Beispiel das Aufleuchten der Herrlichkeit des Heiligen Geistes auf dem Antlitz des Mose. So sagt er: »Wenn nun schon der Dienst des Todes, mit Buchstaben auf Stein gemeißelt, so glanzvoll sich gestaltete, daß die Kinder Israels das Antlitz des Mose nicht anschauen konnten wegen des Glanzes seines Antlitzes, der doch vergänglich war, – wie sollte da der Dienst des Geistes nicht noch viel glanzvoller sein? Wenn nämlich der Dienst der Verurteilung herrlich war, so ist weit mehr der Dienst der Gerechtigkeit überreich an Herrlichkeit. Ja, es ist eigentlich gar nichts Herrliches mehr, was in dieser Beziehung herrlich geworden ist, gegenüber der überschwenglichen Herrlichkeit. Denn wenn schon das Vergängliche in Herrlichkeit sich entfaltete, so wird das Bleibende noch viel mehr in Herrlichkeit sein« (2 Kor 3,7-11). Er sagt »das Vergängliche«, weil es der sterbliche Leib des Mose war, der von der Herrlichkeit des Lichtes erglänzte. Und er fährt fort: »Im Besitze solcher Hoffnung nun treten wir mit großem Freimut auf« (2 Kor 3,12). Etwas später versichert er, daß diese ewige und unvergängliche Herrlichkeit des Heiligen Geistes schon jetzt beständig und unzerstörbar im unsterblichen Innern der Erwählten strahlt. Deshalb sagt er: »Wir alle«, – alle nämlich, die durch vollkommenen Glauben im Heiligen Geist geboren sind –, »die wir mit unverhülltem Angesicht die Herrlichkeit des Herrn widerspiegeln, werden in das gleiche Bild verwandelt von Herrlichkeit zu Herrlichkeit, wie es vom Herrn aus geschieht, welcher Geist ist« (2 Kor 3,18). »Unverhülltes Angesicht« bezeichnet das Antlitz der Seele; er fügt hinzu: »Sobald sich einer zum Herrn bekehrt, wird die Hülle fortgenommen. Der Herr ist der Geist« (2 Kor 3,16f.). So hat er deutlich gemacht, daß ein Schleier der Finsternis die Seele bedeckt, der seit Adams Vergehen über das Menschengeschlecht gekommen ist. Doch wir glauben, daß durch die Erleuchtung des Heiligen Geistes dieser Schleier von den wahrhaft getreuen, heiligen Seelen genommen wird. Deshalb ist Christus gekommen; und es hat Gott gefallen, jene das Maß der Heiligkeit erreichen zu lassen, die an ihn wahrhaft glauben. (137)

Jenes Aufstrahlen des Heiligen Geistes ist, wie gesagt, nicht nur Offenbarung auf der Ebene von Gedanken oder nur Erleuchtung der Gnade, sondern das wirkliche und unaufhörliche Aufstrahlen des göttlichen Lichtes selbst in der Seele. So heißt es: »Denn Gott, der da sprach, ›Aus Finsternis soll Licht aufleuchten‹, er ist in unseren Herzen aufgeleuchtet, damit erstrahle die Erkenntnis der Herrlichkeit Gottes, die auf dem Antlitz Christi ist« (2 Kor 4,6). Und weiter: »Gib Licht meinen Augen, daß ich im Tode nicht entschlafe« (Ps 13,4), – daß nämlich, wenn das Fleisch zerfällt, die Seele nicht vom Schleier des Todes aus der Sünde verfinstert wird. Es heißt auch: »Tu auf meine Augen, und schauen darf ich die Wunder deines Gesetzes« (Ps 119,18) und: »Sende aus dein Licht und deine Treue, daß sie mich führen, zu deinem heiligen Berg mich leiten, zu deinem Gezelt« (Ps 43,3) und: »Wir sind geprägt worden vom Licht deines Antlitzes, o Herr« (Ps 4,7) und anderes, was dasselbe besagt. (138)

Auch das Licht, das den seligen Paulus auf seinem Wege umstrahlte (vgl. Apg 9,3), das Licht, durch das er bis zum dritten Himmel entrückt wurde und unsagbare Geheimnisse vernahm (vgl. 2 Kor 12,2 u.4), war nicht nur Erleuchtung gedanklicher Vorstellungen oder geistlicher Erkenntnis; es war das Aufstrahlen der Kraft des Heiligen Geistes selbst in der Seele. Das Übermaß seines Glanzes war so groß, daß die Augen des Leibes ihm nicht standhalten konnten und geblendet wurden (vgl. Apg 9,8f.). Durch dieses Licht wird alle geistliche Einsicht offenbart und wird Gott von der erwählten, geliebten Seele wahrhaft erkannt. (139)

Jede Seele, die durch eigenes Bemühen und den Glauben hienieden gewürdigt wurde, Christus in Kraft und Fülle der Gnade vollkommen anzuziehen und sich mit dem himmlischen Licht des unvergänglichen Bildes zu verbinden, ist wesentlich schon jetzt eingeweiht in die Erkenntnis aller himmlischen Geheimnisse. Und am großen Tage der Auferstehung wird auch der Leib mitverherrlicht mit jenem himmlischen Bild der Herrlichkeit; er wird, wie geschrieben steht, durch den Heiligen Geist in die Luft entrückt (vgl. 1 Thess 4,17), gleichgestaltet dem Leib der Herrlichkeit Christi (vgl. Phil 3,21), und wird mit Christus das ewige, unvergängliche Königreich miterben. (140)

In dem Maße, wie jemand durch eigenes Bemühen und den Glauben an der himmlischen Herrlichkeit des Heiligen Geistes teilgehabt und seine Seele mit guten Werken geschmückt hat, wird am Tage der Auferstehung auch sein Leib der Verherrlichung gewürdigt werden. Denn was er jetzt gleich einem Schatz innerlich bewahrt, wird dann äußerlich offenbar werden, – wie die Frucht, die zur Winterszeit im Innern des Baumes geborgen ist, im Frühling nach außen drängt. Das gottähnliche Bild des Heiligen Geistes, das schon jetzt den Heiligen innerlich eingeprägt ist, wird äußerlich dann auch ihren Leib gottähnlich und überirdisch machen. Aber bei den Unreinen und Sündern, deren Seele vom dichten Schleier weltlicher Gesinnung verhüllt und deren Geist von der Häßlichkeit der Leidenschaften verdunkelt und entstellt ist, wird äußerlich auch der Leib düster und ganz geschändet erscheinen. (141)

Gegenüber der Ewigkeit der unvergänglichen Welt sind tausend Jahre dieser Welt wie ein Sandkorn. Für diese Betrachtung nimm an, du allein könntest König der ganzen Welt sein und Herr über all ihre Schätze; nimm dazu an, deine Herrschaft habe mit der Erschaffung der Menschheit begonnen und währe bis zur endzeitlichen Umwandlung der ganzen sichtbaren Welt. Würdest du dann, wenn du wählen könntest, das wahre und unwandelbare Königreich, das nichts Flüchtiges und Vergängliches umfaßt, gegen dieses zeitliche Königreich eintauschen? Wohl nicht, wenn du urteilsfähig und selbstverantwortlich bist. »Was wird es dem Menschen nützen, wenn er die ganze Welt gewinnt, aber seine Seele verliert?« (Mt 16,26), heißt es; und es ist uns gesagt, daß die Seele gegen nichts eingetauscht werden kann. Denn die Seele allein ist weitaus kostbarer als die ganze Welt und jedes irdische Reich, – um wieviel kostbarer ist dann das himmlische Königreich. Daß die Seele kostbarer ist, wird dadurch offenbar, daß es Gott gefallen hat, unter allem Geschaffenen nur ihr die Eignung und Gemeinschaft mit dem ihm wesensgleichen Heiligen Geist zu verleihen. Nicht Himmel, Sonne, Mond, Sterne, Meer, Erde oder etwas anderem Sichtbaren gestand er sie zu, sondern nur dem Menschen, den er unter allen Geschöpfen besonders liebte. Wenn also kein Urteilsfähiger das ewige Königreich gegen alle Schätze der Erde und das Reich der ganzen Welt eintauschen würde, – wie groß ist dann die Torheit jener, die es gegen Niedriges und Nebensächliches eintauschen, wie Begehrlichkeit, Ruhmsucht, Gewinnstreben und ähnliches. Denn das Weltliche, woran jemand innerlich hängt, ist sicherlich auch das, was er gegen das himmlische Reich eintauscht. Und am schlimmsten ist, daß er es als Gott ansieht; wie denn gesagt ist: »Wem einer unterliegt, dessen Sklave ist er geworden« (2 Petr 2,19). Daher soll man sich ganz Gott zuwenden, ihm anhangen, sich an Seele und Leib kreuzigen und so voranschreiten in der Übung aller heiligen Gebote. (148)

Erschiene es dir angemessen, wenn diese vergängliche Herrlichkeit, dieses flüchtige Königreich und ähnliches Irdische nur mit viel Mühe und Schweiß von den Begehrlichen errungen würde, während es mühelos und leicht wäre, jedem beliebigen ohne Plage und Anstrengung erreichbar, mit Christus ewig zu herrschen und unbeschreiblichen Segen zu erfahren? (149)

Worin liegt die Heilsabsicht der Ankunft Christi? In der Wiederherstellung unserer Natur und ihrer Wiedervereinigung mit ihm. Denn Christus hat der menschlichen Natur die ursprüngliche Würde Adams wiedergegeben und ihr dazu das himmlische Erbe des Heiligen Geistes verliehen, wahrhaft göttliche Gnade. Er hat sie aus dem Gefängnis der Finsternis herausgeführt, hat ihr den Weg und die Tür des Lebens gezeigt. Wer diesen Weg durchschritten und an dieser Tür angeklopft hat, kann in das überirdische Königreich eingehen, wie geschrieben steht: »Bittet, und es wird euch gegeben werden. Klopfet an, und es wird euch aufgetan werden« (Mt 7,7). Durch diese Tür kann jeder eintreten, der willens ist, die Freiheit seiner Seele zu erlangen und würdige Gedanken wiederzugewinnen, mit Christus, dem Freund und Bräutigam, verbunden zu werden durch die Gemeinschaft des Heiligen Geistes. Darin zeigt sich die unaussprechliche Liebe des Herrn zum Menschen, den er nach seinem Bilde geschaffen hat. (150)

Isaias der Einsiedler

(5. Jahrhundert)

Ägyptischer Mönch des 5. Jahrhunderts; Verfasser eines im Bereich der Ostkirche weit verbreiteten »Asceticon«; Ursprung des Werkes und Identität des Autors sind nicht eindeutig zu klären. Es kann erschlossen werden, daß Isaias in engen Beziehungen zu großen Mönchsvätern in der Sketis stand und in der ersten Hälfte des 5. Jahrhunderts in Ägypten lebte. Die Gleichsetzung mit einem Mönch Isaias, der von Ägypten nach Palästina zog und um 490 in Gaza starb, bleibt umstritten.

Das Werk setzt sich aus einer lockeren Folge von geistlichen Reden unterschiedlicher Länge zusammen, deren Anzahl (zwischen rund 15 und 30) und Anordnung nach den zahlreichen griechischen und syrischen Handschriften wechselt. Sie sind durch mehrere Bearbeiter meist aus vielfältigen Textelementen zusammengefügt: Antworten des geistlichen Lehrers auf Fragen; Unterweisungen und Ermahnungen für einen oder mehrere Schüler.

Das Werk, das innerlich eng mit den geistlichen Spruchsammlungen aus dem Umkreis der ägyptischen Wüstenväter verbunden ist, hat ausgeprägte didaktische Absicht: Weitergabe der gelebten Tradition mönchischer Askese an die Schüler. Leitmotiv der Unterweisung ist das Bemühen um Erlangung und Bewahrung der *hesychia*, der geistlichen Ruhe und Zurückgezogenheit. Voraussetzung für entschlossene Askese ist nach Isaias vor allem beständige Wachsamkeit; wichtigste Tugend ist die Demut. Ziel der Askese ist die Rückkehr des Menschen zu seiner ursprünglichen Heiligkeit, nach dem Vorbild und mit der Hilfe Jesu Christi. Das Thema der inneren Christus-Nachfolge nimmt in der Lehre des Isaias eine zentrale Stelle ein.

Im Ganzen des Werkes sind Einflüsse von Gedanken des Euagrios und Pseudo-Makarios festzustellen, aber zeitlich nicht abzugrenzen. Die Nachwirkung der Texte verbindet sich mit der Ausstrahlung der »Apophthegmata Patrum«; doch wird auch Isaias selbst bei den Byzantinern, wie bei den Syrern, als Autorität häufig zitiert.

Die »Philokalia« bringt nur kürzere Auszüge aus dem umfangreicheren Werk des Isaias und stellt sie – nach Texten, die fälschlich Antonios dem Großen zugeschrieben werden – an den Anfang der chronologischen Folge.

Vom Wachen über den Geist

Der Mönch soll alle Pforten seiner Seele, nämlich die Sinne, verschließen, damit er nicht irregeführt wird. Wenn der Geist wahrnimmt, daß er von nichts beherrscht wird, bereitet er sich zur Unsterblichkeit; er sammelt die Sinne und bindet sie in dem einen Leib. (7)

Wenn dein Geist von aller Hoffnung auf Sichtbares befreit ist, dann ist das ein Zeichen, daß die Sünde in dir gestorben ist. (8)

Wenn dein Geist befreit ist, dann ist der Bruch zwischen ihm und Gott aufgehoben. (9)

Wenn dein Geist von allen seinen Feinden befreit ist und die Sabbatruhe erreicht hat, dann lebt er in einem anderen Weltalter, einem neuen Weltalter, in dem er Neues, Unvergängliches schaut. Denn: »wo das Aas ist, da werden sich die Geier sammeln« (Mt 24,28). (10)

Wenn der Mensch nicht das ganze Treiben dieser Welt haßt, kann er Gott nicht verehren. Was bedeutet die Verehrung Gottes? Sie bedeutet, daß wir nichts Fremdes in unserem Geist haben, wenn wir zu ihm beten: weder Sinnenlust, wenn wir ihn preisen, noch Bosheit, wenn wir ihn loben, noch Haß, wenn wir ihn rühmen, noch hinderlichen Neid, wenn wir zu ihm sprechen und seiner gedenken. Denn sie alle sind voller Dunkelheit; sie sind wie eine Mauer, die unsere elende Seele einkerkert, und wenn die Seele sie in sich hat, kann sie Gott nicht in Reinheit verehren. Sie hemmen ihren Aufstieg und hindern sie, Gott zu begegnen; sie halten sie ab, ihn innerlich zu loben, aus reinem Herzen anzubeten und so seine Erleuchtung zu empfangen. Der Geist ist daher immer in Dunkelheit gefangen und kann nicht in Heiligkeit voranschreiten, weil er sich nicht bemüht, solche Gedanken durch geistliche Einsicht auszurotten. (13)

Ich ermahne euch, euer Herz nicht unbewacht zu lassen, solange ihr im Leibe seid. Wie der Bauer sich nicht auf die Getreideernte seiner Felder verlassen kann, bevor sie in seine Kornkammer eingebracht ist, weil er nicht weiß, was ihr noch zustoßen wird, – so soll der Mensch sein Herz nicht unbewacht lassen, solange er Atem in sich hat. Bis zu seinem letzten Atemzuge kann er nicht wissen, welche Leidenschaft ihn noch angreifen wird; solange er atmet, darf er daher sein Herz nicht unbewacht lassen, sondern er soll in jedem Augenblick Gott um seine Hilfe und sein Erbarmen bitten. (15)

Wenn der Geist erstarkt, bereitet er sich, der Liebe nachzueifern, die alle leiblichen Leidenschaften auslöscht und nichts, was gegen die Natur ist, Macht über das Herz gewinnen läßt. Dann scheidet der Geist, der gegen alles Naturwidrige kämpft, es vom Naturgemäßen. (19)

Die erste Tugend ist Gelassenheit, nämlich das Absterben gegenüber jeder Person oder jedem Ding. Sie bewirkt Sehnsucht nach Gott, und diese läßt den naturgemäßen Zorn entstehen, der gegen alle Schliche des bösen Feindes aufflammt. Dann kehrt Gottesfurcht in uns ein, und durch sie wird die Liebe offenbar. (25)

Markos der Mönch

(etwa 5. Jahrhundert)

Nach der handschriftlichen Überlieferung Verfasser einer Gruppe asketischer Abhandlungen von beträchtlicher Ausstrahlung; Markos, auch mit den Beinamen der Einsiedler oder der Asket, wahrscheinlich 5. Jahrhundert, ist biographisch nicht eindeutig abzugrenzen.

Neben einigen umstrittenen kleinen Texten sind rund zehn Abhandlungen für den Autor relativ gesichert, die formal unterschiedlich angelegt sind: u.a. zwei geistliche Aphorismensammlungen in lockerer Folge nach Art der Centurien; Antworten auf Fragen eines verunsicherten Mönchs zur Rolle der Taufe; Entwurf des monastischen Lebens in Form eines Briefs an einen Novizen; klare, auch exegetische Darlegungen, etwa zum Thema der beständigen Buße und gegen die Werkgerechtigkeit. Die handschriftliche Überlieferung geht mit syrischen Übersetzungen zurück bis ins 6. Jahrhundert; auch die ersten Erwähnungen stammen aus der gleichen Zeit. Seitdem in der ganzen byzantinischen Überlieferung regelmäßig zitiert und in Textsammlungen aufgenommen. Markos wird nicht isoliert überliefert, sondern immer eingebettet in die mönchische Tradition.

Wie die Einheit der Verfasserschaft nicht für das ganze Werk gesichert ist, so sind für die Entstehung verschiedene Hypothesen möglich: Palästina oder Ägypten, vor oder nach 430.

Obwohl Markos vor allem als Gegner der Messalianer bekannt wurde, hat er in Wortschatz und Vorstellungswelt doch manche Elemente von Pseudo-Makarios übernommen. In der Verteidigung des radikal befreienden Charakters des Sakraments der Taufe ist seine antimessalianische Polemik am entschiedensten. Die Betonung der neutestamentlichen Forderung beständiger Buße soll stoischen Ideen von Werkgerechtigkeit entgegenwirken. Dabei wird die paulinische Vorstellung der gnadenhaften Rechtfertigung aber gemildert durch die Gehorsamsforderung gegenüber den Geboten. Im ganzen Werk spielt Schriftexegese eine wichtige Rolle. Die von Markos vermittelten Anweisungen zum mönchischen Leben sind relativ arm an konkreten Regeln, hatten aber in der Erbauungsliteratur byzantinischer Klöster ihren festen Platz. In den westlichen Ausgaben und Übersetzungen des 16. Jahrhunderts wurde sein Werk teils für die reformatorische Rechtfertigungslehre, teils für die Erneuerung geistlichen Lebens in der katholischen Reform als Beleg benutzt.

Die Auswahl aus Markos in der »Philokalia« umfaßt insgesamt drei Texte, darunter einen längeren Brief der Unterweisung an einen Einsiedlermönch.

Vom geistlichen Gesetz

Rühme dich nicht, wenn du beim Beten Tränen vergießt; denn Christus hat die Augen deines Herzens berührt, und so hast du das geistliche Sehvermögen empfangen. (15)

Über die Bosheit im Innern nachzugrübeln, verhärtet das Herz; sie aber in Selbstbeherrschung und Hoffnung zu vernichten, erweicht es. (17)

Es gibt eine gute, rechte Zerknirschung des Herzens, die zu seiner Läuterung führt; und es gibt eine falsche, schädliche Zerknirschung, die zu seiner Verwirrung führt. (18)

Nachtwachen, Beten und das geduldige Tragen unseres Geschicks sind dem Herzen eine unschädliche, förderliche Zerknirschung, wenn wir nicht ihren Nutzen durch Übermaß zerstören. Wer in ihnen beständig ist, erfährt auch in anderen Übungen Hilfe; wer aber nachlässig und zuchtlos ist, erleidet im Sterben bittere Schmerzen. (19)

Jemand, der eine böse Tat begehen wollte, betete zuvor nach seiner Gewohnheit; von der göttlichen Vorsehung gehindert, konnte er aber das Böse nicht tun, und so sagte er Dank. (23)

Immer wenn du Gottes gedenkst, sollst du dich dem Gebet eifriger widmen, damit, wenn du seiner vergißt, er sich deiner erinnert. (25)

Denke nichts und tue nichts ohne ein auf Gott bezogenes Ziel. Denn wer ziellos eine Reise unternimmt, müht sich umsonst. (54)

Ich habe unwissende, wahrhaft demütige Menschen gesehen, die weiser gemacht wurden als die Weisen. (79)

Als ein anderer Unwissender ihr Lob hörte, eiferte er nicht ihrer Demut nach, sondern rühmte sich seiner Unwissenheit, und so wurde er ein Opfer des Hochmuts. (80)

Wenn du die Worte der Heiligen Schrift liest, dann setze sie in die Tat um; prahle nicht mit deinen Kenntnissen, und rede nicht leere Worte daher. (85)

Wer ein Gebot erfüllt, soll erwarten, versucht zu werden; denn die Liebe zu Christus wird durch Anfechtungen erprobt. (88)

Wache stets über deine Gedanken; denn kein Gedanke kann Gott entgehen. (89)

Wer recht betet, erträgt geduldig, was ihm widerfährt. Wer Beleidigungen nicht hinnehmen kann, hat noch nicht wahrhaft gebetet. (113)

Ertrage gleichmütig die Verflochtenheit des Guten und Schlechten; dann wird Gott die Unbeständigkeit aufheben. (158)

Bleib standhaft, und die Versuchungen werden dich nicht belästigen; gibst du aber den Mut auf, dann ertrage die Anfechtungen. (163)

Bitte Gott, daß dir keine Versuchung begegne; wenn sie dir aber begegnet, dann nimm sie als dir bestimmt an, nicht als dir unangemessen. (164)

Wer im Hinschauen auf das Gewissen nicht beständig ist, wird die körperlichen Anstrengungen aus Gottesliebe nicht ertragen. (185)

Das Gewissen ist das Buch der Natur. Wer voll Eifer und Ernst darin liest, wird göttliche Hilfe erfahren. (186)

Der Herr hält sich in seinen Geboten verborgen; er wird dort gefunden, in dem Maße er gesucht wird. (190)

Ein gutes Gewissen wird durch das Gebet gefunden, und das reine Gebet durch das Gewissen; denn das eine bedarf von Natur aus des anderen. (198)

Von denen, die meinen, durch Werke gerechtfertigt zu werden

Der Sklave fordert die Freiheit nicht wie einen Lohn, der ihm zusteht; sondern er leistet Genugtuung wie ein Schuldner, und er empfängt die Freiheit aus Gnade. (3)

Die aus der Härte ihrer Askese heraus die weniger Entschiedenen verachten, meinen, sie würden durch körperliche und äußerliche Werke gerechtfertigt. Aber noch törichter sind jene, die sich auf bloßes Wissen verlassen und Unwissende herabsetzen. (11)

Auch wenn Wissen als wahr besteht, ist es ohne Werke noch nicht fest gegründet. Denn das Tun allein verleiht Stetigkeit. (12)

Häufig wird unser Wissen verdunkelt, weil wir nachlässig etwas nicht in die Tat umsetzen. Denn wenn wir manches ganz zu üben unterlassen, dann wird uns auch sein Erinnerungsbild langsam entschwinden. (13)

Durch die Taufe erneuert, vollbringen wir gute Werke, nicht um wiedergutzumachen, sondern um die uns verliehene Reinheit zu bewahren. (23)

Wer das geistliche Meer überqueren will, ist geduldig, demütig, wachsam und beherrscht. Wenn er sich ohne diese vier Tugenden einzuschiffen versucht, verwirrt sich das Herz, und er kann nicht hinüberfahren. (29)

Der Geist kann nicht ohne den Leib zur Ruhe gebracht werden; und die Wand zwischen ihnen kann nicht zerstört werden ohne Stille und Gebet. (31)

Es gibt kein vollkommenes Gebet, ohne daß der Geist zu Gott fleht; und wenn der Geist unaufhörlich laut ruft, wird er von Gott erhört. (33)

Der Geist, der sich unaufhörlich dem Gebet widmet, macht das Herz bekümmert; und: »ein Herz voll Demut und Reue wirst du nicht verschmähen« (Ps 51,19). (34)

Das Gebet wird eine Tugend genannt, obwohl es die Mutter der Tugenden ist; denn durch die Annäherung an Christus läßt es die Tugenden entstehen. (35)

Es ist besser, Gott mit Gebet und Hoffnung anzuhangen, als äußerlicher Dinge zu gedenken, auch wenn sie gut und nützlich sein mögen. (38)

Wer übervoll ist von Gedanken, ist nicht selbstbeherrscht; auch wenn sie nützlich sein mögen, ist ihnen doch die Hoffnung überlegen. (40)

Wer geistig bedrückt, aber leiblich ruhig ist, ist wie einer, der leiblich gequält, aber geistig heiter ist. (45)

Der freiwillige Schmerz im einen kommt auch dem anderen zugute: der im Geiste dem Fleisch und der im Fleische dem Geist; ihre Trennung aber bringt den Verfall. (46)

Ohne wahres Wissen ist es unmöglich, dem anderen aus ganzem Herzen die Vergehen zu verzeihen; denn dieses Wissen zeigt, daß jedem das widerfährt, was ihm zukommt. (49)

Wenn der Geist das Ziel der Frömmigkeit vergißt, dann wird das äußere Werk der Tugend unnütz vollbracht. (51)

Grüble durch das Werk über den Ratschluß der Menschen und die Vergeltung Gottes nach; denn kein Reden und kein Untersuchen ist weiser als Tun. (53)

Wer die wirkende Kraft des Geistes erstrebt, bevor er die Gebote erfüllt hat, ist wie einer, der sich als Sklave verkauft und nach dem Verkauf mit dem Kaufpreis auch die Freilassungsbestätigung begehrt. (64)

Jedem widerfährt, was ihm aufgegeben ist, in Entsprechung zu seiner geistigen Verfassung; nur Gott kennt die verschieden zugemessenen Fügungen. (67)

Das wahre Wissen ist von Gott als Gnade um Gnade den Menschen gegeben; es lehrt die an ihm teilhaben, vor allem an den Geber zu glauben. (81)

Wenn der Geist das wahre Wissen vergißt, streitet er mit Menschen um nachteilige Dinge, als ob sie ihm nützlich wären. (83)

Das Wissen jedes Menschen ist insoweit echt, als es von Sanftmut, Demut und Liebe bestätigt wird. (91)

Im Gebet liegt die vollkommene Erfüllung der Gebote beschlossen; denn es gibt nichts Höheres als die Liebe zu Gott. (96)

Wer ohne schmerzhafte Anstrengung nächtlich wacht, langmütig ist und sich dem Gebet widmet, hat sichtlich teil am Heiligen Geist. Wer aber davon belastet wird und dennoch standhaft aushält, bekommt rasch Hilfe. (98)

Wenn der Regen auf die Erde fällt, gibt er der entsprechenden Eigenschaft in den einzelnen Pflanzen Kraft: Süße in den süßen, Bitterkeit in den bitteren; so schenkt die Gnade, wenn sie in die Herzen der Gläubigen herabkommt, den entsprechenden Tugenden die angemessene Wirkkraft. (116)

Die Gnade ist dem um Christi willen Hungernden Speise, dem Dürstenden köstlicher Trank, dem Frierenden Gewand, dem Beladenen Ruhe, dem Betenden Hoffnung, dem Trauernden Trost. (117)

Diadochos von Photike

(5. Jahrhundert)

Um 400 geboren, wahrscheinlich von Geburt Grieche, worauf Reinheit des Sprachstils und geistige Bildung hindeuten; Bischof von Photike in Alt-Epeiros (Nordgriechenland); gestorben vor 486.

Erhalten sind als gesicherte Werke: eine Predigt über die Himmelfahrt Jesu Christi; eine Sammlung von Aporien über die himmlische Schau in Form eines Dialogs mit Johannes dem Täufer; eine Centurie von Sprüchen zum geistlichen Leben, »Hundert Kapitel über die geistliche Vollkommenheit«, – das Hauptwerk, das in Handschriften reich überliefert, in der Erstausgabe der »Philokalia« 1782 zum erstenmal griechisch gedruckt wurde, nachdem 1570 eine lateinische Übersetzung erschienen war.

Die kritische Haltung des Diadochos gegenüber den Messalianern, die sich besonders in den »Hundert Kapiteln« ausspricht, wird unterschiedlich beurteilt; galt er früher als entschiedener Gegner, so erscheint seine Polemik neuerdings eher als vermittelnde Einschränkung und Weiterentwicklung messalianischer Thesen. Sie richtet sich gegen die materialistisch vergröbernden Grundlehren dieser Sekte umherziehender Asketen, die sich nach Anfängen in Syrien im späten 4. Jahrhundert bald über ganz Kleinasien verbreitete: Entwertung des Sakraments der Taufe; Nebeneinander des guten und des bösen Geistes in der Seele; beständiges Gebet als einziger Weg der Erlösung; Leidenschaftslosigkeit als höchstes Ideal; sinnliche Erfahrbarkeit der Begnadung und Erwähltheit in himmlischer Schau und Lichterscheinung. Diadochos übernimmt die assimilierbaren Elemente des Messalianismus und verbindet sie mit dem Erbe des Euagrios Pontikos, das er sich in Gedankengut und Wortschatz zu eigen macht. Er ist mit dem Leben in der Möchsgemeinschaft vertraut; sein Werk deutet darauf hin, daß schon um die Mitte des 5. Jahrhunderts in Griechenland selbst Mönche als Einsiedler oder in Gemeinschaft lebten.

Die Spiritualität des Diadochos ist gekennzeichnet durch innere Ausgewogenheit und äußeres Maß, die ihre Anziehungskraft begründen. Für ihn führt wahre Gotteserkenntnis notwendig zu inniger Gottesliebe, die auch aus Selbsterkenntnis erwächst. Die Gnade ist erfahrbar in der inneren Empfindung der Fülle und Gewißheit, einer Erfahrung, die ein Sinnesmoment nicht ausschließt. Die Vorstellung von der uneingeschränkten Kraft der Gnade steht hinter dieser Lehre. Obwohl bei der Taufe ungeteilt empfangen, wird sie erst im geistlichen Fortschreiten des Menschen offenbar. In der Seele widerstreiten einander nicht zwei Prinzipien, sondern wohnen gute und böse Gedanken, entstanden aus dem Schweifen des Geistes. Sie können durch die geistliche Unterscheidung erkannt werden, wie auch wahre und falsche Tröstung von einander geschieden oder Lichterscheinungen zurückgewiesen werden sollen. Das Gedenken an Gott, die Anrufung Jesu, die Betrachtung seines Namens im Gebet sind Hauptwaffen gegen die Täuschungen der Dämonen und Wege zur inneren Wahrnehmung der Gnade in der Seele. Das Gebet erfordert Achtsamkeit des Geistes; da es auf Erden keine Vollkommenheit gibt, muß es vom beständigen Kampf gegen das Böse begleitet sein. Besondere Bedeutung haben das Gebot der Armut, der Selbstbeherrschung, des Gehorsams und der Demut.

In den Klöstern Griechenlands und des Ostens haben die Schriften des Diadochos großen Einfluß ausgeübt; besonders gewirkt hat die Lehre von der Unterscheidung der Geister und die Anweisung zum Gebet durch Anrufung des Namens Jesu. Im Werk von Maximos dem Bekenner hat das Denken des Diadochos, auch als Vermittler des Euagrios, deutliche Spuren hinterlassen. Johannes Klimakos, Symeon der Neue Theologe und die hesychastische Bewegung verdanken ihm viel. Im Westen sind seine Schriften seit dem 10. Jahrhundert handschriftlich weit verbreitet.

Der vollständigen Wiedergabe der Centurie über die geistliche Vollkommenheit in der »Philokalia« ist von Diadochos eine kurze Folge von zehn Begriffsdefinitionen vorangestellt.

Hundert Sprüche über die geistliche Vollkommenheit

Alle geistliche Versenkung, – meine Brüder –, soll den Glauben, die Hoffnung und die Liebe als Führer haben, vor allem jedoch die Liebe. Denn die ersten beiden lehren uns, die sichtbaren Güter zu verachten; die Liebe aber verbindet die Seele mit der Vollkommenheit Gottes selbst, indem sie durch die Wahrnehmung des Geistes das Unsichtbare ausspürt. (1)

Wir alle sind Menschen nach dem Bilde Gottes; aber ihm ähnlich zu sein, kommt nur denen zu, die durch große Liebe ihre Freiheit Gott unterworfen haben. Denn erst, wenn wir nicht mehr uns gehören, ähneln wir dem, der uns durch die Liebe mit sich versöhnt hat; das erreicht keiner, der nicht seine Seele überzeugt, sich vom armseligen Ruhm dieses Lebens nicht beeindrucken zu lassen. (4)

Das Licht der wahren Einsicht besteht darin, untrüglich das Gute vom Bösen zu unterscheiden. Denn dann bringt der Weg der Gerechtigkeit, der den Geist zur Sonne der Gerechtigkeit führt, ihn in die grenzenlose Erleuchtung der Erkenntnis, so daß er nun zuversichtlicher nach der Liebe strebt. Ohne Zorn sollte man daher die Gerechtigkeit denen nehmen, die sie zu beschimpfen wagen; denn der Eifer der Frömmigkeit siegt nicht durch Haß, sondern durch Überzeugung. (6)

Das geistliche Sprechen befriedigt die Wahrnehmung des Geistes, weil es durch die Wirkkraft der Liebe von Gott kommt; deswegen bleibt der Geist in seiner Beschäftigung mit dem Wissen von Gott ungestört. Dann leidet er nicht an der Leere, welche die innere Unruhe mit sich bringt; denn er weitet sich durch die Betrachtungen so, wie es die Übung der Liebe will. So ist es schön, mit einem in der Liebe tätigen Glauben immer auf die Erleuchtung zu warten, die zum Sprechen führt; denn nichts ist armseliger als ein Geist, der außerhalb Gottes über Gott philosophiert. (7)

Der Geist soll sich nicht unerleuchtet geistlichen Betrachtungen hingeben, noch soll er zu sprechen versuchen, während er durch die Güte des Heiligen Geistes reich von Licht erfüllt wird. Denn wo Leere ist, da bringt sie Unwissenheit; wo aber Fülle ist, da kann nicht gesprochen werden. Dann begehrt die Seele, trunken von der Liebe Gottes, mit schweigender Stimme die Herrlichkeit des Herrn zu genießen. Es ist also notwendig, eine Mitte einzuhalten, bevor von Gott gesprochen wird. Dieses Maß verleiht dem verherrlichenden Sprechen eine besondere Schönheit; der Glaube des glaubensvoll Sprechenden wird durch die Fülle der Erleuchtung genährt, so daß der Lehrende die Früchte der Erkenntnis durch die Liebe als erster verkostet. Denn es steht geschrieben: »Der Landmann, der sich abgeplagt hat, hat das erste Anrecht auf den Ertrag an Früchten« (2 Tim 2,6). (8)

Wie alle göttlichen Gnadengaben, so sind die Weisheit und die Erkenntnis Gaben des einen Heiligen Geistes; aber sie haben, wie die anderen, jede ihre eigene Wirkkraft. Deswegen bezeugt der Apostel, dem einen sei Weisheit, dem anderen Erkenntnis durch denselben Geist gegeben (vgl. 1 Kor 12,8). Denn die Erkenntnis verbindet den Menschen durch die Erfahrung mit Gott, ohne die Seele davon zum Sprechen zu bringen. Daher werden auch einige, die im Bemühen um Heiligkeit ein einsames Leben führen, durch die Erkenntnis erleuchtet, und doch kommen sie nicht dazu, von Gott zu sprechen. Wenn aber die Weisheit einem in Gottesfurcht zusammen mit der Erkenntnis gegeben wird – was selten geschieht –, dann offenbart sie die Wirkkräfte der Erkenntnis selbst; denn die Erkenntnis erleuchtet gewöhnlich durch das Wirken, die Weisheit durch das Sprechen. Die Erkenntnis nämlich kommt durch das Gebet, durch große Ruhe und vollkommene Zurückgezogenheit; die Weisheit durch die demütige Betrachtung der Heiligen Schrift und vor allem durch die von Gott geschenkte Gnade. (9)

Ich kenne einen, der Gott so sehr liebt – obwohl er trauert, ihn nicht so zu lieben, wie er möchte –, daß seine Seele beständig von inbrünstigem Verlangen erfüllt ist, Gott in sich verherrlicht zu finden und sich selbst anzusehen, als wäre er nichts. Dieser Mensch weiß nicht mehr, wer er ist, selbst wenn Worte ihn loben; und in seinem großen Streben nach Demut denkt er nicht an seine Würde; er erfüllt die Pflichten des Gottesdienstes, wie es den Priestern das Gesetz vorschreibt; aber in seiner starken Gottesliebe macht er sich frei von jeder Erinnerung an die eigene Würde; aus demütiger Gesinnung begräbt er in den Tiefen der Gottesliebe jeden Ehrgeiz; im Streben nach Selbsterniedrigung sieht er sich immer als einen unnützen Knecht an, der eigenen Würde gleichsam entfremdet. So sollten auch wir handeln: alle Ehre, allen Ruhm fliehen, um der überströmenden Fülle der Liebe zu Gott willen, der uns so geliebt hat. (13)

Wer Gott in der Kraft des Herzens liebt, der ist von ihm erkannt (vgl. 1 Kor 8,3); denn wie er die Liebe Gottes in der Kraft der Seele aufnimmt, so wird er von ihm geliebt. Deswegen lebt ein solcher Mensch hinfort in heftiger Sehnsucht nach erleuchteter Erkenntnis, bis er die Kraft auch in den Knochen spürt und er sich selbst nicht mehr kennt, sondern ganz verwandelt ist durch die Liebe Gottes. Er ist in diesem Leben und doch auch nicht; denn obwohl er weiter in seinem Leibe wohnt, zieht er in der Bewegung seiner Seele durch die Liebe unablässig auf Gott zu. Unaufhörlich brennt sein Herz im Feuer der Liebe, so daß er in unwiderstehlicher Sehnsucht an Gott hängt, weil er für immer durch die Gottesliebe aus der Selbstliebe herausgerissen worden ist. Denn, wie der Apostel sagt: »Wenn wir aus uns heraustreten, ist es wegen Gott; wenn wir gemäßigt sind, ist es um euretwillen« (2 Kor 5,13). (14)

Wenn einer die Liebe Gottes in ihrer Fülle wahrzunehmen anfängt, dann beginnt er in der geistlichen Kraft auch den Nächsten zu lieben. Denn das ist die Liebe, von der alle Schriften sprechen. Die Freundschaft nach dem Fleische löst sich nur zu leicht bei dem kleinsten Vorwand, weil sie nicht durch die geistliche Kraft zusammengehalten wird. Auch wenn eine Erregung die Seele ergreift, in der Gott wirkt, wird das Band der Liebe nicht zerrissen. Denn vom Feuer der Gottesliebe entflammt, bemüht sie sich bald mit großer Freude wieder um die Liebe zum Nächsten, auch wenn sie von ihm Unrecht oder Beleidigungen hinnehmen mußte. Denn die Bitterkeit des Streites wird durch die Güte Gottes vernichtet. (15)

Niemand kann Gott in der Kraft des Herzens lieben, wenn er ihn nicht zuvor aus ganzem Herzen fürchtet. Denn durch die Wirkkraft der Furcht wird die Seele gereinigt und gleichsam erweicht, so daß sie sich der Übung der Liebe zuwendet. Niemand aber kann so ganz zur Gottesfurcht gelangen, wenn er nicht alle irdischen Sorgen hinter sich läßt. Denn wenn der Geist große Stille und Gelassenheit erreicht, dann bewegt ihn die Gottesfurcht; in tiefer Empfindung reinigt sie ihn von aller irdischen Schwere, um ihn so zu großer Liebe der Güte Gottes zu führen. Daher ist die Furcht das Merkmal jener, die noch gereinigt werden, und ist mit eingeschränkter Liebe verbunden; die vollkommene Liebe aber kommt denen zu, die schon gereinigt sind und in denen keine Furcht mehr ist. Denn: »die vollendete Liebe treibt die Furcht aus« (1 Joh 4,18). Beide begegnen zusammen nur in den Vollkommenen, die unter der Wirkkraft des Heiligen Geistes die Tugenden üben. Deshalb sagt die Heilige Schrift einmal: »Fürchtet Jahwe, ihr, seine Frommen« (Ps 34,10), und dann: »Liebet Jahwe, ihr Frommen alle« (Ps 31,24). Daraus sollen wir erkennen, daß – wie gesagt – den Gerechten, die noch gereinigt werden, die Furcht verbunden mit eingeschränkter Liebe zukommt; die vollkommene Liebe dagegen begegnet nur in denen, die gereinigt sind und in denen es den Gedanken an eine Furcht nicht mehr gibt, sondern ein beständiges Glühen und eine ununterbrochene Anhänglichkeit der Seele an Gott durch die Wirkkraft des Heiligen Geistes, wie geschrieben steht: »Meine Seele hanget dir an, es hält mich fest deine Rechte« (Ps 63,9). (16)

Wie die Sinne des Leibes uns heftig zu dem hintreiben, was uns schön erscheint, so führt uns der Sinn des Geistes zu dem unsichtbaren Gut, sobald er die göttliche Güte verkostet hat. Denn alles begehrt nach dem, was ihm verwandt ist: die Seele, die unkörperlich ist, nach himmlischem Gut; der Leib aber, der von Erde ist, nach irdischer Nahrung. So werden wir sicher zur Erfahrung der unkörperlichen Wahrnehmung gelangen, wenn wir durch unsere Anstrengung die körperliche Neigung abschwächen. (24)

Die geistlichen Kämpfer müssen die Seele immer frei von Unruhe bewahren, damit der Geist die anstürmenden Gedanken unterscheidet und die guten, von Gott gesandten in der Schatzkammer des Gedächtnisses verwahrt, die bösen, dämonischen aber aus den Speichern der Natur hinauswirft. Wenn das Meer ruhig ist, wird es für die Fischer durchsichtig bis auf den Grund, so daß ihnen dort kaum ein Lebewesen verborgen bleibt; wenn es aber von den Winden aufgewühlt wird, verbirgt es in trüber Erregtheit, was es in lächelnder Ruhe freigebig offenbart. Dann sind der Eifer und die Geschicklichkeit der Fischer vergeblich. Gleiches widerfährt auch dem schauenden Geist, besonders wenn der Grund der Seele durch ungerechten Zorn aufgewühlt ist. (26)

Nur der Heilige Geist kann den Geist reinigen. Wenn nämlich der Stärkere nicht kommt und den Dieb überwindet, wird die Beute nie befreit (vgl. Lk 11,21f.). Daher müssen wir auf jede Weise, besonders durch den Frieden der Seele, den Heiligen Geist in uns wohnen lassen, damit wir die Lampe der Erkenntnis immer in uns leuchten haben. Denn wenn sie im Innersten der Seele unaufhörlich strahlt, erkennt der Geist nicht nur alle bitteren, düsteren Einwirkungen der Dämonen, sondern diese Angriffe werden viel schwächer, wenn das heilige, wunderbare Licht sie entdeckt. Darum sagt der Apostel: »Löschet den Geist nicht aus« (1 Thess 5,20), das ist: Bekümmert nicht durch böse Taten und böse Gedanken die Güte des Heiligen Geistes, damit ihr nicht dieser schützenden Klarheit beraubt werdet. Der ewige und lebenspendende Geist wird aber nicht ausgelöscht; sondern durch Betrübnis, das ist durch Abkehr, läßt er den Geist im Dunkeln, ohne das Licht der Erkenntnis. (28)

Wenn unser Geist die Tröstungen des Heiligen Geistes zu spüren beginnt, dann tröstet auch Satan die Seele durch ein Gefühl trügerischer Süße in der nächtlichen Ruhe, gerade wenn man in einen leichten Schlaf fällt. Wenn der Geist aber in innigem Gedenken sich mit dem heiligen Namen des Herrn Jesus verbindet und diesen heiligen, ruhmreichen Namen wie eine Waffe gegen die Täuschung gebraucht, dann gibt der Betrüger seine Schliche auf und greift die Seele im offenen Kampf an. Darauf erkennt der Geist klar den Trug des Bösen und schreitet in der Erfahrung der Unterscheidung weiter voran. (31)

Die echte Tröstung wird erfahren, wenn der Leib wacht oder in den Schlaf hinübergleitet, während man in innigem Gedenken an Gott liebend mit ihm verbunden ist. Die täuschende Tröstung aber wird, wie gesagt, erfahren nach dem Eintreten in einen leichten Schlaf, mit einem eingeschränkten Gedenken an Gott. Da die wahre Tröstung von Gott kommt, ermuntert sie die Seele der geistlichen Kämpfer in starker innerer Bewegung zur Liebe. Die falsche Tröstung dagegen, welche die Seele mit dem Wind der Täuschung aufregt, versucht sie durch das Schlafbedürfnis des Leibes ihrer Erfahrung der geistigen Wahrnehmung zu berauben, die das Gedenken an Gott lebendig erhält. Wenn also, wie gesagt, der Geist dabei beständig des Herrn Jesus gedenkt, zerstreut er den angenehm scheinenden Hauch des Feindes und begibt sich freudig in den Kampf gegen ihn, bewaffnet gleichsam mit einer zweiten Waffe nach der Gnade, dem Bewußtsein seiner Erfahrung. (32)

Wenn die Seele durch eine sichere, vorstellungsfreie innere Bewegung zur Liebe Gottes entflammt wird, als ob sie gleichsam auch den Leib in die Tiefe dieser unaussprechlichen Liebe nach sich zöge, – entweder im Wachen oder im Übergang zum Schlaf unter dem Einfluß der Gnade Gottes, wie ich schon sagte –, und wenn sie dann nichts anderes wahrnimmt als das, wohin sie sich bewegt, – dann ist dies sicher das Wirken des Heiligen Geistes. Ganz von jener unaussprechlichen Süße durchdrungen, kann sie an nichts anderes mehr denken, weil eine unermeßliche Freude sie erfüllt. Wenn aber unter diesem Einfluß der Geist irgendeinen Zweifel oder einen schlechten Gedanken in sich aufkommen läßt, – obwohl er den heiligen Namen angerufen hat, um das Böse abzuwehren, nicht nur aus Liebe zu Gott –, dann kommt diese Tröstung unter dem trügerischen Schein der Freude gewiß vom Verführer. Diese unbestimmte und ungeordnete Liebe kommt vom bösen Feind, der die Seele zur Untreue verführen will. Wenn er den Geist voll Stolz auf die Erfahrung der eigenen Wahrnehmung sieht, dann verleitet er die Seele – wie gesagt – durch scheinbare Tröstungen, damit sie, durch jene dumpfe und schlaffe Süße abgelenkt, nicht wahrnimmt, daß der Böse sich mit ihr vereinigt. Daraus erkennen wir also den Geist der Wahrheit und den Geist der Täuschung. Es ist unmöglich, im Innern die göttliche Güte zu verkosten oder die Bitterkeit der Dämonen zu erfahren, wenn man nicht überzeugt ist, daß die Gnade in der Tiefe der Seele wohnt, während die bösen Geister das Herz nur von außen umschweifen. Das aber wollen die Dämonen nie die Menschen wissen lassen, damit nach dieser klaren Einsicht der Geist sich nicht mit dem Gedenken an Gott gegen sie wappnet. (33)

Eines ist die natürliche Liebe der Seele, ein anderes die Liebe, die ihr vom Heiligen Geist zukommt. Die erste wird in bestimmtem Maße, wenn wir es wünschen, durch die Bewegungen unseres Willens erregt. Deshalb wird sie leicht von bösen Geistern geraubt, wenn wir nicht entschieden an unserem Entschluß festhalten. Die zweite entflammt die Seele so sehr zur Gottesliebe, daß alle Teile der Seele sich auf unaussprechliche Weise, – in einer unendlichen, einzigen Sehnsucht –, der Süße der göttlichen Liebe verbinden. Denn der Geist ist dann gleichsam befruchtet von der geistlichen Einwirkung und läßt eine Quelle der Liebe und Freude hervorsprudeln. (34)

Wie das stürmisch aufgewühlte Meer, auf das Öl gegossen wird, sich von Natur aus unter der Einwirkung des Öles fügt, das die Unruhe besiegt: so wird unsere Seele in Freuden ruhig, wenn sie mit der Gnade des Heiligen Geistes gesalbt wird. Dann läßt sie sich freudig besiegen – nach dem Wort jenes Heiligen: »Aber unterwirf dich Gott, meine Seele« (Ps 62,6) – von der leidenschaftslosen und unaussprechlichen Güte, die sie überschattet. Daher bleibt sie frei von Zorn und voll größter Freude, wenn sie auch von den Dämonen angegriffen wird. Keiner kann in diesen Zustand eintreten oder in ihm verbleiben, wenn er seine Seele nicht unaufhörlich durch die Furcht des Herrn besänftigt. Den geistlichen Kämpfern verleiht nämlich die Furcht des Herrn Jesus eine gewisse Reinheit, denn: »Die Furcht des Herrn ist lauter, sie hat für immer Bestand« (Ps 19,10). (35)

Wenn jemand von der Wahrnehmungskraft des Geistes sprechen hört, dann soll er nicht hoffen, daß ihm die Herrlichkeit Gottes sichtbar erscheint. Wir sagen allerdings, daß man mit reiner Seele in unaussprechlichem Verkosten die göttliche Tröstung spürt, nicht aber, daß ihr etwas Unsichtbares erscheint; denn, wie der selige Paulus sagt: »Wir wandeln im Glauben, nicht im Schauen« (2 Kor 5,7). Wenn daher einem geistlichen Kämpfer ein Licht oder eine feurige Gestalt erscheint, soll er ein solches Gesicht keinesfalls annehmen; denn es ist eine offenbare Täuschung des Feindes. Viele, die ihm ausgesetzt waren, sind aus Unwissenheit vom Weg der Wahrheit abgeirrt. Wir aber wissen, daß wir, solange wir im Leibe weilen, fern vom Herrn in der Fremde wohnen (vgl. 2 Kor 5,6), – daß wir also weder ihn noch eines seiner himmlischen Wunder sichtbar vor uns haben können. (36)

Die Traumgesichte, die durch Gottes Güte der Seele eingegeben werden, sind sichere Anzeichen ihrer Gesundheit. Sie gehen nämlich nicht von einer Gestalt in die andere über, sie erschrekken die innere Wahrnehmung nicht, bringen nicht Lachen und plötzliche Trauer. Vielmehr nahen sie sich der Seele ganz sanft und erfüllen sie mit der Süße geistlicher Freude. Daher sucht die Seele nach dem Erwachen des Leibes mit heißem Verlangen die Freude des Traumes wiederzugewinnen. Die Erscheinungsbilder der Dämonen verhalten sich jedoch entgegengesetzt: Sie bewahren nicht die gleiche Gestalt, noch zeigen sie lange eine unveränderte Form. Denn was die Dämonen nicht durch freien Entschluß haben, sondern nur aus Verstellung annehmen, kann sie nicht lange befriedigen. Sie schreien und drohen, oft in Soldaten verwandelt; manchmal betäuben sie die Seele mit ihrem Geschrei. Daran erkennt sie der Geist, wenn er gereinigt ist, und er läßt den Leib aus dem Traum erwachen; manchmal empfindet er auch Freude, daß er ihre Schliche durchschauen konnte. Deswegen reizt er sie zu großem Zorn, wenn er sie im Traum selbst herausfordert. Aber es kommt vor, daß auch gute Träume der Seele keine Freude bringen, sondern ihr eine süße Trauer und schmerzlose Tränen verschaffen. Das geschieht nur denen, die in der Demut weit vorangeschritten sind. (37)

Es ist nicht zu bezweifeln, daß der Geist, wenn er vom göttlichen Licht häufig durchwirkt zu werden beginnt, ganz durchscheinend wird, bis er selbst das eigene Licht in Fülle schaut. Das geschieht, wenn die Kraft der Seele die Leidenschaften bezwingt. Alles aber, was dem Geist in einer Gestalt – sei es als Licht oder als Feuer – erscheint, stammt aus der bösen List des Feindes; das lehrt uns klar der heilige Paulus, wenn er sagt: »Gibt sich doch der Satan selber das Aussehen eines Lichtengels« (2 Kor 11,14). Daher soll man nicht in dieser Hoffnung dem asketischen Leben folgen, damit der Satan es nicht leicht findet, die Seele an sich zu reißen. Unser einziges Ziel ist, dahin zu kommen, daß wir Gott mit ganzer Gewißheit und aus der Fülle des Herzens lieben, also mit ganzem Herzen, mit ganzer Seele, mit ganzem Denken (vgl. Lk 10,27). Denn wer durch die Gnade Gottes dahin gebracht wird, der hat die Welt verlassen, auch wenn er noch in der Welt ist. (40)

Die Seele darf nicht verlangen, vom Leib getrennt zu werden, solange die Luft, die wir atmen, ihr nicht gleichgültig geworden ist. Alle Sinne des Leibes nämlich widerstreben dem Glauben; denn sie sind auf das Gegenwärtige bezogen, der Glaube aber verspricht nur die Fülle des Zukünftigen. Deshalb soll sich der geistliche Kämpfer nie mehr bekümmern um reichverzweigte und schattenspendende Bäume, reizvolle Quellen, blumige Wiesen, prächtige Häuser oder den Umgang mit Verwandten; er soll sich auch nicht der öffentlichen Ehren erinnern, die ihm vielleicht zuteil geworden. Vielmehr soll er das Notwendige dankbar gebrauchen und das Leben wie einen Weg durch die Fremde betrachten, ohne jede fleischliche Zuneigung. Denn nur wenn wir unseren Geist so sammeln, können wir ganz den Weg einschlagen, der ins ewige Leben führt. (55)

Wenn unsere Seele anfängt, die irdischen Schönheiten nicht mehr zu begehren, dann steigt meist ein Geist der Lustlosigkeit in ihr auf; er erlaubt ihr nicht mehr, sich freudig dem Dienst am Wort zu widmen, und beläßt ihr auch nicht die durchdringende Sehnsucht nach den künftigen Gütern. Er entwertet im Übermaß dieses hinfällige Leben, so als besäße es nicht tugendwürdige Werke. Er setzt selbst die geistliche Erkenntnis herab, unter dem Vorwand, sie sei schon vielen anderen geschenkt oder sie sage nicht, was zur Vollkommenheit gehöre. Wir entkommen diesem Leiden an Ermattung und Trägheit, wenn wir unserem Geist sehr enge Grenzen setzen und ihn allein auf das Gedenken an Gott richten. Nur so kehrt der Geist zu seiner Glut zurück und kann sich dieser sinnlosen Erschlaffung entziehen. (58)

Wenn wir alle Ausgänge des Geistes durch das Gedenken an Gott verschlossen haben, dann fordert er unbedingt ein Werk von uns, das seinen Drang nach Tätigkeit befriedigt. Zur vollkommenen Erfüllung dieses Ziels soll ihm das »Herr Jesus« als einzige Beschäftigung gegeben werden; denn es steht geschrieben: »Keiner kann sagen, ›Jesus ist der Herr!‹, außer im Heiligen Geiste« (1 Kor 12,3). Also soll der Geist beständig in seinem Innersten so ausschließlich dieses Wort betrachten, daß er nicht zu Vorstellungsbildern verleitet wird. Alle, die unaufhörlich diesen heiligen und ruhmreichen Namen betrachten, können schließlich auch das Licht ihres eigenen Geistes schauen. Wenn der Name in strengem Bemühen durch den Geist festgehalten wird, verbrennt er in starkem Gefühl den ganzen Schmutz, der die Oberfläche der Seele bedeckt; denn es heißt: »Unser Gott ist ein verzehrendes Feuer« (Dtn 4,24). Dann erweckt der Herr in der Seele heftige Liebe zu seiner Herrlichkeit. Wenn dieser ruhmreiche und vielbegehrte Name durch die Glut des Herzens beständig in der Erinnerung des Geistes festgehalten wird, dann pflanzt er uns die Fähigkeit ein, seine Güte immerdar zu lieben, ohne daß sich etwas entgegenstellt. Das nämlich ist die kostbare Perle, die man erwerben kann, wenn man allen Besitz verkauft, und über die man unaussprechliche Freude empfindet, wenn man sie gefunden hat (vgl. Mt 13,46). (59)

Eines ist die anfängliche Freude, ein anderes die Freude, die vollendet; die erste ist nicht frei von leeren Vorstellungsbildern, die zweite hat die Kraft der Demut. Zwischen beiden liegen gottgewollte Betrübnis (vgl. 2 Kor 7,10) und Tränen ohne Schmerz. Denn es heißt: »Bei viel Weisheit ist viel Wissen, und mehrt man das Wissen, so mehrt man den Schmerz« (Koh 1,18). Daher muß die Seele durch die anfängliche Freude zum Kampf gerufen werden; dann wird sie durch die Wahrheit des Heiligen Geistes gerügt und geprüft, sowohl wegen des Bösen, das sie getan hat, wie wegen der Torheiten, die sie noch begeht. Denn es steht geschrieben: »Mit Tadel hast du den Menschen wegen seiner Schuld gezüchtigt, und du hast seine Seele zerfallen lassen wie ein Spinnennetz« (Ps 39,12). Während der göttliche Tadel so die Seele wie im Schmelzofen geprüft hat, erfährt sie im glühenden Gedenken an Gott die Wirkung einer bildlosen Freude. (60)

Wenn man den Weg der Frömmigkeit erkannt hat, ist es angemessen und nützlich, nach dem Gebot des Herrn (vgl. Mt 19,21) unseren ganzen Besitz zu verkaufen und den Erlös zu verteilen, anstatt diesen heilsamen Befehl unter dem Vorwand zu mißachten, man wolle in allem die Gebote erfüllen. Das bringt uns zunächst eine vollkommene Gelassenheit, sodann eine Armut frei von Nachstellungen, unzugänglich für Ungerechtigkeit und

Streit, weil wir nun nichts mehr besitzen, was das Feuer fremder Habsucht entzünden könnte. Mehr als alle anderen Tugenden aber wird uns die Demut erwärmen. Weil wir nackt sind, läßt sie uns in ihrem Schoß ruhen, wie eine Mutter ihr kleines Kind in den Arm nimmt und wärmt, wenn es in kindlicher Einfalt seine Kleider ausgezogen und weggeworfen hat, in seiner großen Unschuld glücklicher über seine Nacktheit als über schöne Kleidung. Es steht geschrieben: »Der Herr behütet die Unmündigen; ich habe mich gedemütigt, und er hat mich gerettet« (Ps 116,6). (65)

Alle Gnadengaben Gottes sind vollkommen und sind Ursache alles Guten; keine aber entflammt so unser Herz und bewegt es so zur Liebe zu seiner Güte wie das Wissen von Gott. Weil es der Erstlingssproß der göttlichen Gnade ist, schenkt es der Seele auch die ersten Gaben. Zuerst bewirkt es nämlich, daß wir leichten Herzens alle Liebe zu diesem Leben verachten, weil wir statt der irdischen Begierden den unaussprechlichen Reichtum des Wortes Gottes besitzen. Dann erleuchtet es unseren Geist mit verwandelndem Feuer und macht ihn zum Gefährten der Geister, die dem Herrn dienen. Daher, liebe Brüder, begehren wir, die wir würdig vorbereitet sind, diese schöne Gabe der Beschauung, die von weltlicher Sorge freimacht, die im Glanz unaussprechlichen Lichtes den Geist mit dem Wort Gottes nährt; die – mit einem Wort – durch die heiligen Propheten die gottähnliche Seele in unauflösbarer Vereinigung mit Gott verbindet. So läßt diese göttliche Brautführerin auch zwischen den Menschen – welch ein Wunder! – die Stimmen in Harmonie erklingen, die Gottes Herrlichkeit loben. (67)

Unser Geist erträgt das Beten oft nur schwer wegen der Beengtheit und Gesammeltheit; aber er widmet sich freudig dem Wissen von Gott wegen der Weite und Unbegrenztheit im Erwägen des Göttlichen. Um ihm in seiner Neigung zu vielen Worten nicht nachzugeben und ihn in seiner Freude sich nicht maßlos erheben zu lassen, sollen wir uns meist dem Gebet, dem Psalmensingen und dem Lesen der Heiligen Schriften widmen; dabei sollen wir die Darlegungen gelehrter Männer nicht geringschätzen, deren

Glauben aus ihren Schriften zu erkennen ist. So sollen wir verhindern, daß der Geist seine eigenen Worte mit den Worten der Gnade vermischt; wir sollen ihm nicht erlauben, sich durch Eitelkeit verleiten und von übermäßigem Entzücken oder Geschwätzigkeit zerstreuen zu lassen. Zur Zeit der Beschauung sollen wir ihn von jeder bildlichen Vorstellung freihalten und so erreichen, daß fast alle Gedanken ihm Tränen entlocken. Wenn er in der Zeit der Zurückgezogenheit zur Ruhe gekommen und ganz von der Süße des Gebetes erfüllt ist, dann entgeht er nicht nur den genannten Irrtümern, sondern erneuert sich immer mehr, um sich leicht und mühelos der Betrachtung des Göttlichen hinzugeben; zugleich schreitet er mit großer Demut voran in der Kenntnis der Unterscheidung. Aber man muß wissen, daß es ein Gebet jenseits aller Weite gibt; es wird jedoch nur denen zuteil, die in umfassender Erfahrung von der göttlichen Gnade erfüllt werden. (68)

Gewöhnlich erleuchtet die Gnade anfangs die Seele in tiefer Erfahrung mit ihrem eigenen Licht. Mit dem Fortschreiten des geistlichen Kampfes aber wirkt sie ihre Geheimnisse unbemerkt in der betrachtenden Seele. Dadurch will sie uns zunächst voll Freude auf den Weg der Betrachtung des Göttlichen drängen, gleichsam von der Unwissenheit zur Erkenntnis berufen; dann will sie mitten im Kampfe unsere Erkenntnis von eitler Ruhmsucht fernhalten. Wir müssen uns also einerseits im Gefühl der Verlassenheit maßvoll betrüben, um uns mehr zu demütigen und der Herrlichkeit Gottes zu unterwerfen; andererseits müssen wir zur rechten Zeit wieder erfreut werden, wenn die Hoffnung uns aufrichtet. Denn wie übermäßige Trauer die Seele in Verzweiflung und Unglauben stürzt, so verleitet übermäßige Freude sie zur Überheblichkeit; ich spreche hier von denen, die noch Anfänger sind. Denn auf halbem Wege zwischen Erleuchtung und Verlassenheit liegt die Prüfung, und auf halbem Wege zwischen Trauer und Freude liegt die Hoffnung. Es steht geschrieben: »Ich habe gehofft, ja gehofft auf den Herrn, und er hörte mein Rufen« (Ps 40,2); und auch: »Wenn im Herzen sich mehret die Not, dann erfreut dein Trost meine Seele« (Ps 94,19). (69)

Wie die Türen des Bades die Wärme von innen schnell nach außen entweichen lassen, wenn sie ständig offen stehen, – so zerstreut die Seele, wenn sie zuviel reden will, ihre Erinnerung an Gott durch die Pforte des Sprechens, selbst wenn alles gut ist, was sie redet. Weil sie nun aller angemessenen Gedanken beraubt ist, schüttet sie jedem beliebigen den Fluß ihrer Gedanken ungeordnet hin; denn sie hat den Heiligen Geist nicht mehr, der sie vor täuschenden Vorstellungen bewahren könnte. Das Gute flieht immer die Geschwätzigkeit, weil es von jeder Verwirrung und jedem Trugbild fern ist. So ist angemessenes Schweigen kostbar, denn es ist nichts anderes als die Mutter der weisesten Gedanken. (70)

Die geistliche Einsicht lehrt uns, daß anfangs viele Leidenschaften die betrachtende Seele belästigen, vor allem der Zorn und der Haß. Das geschieht ihr nicht so sehr durch die Dämonen, welche diese Leidenschaften erregen, sondern auch durch ihr eigenes Fortschreiten. Solange die Seele nämlich auf die Welt ausgerichtet ist, bleibt sie ungerührt und unbewegt, selbst wenn sie sieht, wie das Recht von einigen mit Füßen getreten wird; mit ihren eigenen Begierden beschäftigt, achtet sie nicht auf Gottes Gerechtigkeit. Wenn sie aber anfängt, sich über die eigenen Leidenschaften zu erheben, dann kann sie aus Verachtung dieser Welt und Liebe zu Gott nicht einmal im Traum das Recht beleidigt sehen. Sie erzürnt sich über die Übeltäter und sie erregt sich, bis sie sieht, daß die Beleidiger der Gerechtigkeit Abbitte leisten müssen. Deshalb haßt sie die Bösen und liebt die Gerechten. Das Auge der Seele kann nicht mehr abgelenkt werden, wenn ihr Schleier, nämlich der Leib, durch Selbstbeherrschung fast bis zur Durchsichtigkeit verdünnt ist. Freilich ist es besser als die Bösen zu hassen, ihre Gefühllosigkeit zu beweinen. Wenn sie auch Haß verdienen, ist es doch unsinnig, daß die gottliebende Seele von Haß verwirrt wird; denn wenn Haß in der Seele ist, kann die geistliche Einsicht nicht wirken. (71)

Wenn die Seele in der Fülle ihrer natürlichen Früchte wohnt, dann singt sie die Psalmen mit kräftiger Stimme und betet gerne mit Worten. Wenn der Heilige Geist aber in ihr wirkt, dann psalmodiert und betet sie mit aller Gelassenheit und Innigkeit nur im

Herzen. Der erste Zustand wird begleitet von einer trügerischen Freude, der zweite von geistlichen Tränen und danach von einer Entzückung, die nach Stille begehrt. Denn das Gedenken an Gott, das seine Glut im Bezähmen der Stimme bewahrt, befähigt das Herz, freudenreiche und tränenbringende Gedanken in sich zu tragen. So säen wir mit Tränen den Samen des Gebetes in die Erde des Herzens, denn wir hoffen, in Freuden zu ernten. Doch wenn uns große Mutlosigkeit niederdrückt, dann sollen wir die Psalmen mit kräftigerer Stimme singen und mit der Freude der Hoffnung die Klänge der Seele ertönen lassen, bis der dichte Nebel vom Hauch des Gesanges vertrieben ist. (73)

Wenn die Seele sich selbst erkannt hat, dann bringt sie aus sich eine gottliebende Glut hervor. Da sie nicht mehr von weltlichen Sorgen beunruhigt wird, erzeugt sie ein Verlangen nach Frieden, das in gewissem Maße den Gott des Friedens sucht. Aber sie wird schnell davon abgelenkt, entweder weil die Sinne ihre Sammlung aufgeben, oder weil die Natur ihr eigenes Vermögen in Unzulänglichkeit rasch erschöpft. Deshalb konnten die Weisen Griechenlands nicht besitzen, was sie durch Selbstbeherrschung zu erreichen versuchten, denn ihr Geist stand nicht unter der Einwirkung der ewigen, wahren Weisheit. Die Glut aber, die der Heilige Geist dem Herzen mitteilt, ist zunächst ganz friedlich und beständig. Sie erweckt alle Teile der Seele zur Sehnsucht nach Gott, und sie wird nicht außerhalb des Herzens entfacht; so ermuntert sie den ganzen Menschen zu grenzenloser Liebe und Freude. Man soll also den ersten Zustand erkennen und dann zum zweiten gelangen; wenn die natürliche Liebe auch ein Zeichen dafür ist, daß die Natur sich durch Selbstbeherrschung in einem gesunden Zustand befindet, so kann sie doch nie dem Geist die Kraft zur Leidenschaftslosigkeit geben, wie es die geistliche Liebe vermag. (74)

Die Luft um uns bleibt rein, wenn der Nordwind über die Schöpfung bläst, denn dieser Wind ist von Natur aus klar und reinigend; wenn aber der Südwind bläst, wird sie ganz stickig wegen der nebelerzeugenden Natur dieses Windes, weil er durch seine Verwandtschaft mit den Wolken sie aus seinen Bereichen über die ganze Erde schickt. So tritt auch die Seele ganz aus dem dämonischen Nebel heraus, wenn sie von der Erleuchtung des wahren, Heiligen Geistes bewegt wird; sie ist aber ganz von den Wolken der Sünde bedeckt, wenn der Geist des Irrtums sie heftig anbläst. Daher sollen wir uns mit aller Kraft auf den belebenden und reinigenden Hauch des Heiligen Geistes ausrichten, auf den Wind also, den der Prophet Ezechiel im Erkenntnislichte von Norden kommen sah (vgl. Ez 1,4). Dann kann der schauende Teil der Seele immer klar bleiben, und wir können uns ohne Irrtum der Betrachtung des Göttlichen hingeben, um den Glanz des Lichtes in lichterfüllter Luft zu schauen; denn dies ist das Licht der wahren Erkenntnis. (75)

Wenn sich einer zur Winterszeit bei Tagesanbruch im Freien aufhält und dem Osten zuwendet, dann wird der vordere Teil seines Leibes von der Sonne erwärmt, sein Rücken aber bleibt ohne Wärme, weil die Sonne nicht über seinem Haupte steht. Ebenso wird denen, die am Anfang der geistlichen Einwirkung stehen, das Herz nur teilweise von der göttlichen Gnade erwärmt. Daher beginnt ihr Geist, die Früchte geistlicher Gedanken hervorzubringen; aber die sichtbaren Teile des Herzens bringen weiter Gedanken nach dem Fleische hervor, weil noch nicht alle Teile des Herzens in innerster Empfindung vom Licht der heiligen Gnade erleuchtet sind. Weil einige das nicht verstehen, meinen sie, daß im Geist gleichsam zwei Wesen einander bekämpfen. So kommt es, daß die Seele gleichzeitig gute und böse Gedanken hat, wie der Mensch in unserem Beispiel unter der gleichen Einwirkung der Sonne friert und auch Wärme empfindet. Seit unser Geist in einen Zustand der gespaltenen Erkenntnis abgeglitten ist, muß er – auch gegen seinen Willen – im gleichen Augenblick gute und böse Gedanken hervorbringen; und dies besonders bei denen, die genauere Unterscheidungen erlangt haben. Immer wenn er versucht, sich das Gute vorzustellen, erinnert er sich zugleich des Bösen; denn wegen Adams Ungehorsam ist das Erinnerungsvermögen des Menschen gleichsam in ein doppeltes Denken gespalten. Wenn wir aber anfangen, mit ganzem Eifer die Gebote Gottes zu erfüllen, dann werden alle unsere Wahrnehmungskräfte in innerster Empfindung von der Gnade erleuchtet; sie verzehrt gleichsam unsere Gedanken, durchdringt unser Herz mit dem süßen Frieden beständiger Freundschaft und befähigt uns, geistlich und nicht mehr nach dem Fleische zu denken. Das widerfährt ständig denen, die der Vollendung nahekommen und die Erinnerung an den Herrn Jesus unaufhörlich im Herzen tragen. (88)

Durch die Taufe der Wiedergeburt verleiht uns die göttliche Gnade zwei Güter, von denen eines viel wertvoller ist als das andere. Sie schenkt uns das erste sofort; denn sie erneuert uns selbst im Wasser und läßt alle Züge der Seele, also das Abbild Gottes, erstrahlen, nachdem sie alle Falten der Sünde geglättet hat. Das zweite Gut aber, die Gottähnlichkeit, bedarf unserer Mitwirkung. Wenn der Geist in innerer Wahrnehmung die Güte des Heiligen Geistes zu verkosten anfängt, dann sollen wir wissen, daß die Gnade jetzt beginnt, die Ähnlichkeit auf das Abbild zu malen. Wie die Maler die Gestalt eines Menschen zuerst in einer Farbe zeichnen, dann allmählich eine Farbe nach der anderen auftragen, bis sie das ähnliche Abbild des Dargestellten bis zu den Haaren festhalten, – so beginnt auch die Gnade Gottes, durch die Taufe das Abbild Gottes so wiederherzustellen, wie es bei der Erschaffung des Menschen war. Wenn sie dann sieht, daß wir aus ganzem Herzen nach der Schönheit der Ähnlichkeit streben, nackt und demütig in ihrer Werkstatt stehen, – dann läßt sie eine Tugend nach der anderen aufleuchten, erhebt die Schönheit der Seele von Herrlichkeit zu Herrlichkeit, so daß sie ihr das Gepräge der Gottähnlichkeit verleiht. So enthüllt uns die innere Wahrnehmungskraft, daß wir in die Ähnlichkeit umgebildet werden; ihre Vollendung aber erkennen wir nur in der Erleuchtung. Alle anderen Tugenden empfängt der Geist, indem er nach bestimmtem Maß und in unbeschreiblicher Weise voranschreitet. Die geistliche Liebe aber kann niemand erlangen, der nicht ganz vom Heiligen Geist erleuchtet wird. Wenn der Geist die Gottähnlichkeit nicht durch das göttliche Licht empfängt, kann er fast alle anderen Tugenden besitzen, doch er bleibt ohne die vollkommene Liebe. Nur wenn er der Vollkommenheit Gottes ähnlich geworden ist, – soweit es dem Menschen möglich ist, Gott ähnlich zu werden –, trägt er auch die Ähnlichkeit mit der göttlichen Liebe. Wie in den Bildnissen die ganze Fülle der Farben dem

Abbild hinzugefügt und die Ähnlichkeit mit dem Dargestellten bis zum Lächeln festgehalten wird, – so wird, wenn die Erleuchtung durch die Liebe hinzukommt, in denen, welche die göttliche Gnade in der Gottähnlichkeit abmalt, offenbar, daß das Abbild vollkommen mit dem Glanz der Ähnlichkeit verbunden ist. Keine andere Tugend nämlich kann der Seele die Leidenschaftslosigkeit verleihen als allein die Liebe; denn: »die Liebe ist die Vollendung des Gesetzes« (Röm 13,10). So wird unser innerer Mensch von Tag zu Tag im Verkosten der Liebe erneuert, und er findet seine Erfüllung in ihrer Vollkommenheit. (89)

Wenn wir die Vollkommenheit Gottes innig begehren, dann läßt der Heilige Geist am Anfang des geistlichen Fortschreitens die Seele in voller, gewisser Wahrnehmung die Süße Gottes verkosten, damit der Geist den Lohn des Bemühens um Heiligkeit sicher erkennen kann. Aber danach verbirgt er den Reichtum dieses lebenspendenden Geschenkes häufig, damit – auch wenn wir alle anderen Tugenden üben – wir uns für nichts halten, weil wir noch nicht zur beständigen Haltung der göttlichen Liebe gekommen sind. Dann bedrängt auch der Dämon des Hasses die Seele der geistlichen Kämpfer noch mehr, so daß sie sogar die Liebenden des Hasses beschuldigen, und er lenkt die todbringende Bewegung des Hasses sogar in den brüderlichen Kuß. Danach leidet die Seele noch mehr; denn sie bewahrt die Erinnerung an die geistliche Liebe, kann sie aber in der Wahrnehmung nicht erreichen, weil sie nicht zu den vollkommenen Werken vorgedrungen ist. Sie muß sich daher angestrengt bemühen, damit sie die geistliche Liebe in voller, gewisser Wahrnehmung verkosten kann. Denn niemand kann die Vollkommenheit erreichen, solange er in diesem Fleische ist, außer den Heiligen, die zum Martyrium und zum vollkommenen Bekennertum gelangt sind. Wer diesen Zustand erreicht hat, wird vollkommen verwandelt und begehrt nicht mehr leichthin nach Nahrung. Denn was verlangt, wer sich von der göttlichen Liebe nährt, noch von den Gütern dieser Welt? Deshalb verkündet uns der weise Paulus, jenes große Schatzhaus der Einsicht, aus seiner Fülle die künftigen Freuden der Gerechten, wenn er sagt: »Das Reich Gottes besteht ja nicht in Speise und Trank, sondern in Gerechtigkeit,

Friede und Freude im Heiligen Geist« (Röm 14,17); sie alle sind Früchte der vollkommenen Liebe. So können jene, die bis zur Vollkommenheit vorangeschritten sind, die göttliche Liebe beständig verkosten; keiner aber kann sie vollkommen erfahren, solange nicht das Sterbliche vom Leben verschlungen ist (vgl. 2 Kor 5,4). (90)

Einer von denen, die den Herrn mit unermüdlichem Verlangen lieben, erzählte mir einst: »Als ich eine klare Erkenntnis der Liebe Gottes begehrte, da gewährte sie mir die göttliche Güte in voller, gewisser Wahrnehmung; ich spürte die Wirkkraft so stark, daß meine Seele in unaussprechlicher Freude und Liebe danach drängte, den Leib zu verlassen und auf den Herrn zuzugehen, daß sie gleichsam die Beschaffenheit dieses vergänglichen Lebens nicht mehr kannte.« Wer aber die Erfahrung dieser Liebe gemacht hat, wird nicht zornig, auch wenn er noch so oft beleidigt oder gekränkt wird, – denn solche Prüfungen begegnen dem, der sich dem geistlichen Weg verschrieben hat; vielmehr bleibt er innerlich dem verbunden, der ihn beleidigt oder gekränkt hat. Er erzürnt sich nur über die, welche die Armen bedrängen, oder – wie die Schrift sagt (vgl. Ps 75,6) – Unrecht gegen Gott reden oder auf andere Weise sündhaft leben. Wer Gott weit mehr liebt als sich selbst, oder vielmehr, wer sich selbst nicht mehr liebt, sondern Gott allein, – der verteidigt seine Ehre nicht mehr; er will nur noch, daß die Gerechtigkeit dessen geehrt wird, der ihn selbst mit ewiger Ehre ausgezeichnet hat. Das aber begehrt er nicht halbherzig, sondern aus der Kraft einer beständigen Haltung, in seiner großen Erfahrung der Liebe Gottes. Man sollte wissen, daß wenn einer von Gott zu dieser Liebe bewegt wird, er sich im Augenblick ihrer Einwirkung sogar über den Glauben erhebt; denn er umfängt in der Wahrnehmung des Herzens und mit brennender Liebe ihn, den er im Glauben geehrt hat. Darauf weist klar der heilige Apostel hin, wenn er sagt: »Nun aber bleiben Glaube, Hoffnung, Liebe, diese drei; am größten jedoch unter ihnen ist die Liebe« (1 Kor 13,13). Darum nochmals: Wer im Reichtum der Liebe Gott umfängt, der ist viel größer als sein eigener Glaube, denn er geht ganz auf in göttlicher Sehnsucht. (91)

Die Demut ist schwer zu erwerben; je größer sie ist, desto mühsamer ist es, sie zu verwirklichen. Denen, die an heiliger Einsicht teilhaben, kommt sie auf zwei Arten zu. Wenn der geistliche Kämpfer sich im mittleren Wegabschnitt der geistlichen Erfahrung befindet, wird er durch die Schwachheit des Leibes, den Haß auf die Freunde der Gerechtigkeit oder durch schlechte Gedanken demütiger gestimmt. Wenn der Geist aber in voller, gewisser Wahrnehmung von der heiligen Gnade erleuchtet wird, dann besitzt die Seele die Demut gleichsam von Natur aus. Erfüllt und gleichsam genährt von göttlicher Gnade, kann sie nicht mehr von Ruhmsucht aufgeblasen werden, auch wenn sie beständig Gottes Gebote erfüllt; sie hält sich vielmehr für niedriger als alle, weil sie an der göttlichen Güte teilhat. Die erste Art der Demut bringt meist Trauer und Niedergeschlagenheit mit sich, die zweite aber Freude, verbunden mit kluger Bescheidenheit. Daher kommt – wie gesagt – die erste denen zu, die in der Wegmitte des geistlichen Kampfes stehen; die zweite wird denen gegeben, die sich der Vollkommenheit nähern. Deshalb wird die erste oft durch die Annehmlichkeiten dieses Lebens untergraben, der zweiten dagegen kann man alle Reiche dieser Welt anbieten, doch sie überhebt sich nicht und spürt die bedrohlichen Geschosse der Sünde nicht mehr; weil sie ganz und gar geistlich ist, kennt sie die irdischen Eitelkeiten überhaupt nicht. Aber es ist durchaus notwendig, daß der geistliche Kämpfer die erste durchläuft, um die zweite zu erreichen. Wenn nämlich die Gnade nicht zunächst durch die erste unseren Willen erweicht, indem sie ihn durch lehrreiche Leiden erprobt, aber nicht zwingt, dann kann sie uns nicht den Reichtum der zweiten verleihen. (95)

Wenn das Herz mit brennenden Schmerzen die Pfeile der Dämonen verspürt, so daß der Angegriffene unter wirklichen Geschossen zu leiden glaubt, dann haßt die Seele angestrengt die Leidenschaften, denn sie steht noch am Anfang der Reinigung. Wenn sie nämlich an der Dreistigkeit der Sünde nicht schmerzlich litte, könnte sie sich der Güte der Gerechtigkeit nicht voll erfreuen. Wer sein Herz reinigen will, sollte es beständig durch das Gedenken an den Herrn Jesus entflammen; er sollte es zu seiner einzigen Aufgabe und fortdauernden Übung machen. Denn man soll nicht einmal beten und dann wieder nicht, wenn man sich von Verderbnis befreien will; man soll sich vielmehr dem Gebet immer mit wachsamem Geist hingeben, auch wenn man sich nicht im Gebetshaus befindet. Wie einem, der Gold reinigen will und nur für einen Augenblick das Feuer im Schmelzofen erlöschen läßt, das zu reinigende Metall gleich wieder hart wird, – so verliert, wer nur hin und wieder an Gott denkt, durch die Unterbrechung, was er durch das Gebet zu erlangen glaubt. Es ist ein Merkmal des Tugendliebenden, daß er durch das ständige Gedenken an Gott verbrennt, was an Irdischem in seinem Herzen ist, damit nach und nach das Böse im Feuer dieser Erinnerung an das Gute verzehrt wird und die Seele ihren natürlichen Glanz mit größerer Strahlkraft zurückerhält. (97)

Maximos der Bekenner

(7. Jahrhundert)

Mönch, vermutlich griechischer Abkunft, der bedeutendste byzantinische Theologe seines Jahrhunderts, noch in lebendiger Verbindung mit der westlichen Kirche. Geboren um 580, der Tradition nach aus vornehmer Familie; zunächst in engerer Beziehung zur höheren Verwaltung unter Kaiser Herakleios; 614 Mönch in Chrysopolis (Skutari) bei Konstantinopel; Freundschaft mit Anastasios, seinem Begleiter seit 617; mit diesem um 626 nach Nordafrika, längere Zeit in einem Kloster in Karthago; unter dem Einfluß seines geistlichen Mentors Sophronios, des späteren Patriarchen von Jerusalem, in ständigem theologischen Kampf gegen den Monophysitismus und seit 642 auch gegen den Monotheletismus. 645 in Karthago siegreiche Disputation mit dem Expatriarchen Pyrrhos von Konstantinopel; veranlaßt die Verwerfung des Monotheletismus durch mehrere afrikanische Synoden; seit 646 in Rom, erreicht er die Verurteilung der Häresie auf der Lateransynode von 649. Um 653 als Gefangener nach Konstantinopel gebracht, nach einem ersten Prozeß 655 nach Thrazien verbannt. Da er einen Lehrkompromiß standhaft ablehnt, 662 erneut vor eine Synode in Konstantinopel geladen, darauf zusammen mit zwei Gefährten grausam verstümmelt und schließlich nach Lazike (Kaukasus) verbannt; dort noch im gleichen Jahr gestorben. Achtzehn Jahre später wird der Bekenner (Homologetes) auf einem ökumenischen Konzil in Konstantinopel rehabilitiert; die von ihm verfochtene Lehre von den zwei Willen in Christus wird kanonisiert.

Verfasser von rund neunzig Schriften, die häufig relativ formlos und oft schwer verständlich sind, da er vor allem die späteren nicht mehr genügend redigieren konnte. Ihre Chronologie ist unsicher; einige sind als unecht oder als spätere Kompilationen aus anderen Werken des Maximos nachgewiesen worden. Unter den exegetischen Schriften ragen hervor: die »Quaestiones et dubia«, die Erklärung des 59. Psalms, die Erklärung des Vaterunser, die »Quaestiones ad Thalassium«. Die bedeutenden »Ambigua« sind Scholien zu Gregor von Nazianz und Pseudo-Dionysios. Die wichtigsten asketisch-mystischen Schriften sind: die vier Centurien »De caritate«, die 200 »Capita gnostica« und der Dialog »Liber asceticus«. Die »Mystagogia« bietet eine symbolische Deutung der Liturgie.

Maximos hat in seinem Denken Vorstellungen und Begriffe aus verschiedensten Quellen frei gebraucht und zu einer persönlichen, ausgleichenden Synthese verbunden, deren geistiger Rang erst in den letzten fünfzig Jahren erkannt wurde: origenistische Denktradition, evagrianische Lehre vom geistlichen Leben, spirituelle Anthropologie des Gregor von Nyssa und Gregor von Nazianz, charismatische Vorstellungen des Pseudo-Makarios in der Vermittlung durch Diadochos von Photike, Mystik des Pseudo-Areopagiten. Diese Vielfalt überzeugend assimilierter Elemente macht eine genaue Abgrenzung seiner Wirkung schwierig. Sein Einfluß auf die Entwicklung des Hesychasmus und vor allem auf die Lehre des Gregor Palamas sind unbestritten.

Das theologische System des Maximos läßt sich in drei Themenbereiche gliedern: Adam oder der entzweite Mensch, Christus oder der versöhnte Mensch, der Weg der Vergöttlichung. In der asketisch-mystischen Lehre unterscheidet er, mit dem Pseudo-Areopagiten, drei Stufen der Vervollkommnung: Reinigung, Erleuchtung und Einung. In Weiterentwicklung des Euagrios kennt er drei Bereiche des geistlichen Lebens insgesamt: praktische Philosophie, geistliche Naturbetrachtung, Gotteserkenntnis. Die Entfaltung des geistlichen Lebens vom einfachen Glauben bis zur Schau der Dreifaltigkeit, die Reihenfolge der Tugenden im tätigen Leben, die Auffassung der Leidenschaftslosigkeit und die Bedeutung der Liebe sind ebenfalls bei Euagrios vorgeprägt. Ziel des betrachtenden Lebens ist die Schau der Dreifaltigkeit im reinen Gebet und im gestaltlosen Licht. Gegenüber Euagrios ist die Rolle der Dämonen zurückgedrängt; der Bereich der Leidenschaftslosigkeit aber wird erweitert, bis hin zur vollkommenen Liebe zu allen Menschen. Als Ziel der Schöpfung, Ziel der Menschwerdung, Ziel des Gebetes erscheint die Vergöttlichung des Menschen. Maximos betont das christologische Element in der Mystik: Menschwerdung Gottes und Kreuzigung wollen nach dem göttlichen Willen im Leben der Auserwählten immer wiederholt werden.

Der Bekenner hat durch seine Einschränkungen und Fortentwicklungen dem evagrianischen System eine Gestalt gegeben, die seine Ausstrahlung im byzantinischen Raum trotz der kirchlichen Verurteilung des Origenismus erst ermöglicht hat. Die pseudo-dionysische Mystik dagegen, auf die er sich offen beruft, spielt im Gesamtaufbau seiner Gedankenwelt eine geringere Rolle; im wesentlichen hat er sich ihres Wortschatzes bedient. Die innere Verbindung von philosophischer Spekulation, dogmatischer Polemik und mystischer Disposition in der geistigen Existenz des Maximos ist aus der östlichen Tradition des Christentums zu begreifen. Sie hat sich in dieser Harmonie und Intensität auch in der byzantinischen Überlieferung nicht mehr wiederholt.

Entsprechend der überragenden Bedeutung des Maximos für die orthodoxe Spiritualität ist seinem Werk der meiste Raum in der »Philokalia« gewidmet. Von den drei großen, dort abgedruckten Spruchsammlungen ist die dritte (»Verschiedene Sprüche«) keine echte Schrift des Bekenners, sondern eine spätere Zusammenstellung von verschiedenen Texten des Maximos, sowie Auszügen aus Pseudo-Dionysios Areopagites und Maximos-Scholien, die nicht vor dem 11. oder 12. Jahrhundert kompiliert wurde. Zu diesen drei Sammlungen tritt in der »Philokalia« noch die Abhandlung über das Vaterunser.

Vierhundert Sprüche über die Liebe

Die Liebe ist jene gute Verfassung der Seele, die sie nichts Geschaffenes der Erkenntnis Gottes vorziehen läßt. Es ist unmöglich, zum beständigen Besitz dieser Liebe zu gelangen, solange man an irdische Dinge gebunden ist. (I,1)

Wer an den Herrn glaubt, fürchtet die Strafe; wer die Strafe fürchtet, beherrscht seine Leidenschaften; wer seine Leidenschaften beherrscht, erträgt geduldig Mühsal; wer geduldig Mühsal erträgt, gewinnt Hoffnung auf Gott. Hoffnung auf Gott trennt den Geist von aller irdischen Gebundenheit ab; der von ihr getrennte Geist erlangt Liebe zu Gott. (I,3)

Wer Gott liebt, zieht die Erkenntnis Gottes allem vor, was Gott geschaffen hat; und er bemüht sich voll Eifer ständig um sie. (I,4)

Wer den Geist auf die Liebe zu Gott gerichtet hält, verachtet alles Sichtbare und betrachtet den eigenen Leib wie etwas Fremdes. (I,6)

Wenn die erleuchtende Einsicht das Leben des Geistes ist und aus der Liebe zu Gott hervorgeht, dann heißt es mit Recht: Nichts ist größer als göttliche Liebe (vgl. 1 Kor 13,13). (I,9)

Wenn der Geist im brennenden Verlangen seiner Liebe zu Gott aus sich heraustritt, dann hat er kein Empfinden mehr für sich oder für das Geschaffene. Vom unendlichen Lichte Gottes erleuchtet, hat er kein Empfinden mehr für das von Gott Geschaffene, – wie das sinnliche Auge die Sterne nicht mehr wahrnimmt, wenn die Sonne aufgeht. (I,10)

Alle Tugenden helfen dem Geist, das brennende Begehren nach Gott zu entzünden; mehr als alle aber das reine Gebet. Denn auf seinen Schwingen erhebt sich der Geist zu Gott und läßt alles Geschaffene hinter sich. (I,11)

Wenn durch die Liebe der Geist von göttlicher Einsicht hingerissen wird und außerhalb des Geschaffenen steht, so empfindet er die Unendlichkeit Gottes. Dann wird er, wie der göttliche Jesaja beschreibt, erschreckt der eigenen Niedrigkeit sich bewußt, und wiederholt überzeugt die Worte des Propheten: »Wehe mir, ich bin verloren. Denn ich bin ein Mann mit unreinen Lippen und wohne unter einem Volk mit unreinen Lippen, und meine Augen haben den König, den Herrn der Heerscharen, geschaut« (Jes 6,5). (I,12)

Wer Gott liebt, kann nicht anders, als jeden Menschen wie sich selbst zu lieben, auch wenn ihn die Leidenschaften der noch Ungereinigten bekümmern. Sieht er aber, daß sie sich bekehren und bessern, dann ist seine Freude grenzenlos und unbeschreiblich. (I,13)

Selig, wer alle Menschen gleicherweise lieben kann. (I,17)

Selig, wer an nichts Vergängliches oder Flüchtiges gebunden ist. (I,18)

Selig, wessen Geist alle Dinge hinter sich gelassen hat und sich unaufhörlich der göttlichen Schönheit erfreut. (I,19)

Wer seinen Leib von sinnlichem Vergnügen und von Krankheit fernhält, hat in ihm einen Helfer für einen edleren Dienst. (I,21)

Wer in Nachahmung Gottes Almosen gibt, kennt – was die Bedürfnisse des Leibes angeht – keinen Unterschied zwischen Bösen und Guten, Gerechten und Ungerechten. Er gibt allen gleichmäßig nach ihrer Bedürftigkeit, auch wenn er den Tugendhaften wegen seines guten Wollens dem Böswilligen vorzieht. (I,24)

Die Liebe äußert sich im Verteilen von Gut, aber mehr noch in der Weitergabe von geistlichem Wissen und im leiblichen Dienst am Nächsten. (I,26)

Sowenig die Erinnerung an Feuer den Leib erwärmt, sowenig entfacht der Glaube ohne Liebe die Seele zur Einsicht. (I,31)

Wie das Licht der Sonne das gesunde Auge anzieht, so zieht die Erkenntnis Gottes den reinen Geist durch die Liebe zu sich hin. (I,32)

Der Geist ist rein, wenn er, von Unwissenheit geschieden, vom göttlichen Licht erleuchtet wird. (I,33)

Die Seele ist rein, wenn sie, von Leidenschaften befreit, beständig von der göttlichen Liebe erfreut wird. (I,34)

Das Werk der Liebe besteht im Wohltun am Nächsten, in Langmut und Geduld, im angemessenen Gebrauch der Dinge. (I,40)

Wer, göttlicher Einsicht gewürdigt, durch Liebe ihre Erleuchtung erlangte, der wird nie mehr vom Dämon des Eigendünkels hin- und hergeweht. Wer sie noch nicht empfangen hat, wird leicht von ihm hinweggetragen. Wenn er jedoch in allem Handeln auf Gott schaut, und es um seinetwillen tut, dann entflieht er mit seiner Hilfe dem bösen Geist. (I,46)

Wer die von Liebe durchwirkte göttliche Einsicht noch nicht erlangt hat, ist stolz auf seine geistliche Entwicklung. Wenn sie ihm aber gewährt wurde, dann wiederholt er überzeugt die Worte des Patriarchen Abraham, als er der Erscheinung Gottes gewürdigt wurde: »Ich bin Staub und Asche« (Gen 18,27). (I,47)

In Zeiten der Anfechtung verlaß dein Kloster nicht, sondern ertrage tapfer den Wellenschlag der Gedanken, besonders von Kummer und von Niedergeschlagenheit. Wenn du nach der Vorsehung durch Heimsuchung geprüft bist, gewinnst du feste Hoffnung auf Gott. Wenn du aber vom Platze weichst, erweist du dich als unsicher, unmännlich und haltlos. (I,52)

Wir tragen in uns leidenschaftsbeladene Bilder der Dinge, die uns beeindruckt haben. Wer diese Bilder besiegt, der verachtet auch die Dinge, die sie vorstellen. Denn der Kampf gegen Erinnerungsbilder ist schwerer als der Kampf gegen Dinge, wie das Sündigen in Gedanken leichter ist als das Sündigen in Taten. (I,63)

Wer Ruhm und Schande, Reichtum und Armut, Freude und Schmerz nicht gleich geringschätzt, hat die vollkommene Liebe noch nicht erreicht. Denn vollkommene Liebe verachtet nicht nur dies alles, sondern auch das vergängliche Leben und den Tod. (I,72)

Wenn ein Sperling, der am Fuß angebunden ist, zu fliegen versucht, wird er durch die Fessel an der Erde festgehalten. So wird der Geist, der die Leidenschaftslosigkeit noch nicht erreicht hat, von den Leidenschaften gefesselt, auf Erden zurückgehalten, wenn er zur göttlichen Einsicht emporfliegen will. (I,85)

Wenn der Geist von den Leidenschaften ganz befreit ist, dann schreitet er unaufhaltsam voran zur Beschauung des Geschaffenen, der Einsicht der heiligen Dreifaltigkeit entgegen. (I,86)

Wenn beim Beten keine Gedanken an weltliche Dinge den Geist mehr belästigen, dann magst du wissen, daß du im Bereich der Leidenschaftslosigkeit bist. (I,88)

Wenn die Seele ihre eigene Gesundheit zu spüren beginnt, dann fängt sie an, auch ihre Traumgesichte ruhig und leidenschaftslos zu betrachten. (I,89)

Wie die Schönheit des Sichtbaren das sinnliche Auge anzieht, so zieht die Erkenntnis des Unsichtbaren den reinen Geist zu sich. Mit dem Unsichtbaren meine ich das Unkörperliche. (I,90)

Wer in den Tugenden erfahren und an geistlicher Einsicht reich ist, sieht die Dinge klar in ihrer wahren Beschaffenheit. So handelt und denkt er in allem angemessen und wird nie abgelenkt. Denn im angemessenen oder unangemessenen Gebrauch der Dinge werden wir rechtschaffen oder schlecht. (I,92)

Es ist Zeichen höchster Leidenschaftslosigkeit, wenn die bildlichen Vorstellungen immer leidenschaftslos im Herzen aufsteigen, ob wir nun wachen oder schlafen. (I,93)

Durch das Erfüllen der Gebote legt der Geist die Leidenschaften ab. Durch die geistliche Betrachtung des sichtbaren Geschaffenen wirft er die leidenschaftsbeladenen Vorstellungen der Dinge ab. Durch die Einsicht in das Unsichtbare gibt er die Betrachtung des Sichtbaren auf. Und auch von jener entäußert er sich durch die Schau der heiligen Dreifaltigkeit. (I,94)

Wenn die Sonne aufgeht und mit ihrem Lichte die Welt erhellt, dann zeigt sie sich selbst und zugleich die Dinge, die sie beleuchtet. Ebenso offenbart die Sonne der Gerechtigkeit, die über dem lauteren Geist aufgeht, sich selbst und die Wesenheit aller Dinge, die durch sie geworden sind und noch sein werden. (I,95)

Wir kennen Gott nicht nach seinem Wesen, sondern aus der Größe seiner Schöpfung und aus seiner Fürsorge für das Geschaffene. Durch sie erkennen wir wie im Spiegel seine unendliche Güte, Weisheit und Macht. (I,96)

Wenn der Geist zu Gott gelangt ist, dann sucht er in glühender Sehnsucht den Grund seines Seins zu erfassen. Aber Gottes Wesen läßt solches Begreifen nicht zu, denn es ist für alles Geschaffene unzugänglich. Die Eigenschaften aber, die Gottes Wesen von außen zugehören, trösten den Geist in seiner Sehnsucht. Es sind seine Ewigkeit, Unendlichkeit und Unermeßlichkeit; seine Güte und Weisheit, und seine Macht, die seine Geschöpfe erschafft, regiert und richtet. Allein die Unendlichkeit ist von ihm ganz faßbar; und das Nichterkennen ist eine Einsicht, die den Geist übersteigt, wie die um Gott wissenden Männer Gregor (von Nazianz) und Dionysios (vom Areopag) verkündet haben. (I,100)

Wer Gott wahrhaft liebt, der betet ganz ohne Zerstreuung; und wer ganz ohne Zerstreuung betet, der liebt wahrhaft Gott. Wer aber im Geist an Irdisches gebunden ist, der betet nicht unzerstreut; daher liebt Gott nicht, wer im Geist an Irdisches gebunden ist. (II,1)

Wenn die Leidenschaften den Geist beherrschen, dann binden sie ihn an die stofflichen Dinge; sie entfernen ihn von Gott und beschäftigen ihn mit dem Stofflichen. Wenn aber die Liebe Gottes den Geist beherrscht, dann befreit sie ihn aus der Gebundenheit, und läßt ihn nicht nur die Sinnendinge, sondern auch unser flüchtiges Leben geringschätzen. (II,3)

Die Erfüllung der Gebote befreit die Vorstellungen über die Dinge von Leidenschaften. Geistliche Lesung und Betrachtung reinigen den Geist von Stoff und Form. Daraus erwächst das unzerstreute Gebet. (II,4)

Es gibt zwei erhabene Zustände des reinen Gebets; der eine kommt denen zu, die im asketischen Kampf stehen, der andere denen, die das Leben der Beschauung führen. Der erste wird der Seele durch Gottesfurcht und feste Hoffnung zuteil, der zweite durch innige Gottesliebe und vollkommene Reinigung. Anzeichen des ersten ist, daß der Geist alle weltlichen Vorstellungen abwirft, sich sammelt, unzerstreut und ungestört betet, als ob Gott an seiner Seite wäre, wie er gegenwärtig ist. Anzeichen des zweiten ist, daß mit dem Eintreten ins Gebet der Geist so vom göttlichen, unendlichen Licht verzückt ist, daß er sich weder seiner selbst noch eines anderen Erschaffenen bewußt ist, sondern nur des Einen, der aus Liebe dieses Strahlen in ihm bewirkt. Dann nimmt der Geist die Eigenschaften Gottes wahr und empfängt klar und rein ihre Vergegenwärtigung. (II,6)

Wenn der Geist in der Gottesliebe voranzuschreiten beginnt, dann macht sich der Dämon der Gotteslästerung daran, ihn zu versuchen. Er gibt ihm Gedanken ein, wie sie kein Mensch, sondern nur der Teufel, ihr Vater, erfinden kann. Das tut er aus Neid, damit der Gottesfreund aus Verzweiflung über solche Gedanken nicht mehr wagt, sich im gewohnten Gebet Gott zu nähern. Aber der Böse erreicht dadurch sein Ziel nicht, sondern macht uns nur noch standhafter. Denn im Hin und Her des Kampfes werden wir in unserer Gottesliebe immer aufrichtiger und erfahrener. »Sein Schwert dringe ihm in das eigene Herz, und sein Bogen zerbreche ihm« (Ps 37,15). (II,14)

Der Geist, der auf dem Weg der Tugendübung voranschreitet, nimmt zu an Klugheit; auf dem betrachtenden Weg nimmt er zu an Einsicht. Der erste bringt den geistlichen Kämpfer zur Unterscheidung von Tugend und Laster; der zweite führt den Teilnehmenden zur Wesenserfassung der unkörperlichen und körperlichen Dinge. Schließlich wird er der Gnade des von Gott Wissens gewürdigt, wenn er auf den Flügeln der Liebe über diese beiden Stufen hinausgelangt ist; in Gott aufgenommen, wird er dann durch den Heiligen Geist – soweit es für den Menschengeist möglich ist – die göttlichen Eigenschaften begreifen. (II,26)

Wenn du in die Gotteserkenntnis eintreten willst, dann forsche nicht nach dem Grund des göttlichen Wesens, denn kein Menschengeist und kein Geist eines anderen Geschöpfes kann ihn erfassen. Versuche vielmehr – soweit es möglich ist –, die Eigenschaften zu erkennen, die auf sein Wesen bezogen sind: etwa seine Ewigkeit, seine Unermeßlichkeit und Unendlichkeit, seine Güte und Weisheit, und seine Macht, die seine Geschöpfe erschafft, bewahrt und richtet. Denn vor den Menschen ist der ein wahrhaft von Gott Wissender, der diese Eigenschaften – wenn auch nur begrenzt – entdeckt. (II,27)

Wer in der Liebe vollendet, die Höhe der Gelassenheit erreicht, kennt keinen Unterschied zwischen Eigenem und Fremdem, zwischen Gläubigen und Ungläubigen, zwischen Sklaven und Freien, selbst zwischen Männlichem und Weiblichem. Weil er die Tyrannei der Leidenschaften überwunden hat und nur auf die eine Menschennatur blickt, achtet er alle gleich und ist allen gleicherweise zugewandt. Denn in ihm ist weder Grieche noch Jude, weder Mann noch Weib, weder Sklave noch Freier, sondern Christus, alles in einem (vgl. Gal 3,28). (II,30)

Wenn unerwartet eine Anfechtung über dich kommt, dann gib nicht dem die Schuld, durch den sie gekommen ist, sondern suche nach ihrem Grund, und du wirst einen Weg finden, ihr zu begegnen. Ob sie durch den einen oder den anderen veranlaßt wurde, – du mußtest auf jeden Fall den bitteren Trank der Gottesgerichte trinken. (II,42)

Manchmal werden die Menschen durch Lust versucht, manchmal durch Leid und manchmal durch leiblichen Schmerz. Je nach der in der Seele verborgenen Ursache der Leidenschaften wendet der göttliche Seelenarzt nach seiner Verfügung das Heilmittel an. (II,44)

Wenn der Geist eines Menschen beständig Gott zugewandt ist, dann wird seine Begehrlichkeit über sich hinaus in die liebende Sehnsucht nach Gott gesteigert, und seine Erzürnbarkeit ist ganz hineinverwandelt in die göttliche Liebe. Denn durch die beständige Teilhabe an der göttlichen Erleuchtung wird sein Geist ganz lichtförmig; und wenn er das passive Seelenvermögen an sich bindet, leitet er es – wie gesagt – hinüber in unersättliche innige Sehnsucht und unaufhörliche Liebe, und hebt es ganz vom Irdischen ins Göttliche. (II,48)

Der mit Gott verbundene und ihm durch Gebet und Liebe zugewandte Geist wird weise, gütig, mächtig, mitleidvoll, liebevoll und langmütig; kurz, er schließt fast alle göttlichen Eigenschaften in sich. Wenn er sich aber von Gott entfernt und dem Stofflichen zuwendet, dann wird er wie das lustbegierige Vieh oder wie das wilde Tier, und streitet um diese Dinge mit den Menschen. (II,52)

Mönch ist, wer seinen Geist von stofflichen Dingen abzieht und sich durch Selbstbeherrschung, durch Liebe, durch Psalmensingen und Gebet beständig Gott zuwendet. (II,54)

Der höchste Gebetszustand besteht – wie man sagt – darin, daß der Geist aus Fleisch und Welt auszieht und beim Beten von Stoff und Form ganz frei wird. Wer diesen Zustand unveränderlich festhält, betet wahrhaft ununterbrochen. (II,61)

Wenn der Leib stirbt, läßt er alle irdischen Geschäfte hinter sich; so läßt der Geist, der im höchsten Gebet stirbt, alle weltlichen Gedanken hinter sich. Denn wenn er diesen Tod nicht stirbt, kann er nicht bei Gott verweilen und leben. (II,62)

Manche mit Besitz besitzen ohne innere Bindung. Wenn sie ihrer

Güter beraubt werden, trauern sie nicht, wie jene, die den Raub ihrer Habe mit Freuden hinnahmen (vgl. Hebr 10,34). Andere aber sind als Besitzende innerlich gebunden. Wenn sie sich ihres Besitzes entäußern sollen, werden sie betrübt, wie der Reiche im Evangelium, der traurig davonging (vgl. Mt 19,22). Wenn sie dann tatsächlich beraubt werden, sind sie zu Tode betrübt. So erweist die Entäußerung, ob jemand innerlich frei oder gebunden ist. (II,89)

Der eigentliche Tod ist die Trennung von Gott, und »der Stachel des Todes ist die Sünde« (1 Kor 15,56). Adam, der dem Stachel ausgesetzt war, wurde gleichzeitig vom Baum des Lebens, vom Paradies und von Gott verbannt; notwendig folgte der leibliche Tod. Der dagegen spricht, »Ich bin das Leben«, der ist wahrhaft Leben (vgl. Joh 14,6). Indem er sich dem Tod überlieferte, führte er den Gestorbenen ins Leben zurück. (II,93)

Wenn der Geist von Leidenschaften befreit ist und durch das Schauen des Geschaffenen erleuchtet wird, dann kann er in Gott verweilen, und beten wie er soll. (II,100)

Miß dich nicht an den Schwächeren, sondern bemühe dich, dem Gebot der Liebe gerecht zu werden. Vergleichst du dich mit den Schwächeren, fällst du in die Grube des Dünkels. Strebst du dem Liebesgebot nach, schreitest du empor zu den Höhen der Demut. (III,14)

Wenn du das Gebot der Liebe zum Nächsten vollkommen erfüllst, warum hegst du dann bitteren Groll gegen ihn? Kämpfst du nicht gegen deinen Bruder, weil du nach Vergänglichem strebst und es dem Liebesgebot vorziehst? (III,15)

Gott erkennt sich selbst, und er erkennt das von ihm Geschaffene. Auch die heiligen Engel erkennen Gott, und sie erkennen das Geschaffene. Aber sie erkennen Gott und das Geschaffene nicht so, wie Gott sich selbst und das von ihm Geschaffene erkennt. (III,21)

Gott erkennt sich selbst aus seiner heiligen Wesenheit, und er erkennt das von ihm Geschaffene aus seiner Weisheit, durch die und in der er alles erschaffen hat. Die heiligen Engel erkennen Gott durch Teilhabe, der doch jenseits aller Teilhabe ist; und sie erkennen das Geschaffene durch Aufnahme dessen, was geistlich geschaut werden kann. (III,22)

Das Geschaffene ist außerhalb des Geistes, er aber nimmt das Bild des Geschaffenen in sich auf. Das ist nicht so bei Gottes Erkenntnis des Geschaffenen; denn er ist ewig, unendlich, unermeßlich, und verleiht allem Seienden Sein, Gutsein und Ewigsein. (III,23)

Geistbegabte Geschöpfe haben am heiligen Gott teil durch ihr Sein selbst, durch ihre Eignung zum Gutsein – nämlich zu Güte und Weisheit –, und durch die Gnadengabe des Ewigseins. So erkennen sie Gott. Das von Gott Geschaffene aber erkennen sie – wie gesagt – durch Wahrnehmung der ordnenden Weisheit, die im Geschaffenen geschaut werden kann. Diese Weisheit wird durch den Geist unstofflich wahrgenommen und ist unverwirklicht in ihm. (III,24)

Weil Gott, das absolute Sein, auch die absolute Güte und die absolute Weisheit ist – oder besser, darüber erhaben ist –, gibt es nichts, was ihm entgegengesetzt wäre. Die Geschöpfe aber, die ihr Dasein durch Teilhabe und Gnade gewinnen, und die geistbegabten Wesen, die Eignung zu Güte und Weisheit besitzen, haben jeweils ein Gegenteil. Für sie ist dem Dasein das Nichtdasein, der Befähigung zu Güte und Weisheit sind Bosheit und Unwissenheit entgegengesetzt. Ob sie immer da sind oder nicht da sind, hängt vom Willen ihres Schöpfers ab. Ob geistbegabte Wesen aber an seiner Güte und Weisheit teilhaben oder nicht, hängt von ihrem eigenen Willen ab. (III,27)

Wer von Weltlichem nicht angezogen wird, liebt die Zurückgezogenheit. Wer nichts nur Menschliches liebt, der liebt alle Menschen. Wer an keinem Anstoß nimmt, weder wegen seiner Vergehen noch wegen seiner Verdächtigungen, der hat Einsicht in Gott und Göttliches. (III,37)

Es ist etwas Großes, nicht an Dinge gebunden zu sein. Aber es ist etwas viel Größeres, nicht an die Vorstellungen gebunden zu sein, die wir von ihnen haben. (III,38)

Die Tugenden trennen den Geist von den Leidenschaften; geistliche Beschauung trennt ihn von den leidenschaftsfreien Vorstellungen; das reine Gebet aber bringt ihn vor Gott selbst. (III,44)

Gott, der Unerschöpfliche, brachte die Lebewesen ins Sein, nicht weil er ihrer bedurfte, sondern damit sie nach ihrem Vermögen an ihm teilhätten, und daß er sich seiner Werke erfreute, am Anblick ihrer Freude und ihrer unersättlichen Sättigung durch seine unermeßliche Fülle. (III,46)

Reinige zur Zeit des Gebetes deinen Geist von den leidenschaftsfreien Vorstellungen menschlicher Dinge und von der Anschauung des Geschaffenen, damit du nicht das Geringere einbildest und so von dem abfällst, der unvergleichlich erhabener ist als alles Geschaffene. (III,49)

Wie Eltern ihren Kindern, der Frucht ihres Leibes, besonders zugetan sind, so hängt der Geist von Natur aus an den eigenen Gedanken. Und wie leidenschaftlich vernarrten Eltern ihre Kinder als die tüchtigsten und reizvollsten vorkommen, auch wenn sie etwa lächerlich ungeschickt sind, – so scheinen dem törichten Geist die eigenen Gedanken die allerklügsten, auch wenn sie höchst kümmerlich sind. Der Einsichtige schätzt seine Gedanken nicht so ein. Wenn ihm sicher scheint, daß sie wahr und gut sind, dann mißtraut er seinem Urteil erst recht. Er setzt andere Verständige zu Richtern über seine Gedanken und Überlegungen, – um nicht ins Leere hineinzulaufen oder gelaufen zu sein (vgl. Gal 2,2) –, und von ihnen erhält er Bestätigung. (III,58)

Wie das leidenschaftsfreie Bedenken des Menschlichen den Geist nicht zwingt, das Göttliche zu mißachten, so nötigt ihn auch die leidenschaftsfreie Einsicht in Göttliches nicht, alles Menschliche geringzuschätzen. Denn auf Erden erscheint die Wahrheit nur in Schatten und Bildern. So bedarf es der seligen Leidenschaft der heiligen Liebe; sie bindet den Geist an die geistliche Einsicht und bringt ihn dazu, das Unstoffliche dem Stofflichen, das Geistige und Göttliche dem Sinnenhaften vorzuziehen. (III,67)

Wer seine Leidenschaften abgeschnitten und seine Gedanken von ihnen befreit hat, ist damit in seinem Denken noch nicht dem Göttlichen zugewandt. Es kann vielmehr sein, daß er innerlich weder zum Menschlichen noch zum Göttlichen hingezogen wird. Das widerfährt denen, die den asketischen Weg gehen, ohne daß ihnen geistliche Einsicht geschenkt wurde. Sie bezwingen die Leidenschaften, weil sie Strafe fürchten oder weil sie auf das Reich hoffen. (III,68)

»Wir wandeln im Glauben, nicht im Schauen« (2 Kor 5,7); und unser geistliches Erkennen ist in Spiegeln und Rätseln (vgl. 1 Kor 13,12). Ihnen müssen wir daher viel Sorgfalt widmen, damit wir durch langes Betrachten und eingehendes Bedenken zu einem beständigen Zustand des Beschauens gelangen. (III,69)

Wenn wir die Leidenschaften nur oberflächlich abschneiden und uns der geistlichen Beschauung zuwenden, ohne in beständigem Bemühen immer bei ihr zu verweilen, dann wenden wir uns leicht wieder den fleischlichen Leidenschaften zu und gewinnen nichts als trockene Einsicht und Selbstgefälligkeit. Es folgt, daß sich die Einsicht allmählich verdunkelt und der Geist sich ganz dem Stofflichen zuwendet. (III,70)

Unser Geist steht mitten zwischen zwei Kräften: einem Engel, der Tugend wirkt, und einem Dämon, der Laster wirkt. Der Geist hat Freiheit und Kraft, nach seinem Willen zu folgen oder zu widerstehen. (III,92)

Wenn der Geist gereinigt ist, kommt manchmal Gott selbst zu ihm und belehrt ihn; manchmal geben die heiligen Engel ihm Heiliges ein, manchmal auch die Natur der von ihm geschauten Dinge. (III,94)

Der Geist, dem geistliche Einsicht zuteil wurde, muß seine Vorstellungen der Dinge leidenschaftsfrei bewahren, seine Beschauung sicher, seinen Gebetszustand ruhig. Aber er kann sie nicht immer vor dem Vorstoß des Fleisches beschützen, weil er durch die Ränke der Dämonen verdunkelt wird. (III,95)

Wenn der Geist die begrifflichen Abbilder der Dinge empfängt, wird er jedem Begriff nachgeformt. Wenn er die Dinge geistlich schaut, wird er jeder Beschauung vielfältig nachgebildet. Wenn er aber bei Gott verweilt, verliert er jedes Abbild und jede Form. Denn wenn er den schaut, der All-Eines ist, dann wird er selbst eines und ganz lichterfüllt. (III,97)

Die Seele ist vollkommen, wenn ihre leidenschaftsfähigen Kräfte ganz Gott zugewandt sind. (III,98)

Der Geist ist vollkommen, wenn er durch wahren Glauben über allem Nichterkennen den Über-Nichterkennbaren übererkennt; und wenn er das Ganze der Schöpfung überschaut hat, von Gott eine umfassende Einsicht in seine Vorsehung und sein Gericht erhalten hat, – soweit dies Menschen möglich ist. (III,99)

Zuerst staunt der Geist, wenn er die allumfassende Unendlichkeit Gottes bedenkt, jenes undurchschiffbare, oft ersehnte Meer. Dann staunt er darüber, wie Gott aus dem Nichts die Wesen ins Dasein gebracht hat. Aber wie Gottes Größe ohne Ende ist (vgl. Ps 145,3), so ist seine Weisheit unerforschlich (vgl. Jes 40,28). (IV,1)

Frage, warum Gott geschaffen hat; das ist geistliches Wissen. Frage nicht, wie und warum er in dieser Zeit geschaffen hat; denn das ist deinem Geist nicht angemessen. Manche göttlichen Dinge können von Menschen begriffen werden, andere nicht. Es ist wie ein Heiliger gesagt hat: Ungezügelte Betrachtung kann auch in den Abgrund führen. (IV,5)

Gott und Göttliches sind in mancher Hinsicht erkennbar, in anderer unerkennbar. Sie sind erkennbar durch Betrachtung dessen, was seinem Wesen zugeordnet ist, unerkennbar in seinem Wesen selbst. (IV,7)

Gib nicht leichtfertig die geistliche Liebe auf; denn da ist für Menschen kein anderer Weg zum Heil. (IV,25)

Wer die vollkommene Liebe erlangen durfte und sein ganzes Leben auf sie ausgerichtet hat, der sagt im Heiligen Geist »Herr Jesus« (1 Kor 12,3); andernfalls geschieht das Gegenteil. (IV,39)

Der Geist ist seiner Natur entsprechend wirksam, wenn er die Leidenschaften beherrscht, das innere Wesen der Dinge betrachtet und bei Gott verweilt. (IV,45)

»Die Erkenntnis bläht auf, die Liebe dagegen erbaut« (1 Kor 8,1). Daher verbinde die Liebe mit der Einsicht, und du wirst dich nicht blähen, sondern wirst geistlicher Baumeister sein, der sich erbaut und alle, die ihm nahekommen. (IV,59)

Liebe und Selbstbeherrschung befreien die Seele von Leidenschaften; Lesung und Betrachtung heben den Geist aus der Unwissenheit; der Zustand des Gebetes bringt ihn vor Gott selbst. (IV,86)

Zweihundert Sprüche über das Wissen von Gott und den Heilsplan in der Menschwerdung des Gottessohnes

Gott ist einer, ohne Ursprung, unfaßbar, die ganze Kraft des Seins völlig in sich tragend, Vorstellungen von Wann und Wie gänzlich ausschließend, allen unzugänglich und keinem Geschöpf in natürlichem Bild erkennbar. (I,1)

Gott ist, wie geschrieben steht, die Sonne der Gerechtigkeit (vgl. Mal 3,20), die alle Wesen mit den gleichen Gnadenstrahlen bescheint. Nach ihrem freien Willen ist die Seele entweder Wachs in Liebe zu Gott oder Lehm in Liebe zum Stofflichen. Lehm wird in der Sonne hart, Wachs aber weich. So verhärtet sich wie Lehm aus freiem Willen jede Seele, die gegen die Mahnungen Gottes die stoffliche Welt liebt, und treibt sich selbst in den Untergang wie Pharao (vgl. Ex 7,13). Jede gottliebende Seele aber wird erweicht wie Wachs; sie nimmt die Eindrücke des Göttlichen in sich auf und wird so zu einer Wohnung Gottes im Geiste (vgl. Eph 2,22). (I,12)

Wer, im Geist durch Vorstellungen des Göttlichen erleuchtet, gelernt hat, ohne Unterlaß dem Schöpfer Lob zu singen, die Sinne durch unbefleckte Bilder geheiligt, der hat der naturhaften Schönheit nach dem Bilde Gottes die aus Freiheit verwirklichte Schönheit nach der Gottähnlichkeit hinzugefügt. (I,13)

Unbefleckt bewahrt seine Seele, wer sein Denken sich allein auf Gott und seine Vollkommenheit zu richten zwingt, seinen Geist zum rechten Ausleger und Erklärer dieser Vollkommenheit macht, und seine Sinne fromm die sinnenhafte Welt und alle Dinge in ihr widerspiegeln lehrt, damit sie der Seele die Herrlichkeit des inneren Wesens der Dinge verkündet. (I,14)

Wenn der Gärtner nach einem guten Ort zum Verpflanzen eines wilden Baumes sucht, dann stößt er manchmal plötzlich auf einen Schatz. So kann es jedem demütigen und aufrichtigen Gottsucher ergehen; seine Seele ist wie die des seligen Jakob (vgl. Gen 27,11) glatt, nicht haarig von Stofflichkeit; und auf die Frage seines Vaters nach dem Grund seiner Einsicht: »Wie hast du so rasch etwas finden können, mein Sohn?«, antwortet er ihm: »Gott der Herr hat es mir gewährt« (Gen 27,20). Wenn der Herr uns die Schau der göttlichen Weisheit gewährt, ohne daß wir uns um sie bemüht oder sie erwartet haben, dann haben wir plötzlich einen geistlichen Schatz gefunden. Denn der treue Gottsucher ist ein geistlicher Gärtner, der die Betrachtung des Sichtbaren und Sinnenhaften wie einen wilden Baum in das Ackerfeld des Geistigen verpflanzt, – und so einen Schatz findet: die gnadenhafte Offenbarung der in den geschaffenen Dingen liegenden Weisheit. (I,17)

Wenn dem demütigen Gottsucher unerwartet und plötzlich die geistliche Erkenntnis der göttlichen Beschauung zuteil wird, dann verwirrt dies den, der sie aus Prahlsucht mühevoll sucht und doch nicht erlangt. Es erregt Neid und tödlichen Haß auf den Bruder, auch Trauer über den entgangenen Ruhm. (I,18)

Wer aus Prahlsucht die geistliche Erkenntnis sucht und nicht findet, der beneide seinen Nächsten nicht und betrübe sich nicht. Sondern er bereite sich, wie geboten, in der Nähe auf den Sabbat vor: in der Tugendübung, durch die leibliche Schulung, die allein die Seele für die Erkenntnis vorbereitet. (I,20)

Die Seele kann sich nie nach der Gotteserkenntnis ausstrecken, wenn nicht Gott, sich gütig herablassend, sie zuvor anrührt und zu sich emporzieht. Denn der menschliche Geist hat nicht Kraft genug, sich bis zum Empfang der göttlichen Erleuchtung aufzuschwingen, wenn Gott ihn nicht – soweit möglich – an sich zieht, und mit Strahlen göttlichen Lichtes erleuchtet. (I,31)

Das Geheimnis der Menschwerdung des Wortes trägt in sich die Kraft aller Gleichnisse und Sinnbilder der Schrift, sowie die Einsicht in die geschaffenen Dinge, die sichtbaren und die geistig erkennbaren. Wer das Geheimnis des Kreuzes und des Grabes versteht, der versteht auch das innere Wesen des Geschaffenen. Und wer in die unsagbare Kraft der Auferstehung eingeweiht wurde, der kennt das Ziel, auf das hin Gott ursprünglich alles geschaffen hat. (I,66)

Alle sichtbaren Dinge bedürfen des Kreuzes, eines Zustandes nämlich, in dem die auf sie gerichtete Sinnestätigkeit eingestellt wird. Alle geistig erkennbaren Dinge bedürfen des Begrabenwerdens, nämlich der vollständigen Beruhigung der auf sie bezogenen Geistestätigkeiten. Denn wenn diese natürliche Kraft und Bewegung gleichzeitig mit der Beziehung zu den Dingen aufgehoben ist, dann erscheint das Wort, allein in sich seiend, wie von den Toten erstehend. Es umschreibt alles, was aus ihm kommt, und doch ist ihm nichts in natürlicher Beziehung verwandt. Denn das Heil der Erwählten geschieht in Gnade, nicht in Natur. (I,67)

Solange wir nicht in reiner Gesinnung unser Wesen und das Wesen aller auf Gott folgenden Dinge überschritten haben, haben wir den Zustand unbeweglicher Heiligkeit nicht erreicht. Wenn wir aber durch Liebe unsere Würde verwirklicht haben, dann erkennen wir die Kraft der göttlichen Verheißung. Denn wir müssen glauben, daß die Erwählten dort unveränderlich weilen, wo der Geist vorgreifend seine Kraft durch die Liebe fest gegründet hat. Wer nicht aus sich und allem Denkbaren heraustritt, und im Schweigen jenseits von allem Denken verweilt, kann von Veränderung nicht völlig frei sein. (I,81)

In der Vielheit der Dinge herrscht Mannigfaltigkeit, Unähnlichkeit und Ungleichheit. In Gott aber, der wahrhaft einer und einzig ist, gibt es nur Einheit, Einfachheit und Gleichheit. Es ist daher unklug, sich der Betrachtung Gottes zuzuwenden, bevor man die Vielheit der Dinge überschritten hat. Das erwies Mose, als er das Zelt des Geistes außerhalb des Lagers aufschlug und dann mit Gott redete (vgl. Ex 33,7). Denn es ist gefährlich, das Unsagbare im gesprochenen Wort auszudrücken, weil das gesprochene Wort Zweiheit und mehr als Zweiheit bedeutet. Das Sicherste ist, das reine Sein wortlos in der Seele allein zu betrachten, da es in der untrennbaren Einheit und nicht in der Vielheit besteht. Der Hohepriester, der nur einmal im Jahr das Allerheiligste hinter dem Vorhang betreten sollte (vgl. Hebr 9,7), lehrt, daß nur wer den Vorhof und das Heilige durchschritten und das Allerheiligste betreten hat, – wer nämlich die ganze natürliche Welt der sinnlichen und geistigen Dinge durchschritten hat und von jeder geschöpflichen Eigenheit gereinigt ist –, sich unbefleckten und nackten Sinnes der Anschauung Gottes hingeben muß. (I,83)

Nachdem der große Mose sein Zelt außerhalb des Lagers aufgeschlagen hatte, – also sein Denken und Wollen außerhalb des Sichtbaren gefestigt hatte –, begann er, Gott anzubeten (vgl. Ex 33,7). Nachdem er dann in die Finsternis eingetreten war, – also in den formlosen und stofflosen Bereich der geistlichen Erkenntnis –, verweilte er dort, um die heiligsten Weihen durchzuführen (vgl. Ex 20,21). (I,84)

Die Finsternis ist der formlose, stofflose und leiblose Zustand, der die urbildliche Erkenntnis der Dinge umfaßt. Wer wie ein zweiter Mose in ihn eintritt, erkennt Dinge, die dem sterblichen Wesen unsichtbar sind. Dadurch bildet er die Schönheit der göttlichen Vollkommenheit in sich ein, als ob er die Schönheit des Urbilds getreu nachmalte. Dann steigt er mit ihm vom Berg herab und bietet sich denen zum Vorbild, die seine Tugend nachahmen wollen. So offenbart er die Güte und Fülle der Gnade, die er empfangen hat. (I,85)

Die sich mit reinem Herzen der Liebe zur göttlichen Weisheit hingeben, finden größten Lohn in der Erkenntnis, die sie birgt. Denn ihr Wollen wird nicht mehr mit den Dingen mitverändert, sondern fest und entschlossen fassen sie alles an, was der Tugend gemäß ist. (I,86)

Das Zentrum des Kreises gilt als der Punkt, von dem ununterschieden die geraden Linien nach außen ausgehen. So erkennt, wer bei Gott zu sein gewürdigt wurde, in einfacher, unteilbarer Einsicht die innere Wesenheit der geschaffenen Dinge als in Gott vorausbestehend. (II,4)

Wer zu der Vollendung gelangt, die hienieden Menschen erreichbar ist, trägt als Frucht für Gott Liebe, Freude, Friede und Langmut (vgl. Gal 5,22), im zukünftigen Leben aber Unzerstörbarkeit, Ewigkeit und ähnliche Gaben. Die ersten Eigenschaften kommen dem zu, der in Tugendübung vollkommen ist, die zweiten dem, der durch wahre geistliche Einsicht das Geschaffene hinter sich gelassen hat. (II,6)

Furcht vor der Hölle läßt die Anfänger das Böse meiden; Begierde nach himmlischem Lohn spornt die Fortschreitenden zur Tugendübung an. Das Geheimnis der Liebe aber, das alles Geschaffene übersteigt, macht den Geist blind für alles, was nach Gott ist. Denn der Herr verleiht nur denen Weisheit, die für alles nach ihm blind geworden sind, und zeigt ihnen das Göttliche. (II,9)

Wer geistliche Einsicht sucht, soll den Grund seiner Seele fest neben dem Herrn stehen haben, wie Gott zu Mose sprach: »Du aber tritt hierher zu mir« (Dtn 5,31). Aber man soll beachten, daß es zwischen denen, die beim Herrn stehen, auch Unterschiede gibt, wie das Wort andeutet: »Unter denen, die hier stehen, sind einige, die den Tod nicht kosten werden, bis sie das Reich Gottes in Kraft gekommen sehen« (Mk 9,1). Der Herr erscheint nicht allen, die bei ihm stehen, immer in Herrlichkeit. Den Anfängern erscheint er in Knechtsgestalt (vgl. Phil 2,7); denen, die ihm beim Aufstieg zum hohen Berg der Verklärung folgen können, erscheint er in Gestalt Gottes (vgl. Mt 17,1-9), in der Gestalt, die er besaß, ehe die Welt war (vgl. Joh 17,5). So ist es möglich, daß der eine Herr nicht allen, die bei ihm stehen, gleich erscheint, sondern daß er manchen so und anderen anders erscheint, jedem nach dem Maß seines Glaubens. (II,13)

Von dem, der sich der Tugendübung hingibt, heißt es, er lebe als Fremdling im Leibe, da er durch Tugendübung die Bindung der Seele an das Fleisch durchtrennt und sich von der Täuschung des Stofflichen befreit. Von dem, der sich um geistliche Einsicht bemüht, heißt es, er wohne als Fremdling in der Tugend selbst, weil er die Wahrheit noch wie durch einen Spiegel rätselhaft schaut (vgl. 1 Kor 13,12). Denn er ist noch nicht von Angesicht einer Schau der wesenhaften Formen der Güte selbst gewürdigt worden. Jeder hienieden wandelnde Heilige erblickt nur das Bild der Güte wie im künftigen Weltalter und bekennt: »Ich bin nur ein Fremdling, ein Pilger wie all meine Väter« (Ps 39,13). (II,17)

Wie das göttliche Wort vor der sichtbaren Herabkunft im Fleische geistlich zu den Patriarchen und Propheten kam und die Geheimnisse seiner Ankunft gleichnishaft vorbildete, – so kommt es nach der Menschwerdung nicht nur zu den Anfängern, um sie geistlich zu nähren und zur Reife göttlicher Vollkommenheit zu führen, sondern auch zu den Vollkommenen, um ihnen im Verborgenen die zweite Ankunft im Bilde vorauszubezeichnen. (II,28)

Solange ich noch unvollkommen und ungehorsam bin, weder Gott gehorsam im Halten der Gebote, noch vollkommen in geistlicher Einsicht, solange erscheint auch Christus durch mich unvollkommen und ungehorsam. Denn ich verkleinere und verstümmle ihn, weil ich nicht mit ihm im Geist wachse, da ich doch der Leib und ein Glied Christi bin (vgl. 1 Kor 12,27). (II,30)

Die den Herrn suchen, sollen ihn nicht außen suchen; sie müssen ihn vielmehr in sich suchen durch den Glauben, der im Handeln offenbar wird. Denn es heißt: »Nahe bei dir ist das Wort, in deinem Mund und in deinem Herzen, nämlich das Wort des Glaubens« (Röm 10,8), – Christus, der selbst das Wort ist, das sie suchen. (II,35)

In dem Askese Übenden verdichtet sich das Wort durch die Tugenden und wird Fleisch (vgl. Joh 1,14). In dem Betrachtenden verfeinert es sich durch geistliche Gedanken und wird, was es im Anfang war, das Wort, das Gott war und bei Gott war (vgl. Joh 1,1). (II,37)

Wer in verdichteten Gleichnissen und Aussagen, der Aufnahmefähigkeit der Zuhörer angepaßt, in moralischer Unterweisung die Lehre vom Wort ausführt, macht das Wort zu Fleisch. Wer dagegen in hoher Betrachtung das mystische Wissen von Gott darlegt, macht das Wort zu Geist. (II,38)

Wer in positiven Aussagen von Gott spricht, macht das Wort zu Fleisch, weil er Gott nur im Sichtbaren und Greifbaren als Ursache erkennen kann. Wer dagegen in Negationen von Gott spricht, weil er positive Aussagen abstreift, macht das Wort zu Geist, oder zu Gott, so wie er im Anfang bei Gott war. Er geht von nichts Erkennbarem aus und erkennt so den, der das Unerkennbare übersteigt. (II,39)

Der Herr ist teils abwesend, teils anwesend. Er ist abwesend, dem Schauen von Angesicht zu Angesicht nach; er ist anwesend, dem Schauen im Spiegel und im Rätsel nach (vgl. 1 Kor 13,12). (II,57)

Wer sein Herz gereinigt hat, kennt nicht nur das innere Wesen des von Gott Geschaffenen; nachdem er alle Dinge hinter sich gelassen hat, erblickt er irgendwie Gott selbst; das ist die höchste Vollendung aller Gnadengaben. Wenn Gott in solchem Herzen Wohnung nimmt, dann gräbt er seine eigenen Buchstaben durch den Heiligen Geist auf ihm ein wie auf den Tafeln des Mose (vgl. Ex 31,18), – in dem Maße nämlich, in dem es sich in Tugendübung und Betrachtung dem mystisch verstandenen Gebot »Wachset« gewidmet hat (vgl. Gen 35,11). (II,80)

Das Herz kann rein genannt werden, wenn es keinen naturhaften Trieb zu irgend etwas mehr hat. Gott kommt in ihm zu wohnen, und in äußerster Einfalt wird es zur glatten Tafel, auf die er seine Gebote schreibt. (II,81)

Das Herz ist rein, das Gott ein völlig bild- und gestaltloses Erinnerungsvermögen darbietet, bereit, nur von Gottes Urbildern geprägt zu werden, in denen er selbst sich offenbart. (II,82)

Auch wer die hienieden mögliche Vollkommenheit in Tugendübung und Betrachtung erreicht, wird Zeit seines Lebens die geistliche Einsicht, Prophetengabe und das Unterpfand des Heiligen Geistes nur als Stückwerk, nicht in Fülle besitzen (vgl. 1 Kor 13,9). Einst aber, nach Vollendung der Weltalter, wenn er das vollkommene Erbe antritt, in dem den Auserwählten die Wahrheit von Angesicht zu Angesicht offenbart wird, – wird er nicht nur als Stückwerk, sondern durch gnadenhafte Teilhabe die ganze Fülle besitzen (vgl. 1 Kor 13,12). Denn, wie der heilige Apostel sagt, alle Erlösten werden volle Mannesreife erlangen, nach dem Altersmaß der Fülle Christi (vgl. Eph 4,13), in dem alle Schätze der Weisheit und geistlichen Erkenntnis verborgen sind (vgl. Kol 2,3); wenn sie aber enthüllt werden, wird alles Stückwerk abgetan sein. (II,87)

Das Reich Gottes des Vaters ist als Möglichkeit in allen Gläubigen; es ist als Wirklichkeit in denen, die alles naturhafte Leben von Leib und Seele abgelegt, das Leben des Geistes erreicht haben, und sprechen können: »Nicht mehr ich lebe, sondern Christus lebt in mir« (Gal 2,20). (II,92)

Die Anklage gegen den Erlöser in der Kreuzesaufschrift erwies den Gekreuzigten als Herrn und König der praktischen, naturbetrachtenden und gottkennenden Weisheitsliebe. Denn die Heilige Schrift berichtet, daß die Aufschrift lateinisch, griechisch und hebräisch abgefaßt war (vgl. Joh 19,20). Das Lateinische bedeutet den praktischen Zweig der Weisheitsliebe, weil nach Daniel (vgl. Dan 2,40) das Römerreich das stärkste und tapferste aller irdischen Reiche sein sollte; Merkmale der Tugendübung, der praktischen Weisheitsliebe, sind ja Stärke und Tapferkeit. Das Griechische bedeutet die Naturbetrachtung, weil die Griechen mehr als alle anderen Völker die naturbetrachtende Weisheitsliebe entwickelt haben. Das Hebräische bedeutet Einweihung in die Geheimnisse des Wissens von Gott, weil dieses Volk durch die Patriarchen von altersher Gott geweiht war. (II,96)

Wer durch Tugendübung und geistliche Einsicht den Leib harmonisch der Seele angepaßt hat, ist Zither, Flöte und Tempel Gottes geworden. Er ist Zither geworden, indem er die Harmonie der Tugenden bewahrt hat; Flöte, indem er durch göttliche Schau den Hauch des Heiligen Geistes aufgenommen hat; und Tempel, indem er durch Reinheit des Geistes eine Wohnung des Wortes geworden ist. (II,100)

Verschiedene Sprüche über das Wissen von Gott und die göttliche Heilsordnung, über Tugend und Laster

Das göttliche Wort, das dem Fleische nach ein für allemal geboren worden ist, wird dem Geiste nach aus Barmherzigkeit in denen, die danach begehren, immer wieder geboren. Es wird ein Kind, indem es sich in ihnen durch die Tugenden bildet. Es enthüllt sich nur insoweit, als es der Empfangende erfassen kann; so verringert es nicht mißgünstig die Offenbarung der eigenen Größe, sondern bemißt die Aufnahmefähigkeit derer, die es zu sehen verlangen. So enthüllt sich das göttliche Wort immer in den Arten der Teilhabe und bleibt doch wegen des übergroßen Geheimnisses immer ungeschaut. Deshalb sagt der Apostel, wenn er weise die Macht dieses Geheimnisses betrachtet: »Jesus Christus ist derselbe gestern und heute und in Ewigkeit« (Hebr 13,8). Denn so erkennt er das Geheimnis, das immer neu ist und nie durch geistiges Erfassen altert. (I,8)

Das große Geheimnis der göttlichen Menschwerdung bleibt ewig ein Geheimnis. Nicht nur ist das noch Unsichtbare größer als das Offenbarte, weil es bloß insoweit offenbart wird, als es die so Geretteten erfassen können, – sondern auch das Offenbarte bleibt immer noch ganz verborgen und wird auf keine Weise wahrhaft erkannt. Das Gesagte soll niemandem widersprüchlich erscheinen. Denn Gott ist überwesentlich, ja hat alle Überwesentlichkeit überschritten; als er in die Wesenheit eintreten wollte, nahm er daher die Wesenheit in überwesentlicher Weise an. So wurde er um des Menschen willen wahrhaft Mensch aus der Wesenheit des Menschen; doch die Art der Menschwerdung bleibt immer verborgen, denn er wurde Mensch in übermenschlicher Weise. (I,12)

Die Menschwerdung Gottes ist ein sicheres Unterpfand für die Hoffnung auf Vergöttlichung der menschlichen Natur. Im gleichen Maße, wie Gott Mensch wurde, macht er den Menschen zu Gott. Denn er, der ohne Sünde Mensch wurde, wird die Natur vergöttlichen, ohne sie in Gott umzuwandeln, und sie um seinetwillen so erhöhen, wie er sich um des Menschen willen erniedrigt hat. Das lehrt mystisch der große Apostel, wenn er sagt, daß in den kommenden Weltaltern der überströmende Reichtum der Güte Gottes an uns offenbar werden wird (vgl. Eph 2,7). (I,62)

Das Gesetz des Alten Testaments reinigt die menschliche Natur durch praktische Liebe zur Weisheit von allem Schmutz. Das Gesetz des Neuen Testaments führt den Geist durch Unterweisung in den Geheimnissen der Betrachtung vom Körperlichen zu dem ihm verwandten Schauen des Geistigen. (I,67)

Wer noch nicht ganz von Leidenschaften gereinigt ist, soll sich nicht der Naturbetrachtung zuwenden wegen der Bilder der Sinnendinge; denn sie können seinen Geist so formen, daß er für Leidenschaft bereit ist. Der Geist, der in der Vorstellung durch die Sinne bei den sichtbaren Erscheinungen der Dinge verweilt, läßt unreine Leidenschaften entstehen und kann nicht durch Betrachtung zu dem ihm verwandten Geistigen voranschreiten. (II,75)

Solange wir nicht vollkommen gefestigt sind, sollen wir uns nicht der Naturbetrachtung zuwenden, damit wir nicht das geistige Wesen in der sichtbaren Schöpfung zu erkennen versuchen und unversehens Leidenschaften ernten. Denn in den Unvollkommenen hat die äußere Gestalt des Sichtbaren mehr Einfluß auf die

Sinne als das unter der Gestalt verborgene Wesen auf die Seele. Jene aber, die nach Art der Juden nur auf den Buchstaben achten, erwarten die verheißenen himmlischen Gnadengaben bereits in diesem Leben, denn sie kennen die natürlichen Güter der Seele nicht. (II,85)

Wie Gott seiner Wesenheit nach nicht vom geistlichen Wissen erfaßt wird, so wird sein Lehren von unserem Verstehen nicht voll begriffen. Denn obwohl die Heilige Schrift dem Buchstaben nach begrenzt und geschichtlich auf die berichteten Ereignisse beschränkt ist, bleibt sie doch dem Geist nach unbegrenzt in der Betrachtung des geistig Erkennbaren. (II,92)

Der betrachtende Geist, der die Vorstellungen von den Dingen und die eigenen Regungen beherrschen soll, muß für das Böse beständig unfruchtbar sein; er darf nämlich das Böse weder empfangen noch gebären. In diesem Zustand muß er sein, wenn er sich der Betrachtung zuwendet, damit er nicht beim geistlichen Beschauen der Dinge unversehens den Dämonen anheimfällt, die durch ein Sinnending die reine Herzensbetrachtung verderben. (III,58)

Wie das Auge ohne Sonnenlicht die sinnenhaften Dinge nicht wahrnehmen kann, so kann sich der menschliche Geist ohne das Licht des Heiligen Geistes nicht der geistlichen Beschauung zuwenden. Denn das sinnenhafte Licht erhellt naturhaft die Sinne zur Wahrnehmung der körperlichen Dinge, das geistliche Licht aber erleuchtet den Geist zur Beschauung, damit er das Übersinnliche erfaßt. (IV,17)

Man sagt, daß Gott und Mensch für einander Muster sind. Gott ist um des Menschen willen in seiner Güte soweit Mensch geworden, als sich der Mensch um Gottes willen in Liebe vergöttlichen kann. Und der Mensch wird von Gott soweit zur geistlichen Erkenntnis fortgerissen, als er den von Natur aus unsichtbaren Gott durch die Tugenden offenbart. (V,74)

Die von Gott Wissenden bezeichnen das Göttliche bald als Verlangen, bald als Liebe, bald als ersehnt und geliebt. Folglich wird das Göttliche, sofern es Verlangen und Liebe ist, selbst bewegt; sofern es aber Ersehntes und Geliebtes ist, bewegt es alles für Verlangen und Liebe Empfängliche zu sich selbst hin. Noch klarer ausgedrückt: Es wird bewegt, indem es in den Empfänglichen einen innerlichen Zustand tiefer Sehnsucht und Liebe hervorruft; dagegen bewegt es, indem es gleichsam naturhaft das Verlangen derer an sich zieht, die sich zu ihm hinbewegen. Also nochmals: Es bewegt und wird bewegt, indem es gleichsam dürstet erdürstet zu werden, sich sehnt ersehnt zu werden, liebt geliebt zu werden. (V,84)

Man sagt, Gott selbst erzeugt die Liebe und das Verlangen. Denn er führte, was in ihm war, nach außen, in die Welt der geschaffenen Dinge. Deshalb heißt es, »Gott ist Liebe« (1 Joh 4,16), und auch, er ist »Süße und Verlangen« (Hld 5,16), was das liebende Begehren bezeichnet. Denn das Geliebte und wahrhaft Liebenswerte ist er selbst. Weil das liebende Verlangen aus ihm fließt, sagt man, daß er, sein Erzeuger, selbst bewegt wird; weil er aber das wahrhaft Ersehnte, Geliebte, Begehrte und Erwählte ist, bewegt er alle Dinge, die sich ihm zuwenden und die nach ihrer Aufnahmefähigkeit die Kraft des Verlangens besitzen. (V,87)

Du sollst erwägen, daß Gott zu der liebenden Vereinigung im Geiste bewegt und verlockt; er ist nämlich der Vermittler in dieser Verbindung, damit er von seinen Geschöpfen begehrt und geliebt wird. Er hat die Kraft zu bewegen, indem er jedes Wesen nach seiner Art dazu bringt, sich ihm wieder zuzuwenden. Obwohl das Wort ›verlocken‹ im alltäglichen Gebrauch etwas Unreines bedeutet, steht es hier für die Vermittlung, welche die Vereinigung mit Gott bewirkt. (V,88)

Gott, der die Natur in Weisheit geschaffen und insgeheim jedem geistbegabten Wesen nach Fähigkeit die Kenntnis von ihm eingepflanzt hat, gab auch uns Menschen ein natürliches Sehnen und Verlangen nach ihm, indem er es von Natur mit der Kraft unseres Denkens verband. So können wir leichter erkennen, wie das Sehnen gestillt werden kann und wie wir ohne Irrwege das Ziel erreichen. Von Sehnsucht bewegt, werden wir angeleitet, die Wahrheit, Weisheit und Ordnung zu erforschen, die aus allem Geschaffenen hervorleuchtet, und durch sie das Ziel anzustreben, um dessentwillen wir die Sehnsucht empfangen haben. (V,100)

Thalassios der Libyer

(7. Jahrhundert)

Libyscher Mönch, bedeutender asketisch-mystischer Autor des 7. Jahrhunderts. Gewöhnlich mit dem Priester Thalassios, Vorsteher eines Klosters bei Karthago gleichgesetzt, der für die erste Hälfte des 7. Jahrhunderts bezeugt ist und im Afrika seiner Zeit großes Ansehen genoß. Stand in freundschaftlicher Beziehung zu Maximos dem Bekenner, der ihm zwei seiner Werke widmete; geistig teilt er mit ihm die Grundtendenzen der erneuernden Umgestaltung evagrianischer Mystik; das wechselseitige Verhältnis von Lehrer und Schüler läßt sich allerdings nicht genauer bestimmen.

Verfasser von vier Centurien zum geistlichen Leben (»Über die Liebe, die Enthaltsamkeit und die Geistesführung«); eine Spruchsammlung in lockerer inhaltlicher Folge, deren Aphorismen durch ihre Knappheit und formale Symmetrie bemerkenswert sind. Thalassios betont die Bedeutung der Reinigung, die der Leidenschaftslosigkeit vorausgeht. Ebenso behandelt er wiederholt die zweite Stufe des geistlichen Lebens: das reine Gebet und die Betrachtung, deren verschiedene Grade er unterscheidet. Die Sprüche bieten also die traditionellen Motive der byzantinischen Mönchsspiritualität, von den Abstufungen des geistlichen Aufstiegs über die asketische Anthropologie bis zu den evagrianischen Grundvorstellungen. Jede Hundertergruppe wird mit Reflexionen dogmatischen Inhalts zur Menschwerdung, zu Gott und seinen Attributen und zur Dreifaltigkeit abgeschlossen.

Auffallend ist die ausgleichende Auffassung menschlicher Psychologie bei Thalassios, für den die Herstellung der Harmonie zwischen Leib und Geist durch die *hesychia* (innere Zurückgezogenheit) zur Aufgabe asketischer Übung wird. Die *theologia,* die Gotteserkenntnis in der beseligenden Schau, gegründet auf die vollkommene Harmonie des menschlichen Wesens, ist für den gereinigten Geist als sein eigentlicher Zustand durchaus erreichbar. Der wachsenden liebenden Sehnsucht nach Gott, der die *apatheia* (Leidenschaftsfreiheit) vorausgeht, entspricht in immer größerer Reinheit die Stufenfolge der aufsteigenden Erkenntnis, von der Betrachtung körperlicher und unkörperlicher Wesen bis zur unvermittelten Schau der Dreifaltigkeit.

Die vier Centurien, das einzige überlieferte Werk des Thalassios, sind vollständig in der »Philokalia« abgedruckt.

Von der Liebe, der Selbstbeherrschung und der Lenkung des Geistes

Ganz auf Gott gerichtete liebende Sehnsucht verbindet die Liebenden mit Gott und untereinander. (I,1)

Die Liebe allein eint in Harmonie alles Geschaffene mit Gott und miteinander. (I,5)

Liebe und Selbstbeherrschung reinigen die Seele, das reine Gebet aber erleuchtet den Geist. (I,11)

Sichere deine Sinne durch Stille und richte über die Gedanken, die dein Herz bedrängen. (I,22)

Stille, Gebet, Liebe und Selbstbeherrschung sind das Viergespann, das den Geist zum Himmel emporträgt. (I,24)

Leidenschaftslosigkeit ist ein Zustand, in dem die Seele nicht durch Böses bewegt wird. Sie kann nur durch Christi Barmherzigkeit erlangt werden. (I,40)

Zeichen der Leidenschaftslosigkeit ist wahre Unterscheidung; durch sie handelt der Befreite immer nach Maß und Ordnung. (I,43)

Wem Weisheit gegeben wurde, der kennt das innere Wesen des Unkörperlichen, und er weiß vom Anfang und vom Ende der Welt. (I,47)

Wer von den Leidenschaften befreit ist, hat bei Gott Gnade gefunden; und wer der geistlichen Erkenntnis gewürdigt wurde, hat große Barmherzigkeit erlangt. (I,49)

Der von den Leidenschaften befreite Geist wird ganz licht, und er wird durch die Betrachtung des Geschaffenen unaufhörlich erleuchtet. (I,50)

Der vollkommen gereinigte Geist ist inmitten des Geschaffenen eingeengt, und er will alles hinter sich lassen. (I,55)

Selig, wer zur grenzenlosen Unendlichkeit vorgedrungen ist, alles Vergängliche überschritten hat. (I,56)

Wie Gott in seiner Wesenheit unerkennbar ist, so ist er unendlich in seiner Erhabenheit. (I,59)

Gott, in seiner Wesenheit ohne Anfang und ohne Ende, ist auch in seiner Weisheit unerforschlich. (I,60)

Gott, das unverändert Fleisch gewordene Wort, ist durch sein Fleisch mit der ganzen Schöpfung verbunden. (I,97)

Ein unerhörtes Wunder im Himmel und auf Erden: Gott ist auf Erden, und der Mensch ist im Himmel. (I,98)

Er hat die Menschen mit den Engeln verbunden, um allem Geschaffenen Vergöttlichung zu schenken. (I,99)

Schließ deine Sinne ein im Bollwerk der Stille, damit sie nicht den Geist in ihr Begehren hineinziehen. (II,10)

Dem geduldig in der Stille Lebenden sind Selbstbeherrschung, Liebe, Gebet und geistliche Lesung die wichtigsten Waffen. (II,11)

Selbstbeherrschung und angestrengtes Bemühen hemmen das Begehren; Stille und liebende Sehnsucht nach Gott schwächen es. (II,21)

Der Geist wird den Weltdingen fremd, wenn seine Bindung an die Sinne ganz gelöst ist. (II,51)

Der Geist ist vollkommen, wenn er vom geistlichen Wissen geprägt wird; die Seele ist vollkommen, wenn sie von den Tugenden durchdrungen wird. (II,54)

Wir haben die Macht empfangen, Kinder Gottes zu werden (vgl. Joh 1,12); aber wir werden es erst, wenn wir die Leidenschaften ablegen. (II,57)

Keiner soll glauben, er sei Kind Gottes geworden, wenn er nicht göttliche Zeichen in sich trägt. (II,58)

Der Verständige wacht sorgsam über sich, und durch freigewählte Mühsal entgeht er unfreiwilliger Mühsal. (II,68)

Geistliche Armut ist vollkommene Leidenschaftslosigkeit; wenn der Geist sie erreicht hat, ist er allem Weltlichen entrückt. (II,90)

Wir haben uns von leidenschaftsgebundenen Gedanken befreit; ist uns aber auch das reine, geistliche Gebet geschenkt worden? (III,26)

Groß ist der Geist, der von Leidenschaften befreit, vom Geschaffenen abgesondert, bei Gott lebt. (III,27)

Der teilweise zur Leidenschaftslosigkeit gelangte Geist wird manchmal nicht beunruhigt; aber nur weil er nicht geprüft wird, wenn die Anlässe fehlen. (III,31)

Wer auf Christus hört, erfüllt sich mit Licht; und wer ihm nachfolgt, bekehrt sich. (III,45)

Der Baum des Lebens ist die Erkenntnis Gottes; der Gereinigte, der an ihr teilhat, erlangt Unsterblichkeit. (IV,56)

Der Anfang der Tugendübung ist der Glaube an Christus; ihre Vollendung ist die Liebe Christi. (IV,57)

Laßt uns Glauben erwerben, um zur Liebe zu gelangen; aus ihr erwächst die Erleuchtung der geistlichen Erkenntnis. (IV,60)

Wer seinen Leib in Zucht genommen hat und in der geistlichen Erkenntnis wohnt, wird durch sie noch mehr gereinigt. (IV,77)

Der Geist, der sich dem Bemühen um göttliche Weisheit hingibt, beginnt mit dem Glauben; dann durchläuft er die Zwischenstufen, bis er wiederum beim Glauben anlangt, dem Glauben in seiner höchsten Form. (IV,78)

Der Geist, der sein Bemühen um göttliche Weisheit im festen Glauben beginnt, erreicht schließlich ein ihn übersteigendes Wissen von Gott; es ist geprägt von beharrlichem, höchstem Glauben und der Betrachtung des Unsichtbaren. (IV,80)

Wie gesagt ist, werden Worte und Namen zur Bezeichnung dessen gebraucht, was wir in der Betrachtung als dem Wesen der heiligen Dreifaltigkeit zugeordnet, nicht aber als auf das Wesen selbst bezogen wahrnehmen. Denn das Wesen kann nicht durch den Geist erkannt oder in Worten ausgedrückt werden; nur die heilige Dreifaltigkeit kennt es. (IV,90)

Wir wissen, daß der Vater der eine Ursprung aller Dinge ist. Er ist der Ursprung des Sohnes und des Geistes als ihr Erzeuger und ihr Grund, mit ihnen ewig und unbegrenzt, endlos, wesensgleich und ungetrennt. Er ist der Ursprung des Geschaffenen als Schöpfer und Erhalter, und als Richter durch den Sohn im Heiligen Geist. »Denn aus ihm und durch ihn und für ihn ist alles. Ihm sei Ehre in Ewigkeit. Amen« (Röm 11,36). (IV,99)

Hesychios der Sinait

(etwa 8.-9. Jahrhundert)

Verfasser der Spruchsammlung »Über die Wachsamkeit und die Tugend«, die wohl bald nach Maximos dem Bekenner und Johannes Klimakos (gestorben um 670) entstanden ist, deren Werk intensiv ausgewertet wird. Nach der handschriftlichen Tradition, die aber nur bis ins 13. Jahrhundert zurückreicht, Abt des Dornbuschklosters auf dem Sinai.

Die Sammlung in der traditionellen Form zweier Centurien, Hundertergruppen von Aphorismen in lockerer Folge, ist auch in einer komprimierten, anders geordneten Form von 24 Kapiteln überliefert. Ihre Lehre wird geprägt durch die nachdrückliche Betonung der *nepsis* (Wachsamkeit, Nüchternheit), die für die sinaitische Mystik typisch geworden ist. Sie ist eine Übung geistlichen Lebens, die unter Einwirkung der Gnade zu allen Tugenden führt. Sie stützt sich auf die Demut vor Gott, wie auf das Gedenken an den Tod und wird begleitet von der ununterbrochenen Anrufung des Namens Jesu. Durch alle Sprüche geht die Empfehlung der *monologia,* des Betens eines einzigen Wortes. Die *nepsis* ermöglicht stufenweise die auf Erden mögliche Gotteserkenntnis; sie führt zur Reinigung der Seele, zur Bewahrung des Herzens, und bewirkt die innere Ruhe, in der die Seele im beständigen Gedenken an Gott lebt. Die traditionellen Komponenten des geistlichen Kampfes bleiben aber durchweg erhalten, wie die ganze Unterweisung des Hesychios auf der asketischen Überlieferung ruht. Persönlich sind Auswahl, Hervorhebung und Vereinfachung des Überkommenen. In der Eindringlichkeit, mit der bestimmte Motive – etwa die unablässige Beziehung auf Jesus Christus – immer neu wiederholt werden, liegen die individuellen Züge des Werkes, das auch einen eigenen Gefühlswert besitzt.

Die Spruchsammlung ist vor allem durch die geistliche Erneuerung des 14. Jahrhunderts in zahlreichen Handschriften verbreitet worden. Hesychios hat auf die hesychastische Bewegung entscheidend gewirkt, die sich insgesamt stark an der sinaitischen Mystik orientierte.

Der Verfasser wird von den Herausgebern der »Philokalia« mit Hesychios von Jerusalem gleichgesetzt, einem Autor zahlreicher Bibelkommentare, der in der ersten Hälfte des 5. Jahrhunderts lebte. Der Abdruck der Spruchsammlung steht daher in der chronologischen Folge schon nach den Werken des Markos.

Von Wachsamkeit und Tugend

Die Wachsamkeit ist ein geistlicher Weg, der den Menschen mit Gottes Hilfe nach längerer, ausdauernder Übung ganz von leidenschaftlichen Gedanken, leidenschaftlichen Worten und niedrigen Handlungen befreit. Soweit überhaupt möglich, führt sie zu einer sicheren Erkenntnis des unbegreiflichen Gottes und hilft, in die göttlichen, verborgenen Geheimnisse einzudringen. Sie befähigt, alle Gebote des Alten und Neuen Testaments zu erfüllen, und verhilft zu allen Segnungen des künftigen Weltalters. Sie ist die eigentliche Reinheit des Herzens, die wegen ihrer Erhabenheit und Schönheit, oder vielmehr wegen unserer Unachtsamkeit und Nachlässigkeit, heute bei den Mönchen so selten ist, und die Christus selig preist, wenn er spricht: »Selig, die reinen Herzens sind, denn sie werden Gott schauen« (Mt 5,8). Weil sie so erhaben ist, hat sie einen hohen Preis. Die Wachsamkeit führt den Menschen, der sie beharrlich übt, zu einem gerechten, gottgefälligen Leben. Sie führt uns zur Betrachtung und lehrt uns, die Regungen der drei Seelenkräfte richtig zu lenken und die Sinne sicher zu beherrschen; auch stärkt sie täglich in uns die vier Haupttugenden. (1)

Die Wachsamkeit ist der Weg aller Tugenden und aller Gebote Gottes. Sie ist die Stille des Herzens und die Lenkung des Geistes nach der vollkommenen Befreiung von Vorstellungen. (3)

Die Aufmerksamkeit ist die dauernde Ruhe des Herzens, das von allen Gedanken frei ist. Es atmet, ruft ständig und unaufhörlich nur zu Jesus Christus, dem Sohn Gottes und selbst Gott; es kämpft tapfer gegen die Feinde mit ihm, und es bekennt ihn, der allein Sünden vergeben kann. Die Seele umfängt durch diese dauernden Anrufungen Christus, der allein die Herzen insgeheim erforscht, sie tut alles, ihre Süße und ihren inneren Kampf vor anderen Menschen verborgen zu halten, damit nicht der Böse nach einem plötzlichen Überfall sie ins Verderben führen und das kostbare Werk zerstören kann. (5)

Die Wachsamkeit ist das beharrliche Festhalten der Gedanken an der Pforte des Herzens. So werden räuberische und mörderische

Gedanken bei ihrem Herankommen erkannt, ihr Reden und Tun wird beobachtet; die Dämonen haben nämlich die Absicht, den Geist durch trügerische Gestalten zu täuschen. Wenn wir gewissenhaft üben, dann gewinnen wir Kenntnis und Erfahrung im geistlichen Kampf. (6)

Das Ganze des Meeres besteht in der Fülle der Wasser. Die äußerste Wachsamkeit und die gedankenfreie Anrufung Jesu Christi aber bilden die Grundlage für Nüchternheit und Enthaltsamkeit, für die unermeßliche Ruhe der Seele, für die Tiefe der Schau und des Geheimnisses, für Demut, Redlichkeit und Liebe; sie müssen stark, gesammelt und ausdauernd sein. (10)

Eine Form der Wachsamkeit besteht in der sorgfältigen Prüfung jedes Vorstellungsbildes und jeder Einflüsterung; denn ohne Vorstellungen kann der Böse keine Gedanken bilden und in den Geist einführen, um ihn lügenhaft in die Irre zu führen. (14)

Die zweite Form besteht darin, das Herz beständig in tiefer Ruhe, frei von jedem Gedanken zu bewahren, und zu beten. (15)

Die dritte Form besteht darin, demütig und unaufhörlich Jesus um Hilfe anzurufen. (16)

Die vierte Form besteht darin, das Gedenken an den Tod innerlich ununterbrochen wachzuhalten. (17)

Alle diese Übungen, lieber Bruder, gebieten den bösen Gedanken wie Torwächter Halt. Wenn es Gott gefällt, werde ich mich später noch über eine weitere Form auslassen; sie besteht darin, nur zum Himmel aufzublicken und das Irdische zu verachten. (18)

Wer sich nicht auf das gedankenfreie Gebet stützen kann, hat keine Waffe für den Kampf. Ich meine damit das Gebet, das im Innersten der Seele immer lebendig ist, um mit der Anrufung Jesu Christi den unsichtbaren Feind zu züchtigen und zu vertreiben. (21)

Wer in der Menschenmenge einen Spiegel in Händen hat und hineinschaut, sieht darin nicht nur das eigene Gesicht, sondern auch das der anderen. So ergeht es auch dem, der in sein Herz blickt; er erkennt dort nicht nur den eigenen Zustand, sondern auch die schwarzen Gesichter der Dämonen. (23)

Der Geist kann eine Täuschung der Dämonen nicht aus eigener Kraft überwinden, und er soll es nie versuchen. Denn sie sind verschlagen, so daß sie auch Niederlagen vortäuschen, um uns durch Hochmut zu Fall zu bringen. Wenn aber Jesus angerufen wird, können sie mit ihren Täuschungen nicht bestehen. (24)

Es ist unmöglich, am Himmelszelt das Rote Meer zwischen den Sternen zu erblicken, oder auf der Erde zu gehen, ohne die Luft einzuatmen; so können wir ohne die häufige Anrufung Jesu nicht unser Herz von leidenschaftlichen Gedanken reinigen und seine geistlichen Feinde vertreiben. (28)

Durchlaufe jeden Tag wachsamen Herzens, demütigen Sinnes, des Todes eingedenk, in Reue und Widerspruch, in der Anrufung Jesu Christi; schreite in Nüchternheit, mit diesen Waffen gerüstet beständig voran auf dem schmalen, doch freudenbringenden inneren Weg. Dann wirst du zur Schau des Allerheiligsten gelangen, und Christus wird dir die tiefsten Geheimnisse offenbaren; denn in ihm sind »alle Schätze der Weisheit und Erkenntnis verborgen« (Kol 2,3), und »in ihm wohnt die ganze Fülle der Gottheit leibhaftig« (Kol 2,9). Dann wirst du vor Jesus Christus den Heiligen Geist in deiner Seele entspringen fühlen, durch den der menschliche Geist erleuchtet wird, damit er mit unverhülltem Angesicht sehen kann. Denn »keiner kann sagen: ›Jesus ist der Herr!‹ außer im Heiligen Geiste« (1 Kor 12,3); also stärkt der Heilige Geist mystisch den Suchenden. (29)

»Seine Hoheit erstrahlt über Israel« (Ps 68,35): über dem Geist, der – soweit überhaupt möglich – die Schönheit der Herrlichkeit Gottes erblickt. »Hoch in den Wolken erstrahlt seine Macht« (Ps 68,35): in den strahlenden Seelen, die aufmerksam der Morgendämmerung entgegenschauen, ihm entgegen, der zur Rechten des

Vaters sitzt; er offenbart ihnen, was der Liebe wert ist, und er durchstrahlt sie mit Glanz, wie die Sonne mit ihren Strahlen die lichten Wolken durchdringt. (35)

Wir sind nicht mächtiger als Samson, nicht weiser als Salomo; wir wissen nicht mehr von göttlichen Dingen als David, wir lieben Gott nicht mehr als Petrus, der Apostelfürst. Daher wollen wir nicht auf uns vertrauen; denn, wie es heißt, wer auf sich vertraut, wird schwer stürzen. (37)

Laßt uns von Christus die Demut, von David die Selbsterniedrigung lernen, und von Petrus das Weinen über die Vergangenheit. Aber wir sollen trotzdem nicht verzweifeln, wie Samson, wie Judas und der weise Salomo. (38)

Je ausgiebiger Regen fällt, desto mehr weicht er die Erde auf. Je öfter wir jenseits aller Gedanken den heiligen Namen Christi anrufen, desto mehr erweicht er die Erde unseres Herzens und erfüllt es mit Freude und Wonne. (41)

Die Wachsamkeit ähnelt der Jakobsleiter, über der Gott thront und auf der die Engel emporsteigen. Sie nimmt alles Böse von uns; denn sie beendet das Plappern, das Beschimpfen, das Verleumden und alle ähnlichen Fehler. Während sie all das bewirkt, entbehrt sie doch nicht ihrer eigenen Süße. (51)

Der Geist, der das innere Werk nicht vernachlässigt, erfährt – neben den übrigen Gaben aus dem beständigen Wachen über das Herz – , daß die fünf leiblichen Sinne von äußeren sündhaften Einflüssen befreit werden. Denn ganz bedacht auf die eigene Tugend und Wachsamkeit, begierig auf die Freude an lichten Gedanken, läßt er sich nicht von den fünf Sinnen ausplündern, dem Zugang eitler und stofflicher Gedanken; weil er den Trug solcher Gedanken kennt, kann er sie in sich bändigen. (53)

Wie wir an uns erfahren haben, ist es für die Reinigung des Herzens von größtem Wert, gegen die unsichtbaren Feinde beständig den Namen des Herrn Jesus anzurufen. Man kann sehen, wie meine

Erfahrung mit dem Zeugnis der Schrift übereinstimmt. Es steht geschrieben: »Rüste dich, Israel, den Namen des Herrn, deines Gottes, anzurufen« (Am 4,12); und der Apostel sagt: »Betet ohne Unterlaß« (1 Thess 5,17). Unser Herr selbst spricht: »Wer in mir bleibt und ich in ihm, der bringt viele Frucht. Denn ohne mich könnt ihr nichts tun«; und auch: »Wenn einer nicht in mir bleibt, wird er hinausgeworfen wie der Rebzweig« (Joh 15,5f.). Das Gebet ist ein außergewöhnliches Gut, das alle anderen Gaben umfaßt; es reinigt das Herz, in dem der Gläubige Gott sieht. (62)

Da jeder Gedanke durch die Vorstellung wahrnehmbarer Dinge in das Herz eintritt, wird das selige Licht der Gottheit den Geist erst erleuchten, wenn er ganz leer ist von allen Dingen und frei von jeder Form; denn diese Herrlichkeit offenbart sich dem gereinigten Geist, soweit er von allen Vorstellungen befreit ist. (89)

Je aufmerksamer du deine Gedanken prüfst, desto inniger wirst du zu Jesus beten, und je nachlässiger du sie erforschst, desto mehr wirst du dich von Jesus entfernen. So sehr die Aufmerksamkeit den Geist hell erleuchtet, so sehr verdunkelt ihn ganz das Abgehen von der Wachsamkeit und der süßen Anrufung Jesu. Das vollzieht sich ganz natürlich; ihr werdet es selbst erfahren, wenn ihr es zu tun versucht. Denn diese Tugend, diese wunderbare lichtspendende Kraft, kann nur durch Erfahrung erlernt werden. (90)

Jesus in süßer Sehnsucht beständig anzurufen, erfüllt das aufmerksame Herz mit Freude und Frieden. Das Herz nämlich wird vollkommen gereinigt durch Jesus Christus, Sohn Gottes und selbst Gott, Grund und Schöpfer alles Guten, denn es steht geschrieben: »Ich bin Gott, der Frieden schafft« (Jes 45,7). (91)

Die Seele, der Jesus Gnadengaben und Süße geschenkt hat, vergilt ihrem Wohltäter mit Jubel und Liebe; dankbar und freudig ruft sie zu ihm, der ihr Frieden gibt; und mit den Augen des Geistes sieht sie, wie er in ihr die Täuschungen der Dämonen zerstört. (92)

Das beständige Gedenken an den Tod ist die beste Erziehung für

Leib und Seele; während wir das überspringen, was wir vor Augen haben, sollen wir schon das Lager vor uns sehen, auf dem wir nach dem Erkalten einst ruhen werden. (95)

Durch ununterbrochene Erinnerung und beständige Anrufung unseres Herrn entsteht in unserem Geist ein gewisser göttlicher Zustand; vorausgesetzt, das unablässige Flehen zu Christus und die ausdauernde, gewissenhafte Wachsamkeit werden nicht vernachlässigt. Unsere eigentliche Übung ist immer gleich: inbrünstigen Herzens unseren Herrn Jesus Christus anzurufen, so daß wir an der Kraft seines heiligen Namens teilhaben können. Denn in der Tugend wie im Laster ist Beständigkeit die Mutter der Gewohnheit; Gewohnheit aber wird zur Natur. Wenn der Geist in diesem Zustand ist, spürt er seine Feinde auf, wie der Hund den Hasen im Walde. So sucht der Geist nach bösen Gedanken; der Hund sucht um zu fressen,der Geist aber um zu zerstören. (97)

Immer, wenn böse Gedanken sich in uns regen, sollen wir die Anrufung unseres Herrn Jesu Christi mitten unter sie schleudern, und wir werden sie sich im Nu verflüchtigen sehen wie Rauch in der Luft. Ist der Geist wieder mit sich allein, nehmen wir die beständige Aufmerksamkeit und Anrufung erneut auf; immer, wenn wir abgelenkt werden, sollten wir so handeln. (98)

Achtlosigkeit löscht die Aufmerksamkeit des Geistes aus wie Wasser das Feuer. Aber das unablässige Gebet zu Jesus, verbunden mit strenger Wachsamkeit, treibt die Achtlosigkeit aus dem Herzen. Denn das Gebet bedarf der Wachsamkeit wie die Lampe des leuchtenden Dochtes. (102)

Das Herz, das ununterbrochen behütet wird und die Formen, Bilder und Vorstellungen der finsteren, bösen Geister daher nicht aufnehmen kann, empfängt von Natur aus lichte Gedanken. Die Kohle erzeugt die Flamme; um wieviel mehr wird Gott – der seit der heiligen Taufe in unserem Herzen wohnt – unsere geistige Kraft zur Beschauung entfachen, wenn er unser Herz vom Hauch des Bösen befreit und vom Geist bewacht findet, ganz wie die Flamme die Kerze entzündet. (104)

Mühen wir uns wie David, rufen wir laut »Herr Jesus Christus«, bis uns die Kehle heiser wird (vgl. Ps 69,4); mögen uns die geistlichen Augen nie versagen, wenn wir auf den Herrn hoffen. (106)

Wer absichtlich in die Sonne schaut, füllt notwendig die Augen im Übermaß mit Licht; wer sich immer dem Bereich seines Herzens zuwendet, muß erleuchtet werden. (108)

Die recht erhaltene Reinheit des Herzens, – also die Bewachung und Bewahrung des Geistes, deren Abbild das Neue Testament ist –, reißt alle Leidenschaften und alles Böse aus dem Herzen; dagegen pflanzt sie ein: die Freude, die gute Hoffnung, die Reue, die Zerknirschung, die Tränen, die Erkenntnis unserer selbst und unserer Sünden, das Gedenken an den Tod, die wahre Demut, die uneingeschränkte Liebe zu Gott und den Menschen, und die innige Sehnsucht nach dem Göttlichen. (113)

Das Herz, das zur Stille gelangt ist, wird die Tiefen des Erkennens erforschen; und das Ohr des Geistes wird in der Ruhe Wunderbares von Gott vernehmen. (132)

Den Menschen scheint es mühsam und schwierig, das Herz zu beruhigen und von jedem Gedanken zu befreien; und es ist auch wirklich schwer und anstrengend. Das Einschließen und Begrenzen des Unkörperlichen im Körperlichen ist nicht nur für die mit dem Kampf Unvertrauten schwierig, sondern auch für die im innerlichen, unkörperlichen Kampf Erfahrenen. Wer aber durch das beständige Gebet innerlich ganz vom Herrn Jesus durchdrungen ist, wird keine Mühe haben, ihm zu folgen, wie der Prophet sagt (vgl. Jer 17,16). Erfüllt von Schönheit und Süße Jesu, begehrt er nichts Sterbliches. Er fürchtet nicht seine Feinde, die bösen Dämonen, die ringsum einhergehen; er begegnet ihnen an der Pforte des Herzens und vertreibt sie mit der Hilfe Jesu. (148)

Wir sollten möglichst immer an den Tod denken; denn so werden wir frei von allen Sorgen und Eitelkeiten; die Wachsamkeit des Geistes, das beharrliche Gebet, Loslösung vom Leibe und Haß auf die Sünde werden dann möglich. So ist das Gedenken an den

Tod der Ursprung fast aller Tugenden. Daher sollten wir es möglichst so gebrauchen wie unser Atmen. (155)

Wenn das Herz ganz von allen täuschenden Bildern befreit ist, dann erzeugt es göttliche, geheimnisvolle Vorstellungen, die sich in ihm tummeln, wie Fische und Delphine im ruhigen Meer springen. Das Meer wird vom sanften Winde angeweht, die Tiefe des Herzens aber vom Heiligen Geist. Es steht geschrieben: »Weil ihr nun aber tatsächlich Kinder seid, hat Gott den Geist seines Sohnes in unsere Herzen gesandt, der da ruft: Abba Vater!« (Gal 4,6). (156)

Wenn wir in Christus Jesus gestärkt sind und in beständiger Wachsamkeit voranzuschreiten beginnen, dann erscheint er uns im Geist wie eine Leuchte, die wir gleichsam in der Hand des Geistes halten und die uns auf den schmalen Wegen der Seele führt; danach wie der volle Mond, der am Firmament des Herzens seine Bahn zieht; schließlich erscheint er uns wie die Gerechtigkeit ausstrahlende Sonne, und er offenbart sich im reinen Lichte der geistlichen Schau. (166)

Das Wachen über den Geist kann mit Recht genannt werden: Licht erzeugend, Blitz erzeugend, Licht spendend und Feuer tragend. Denn es übertrifft die meisten Tugenden, selbst unermeßliche und auch leibliche. Daher und wegen des strahlenden Lichtes, das sie erzeugt, muß diese Tugend mit kostbaren Namen benannt werden. Alle, die von Liebe zu ihr ergriffen sind, können durch Jesus Christus aus sündigen und unnützen, schlechten, unwissenden, unreinen, ungerechten zu gerechten, rechtschaffenen, reinen, heiligen, weisen Menschen werden. Es ist ihnen auch vergönnt, Geheimnisse zu schauen; und wenn sie Schauende geworden sind, dann schweben sie im reinen, unendlichen Lichte; unbeschreiblich werden sie von ihm angerührt, sie wohnen und leben in ihm. Sie haben verkostet, wie gütig der Herr ist, auf daß in diesen Vorboten die Worte des göttlichen David erfüllt werden: »Ja, die Gerechten werden deinen Namen lobpreisen, die Redlichen dürfen wohnen vor deinem Angesicht« (Ps 140,14). Denn sie allein rufen aufrichtig und vertrauensvoll zu Gott; aus ihrer Liebe sprechen sie ständig mit ihm. (171)

Nur das Gebet mit dem einen Gottesnamen zerstört und vertilgt die Täuschungen der Dämonen. Denn wenn wir Jesus, Gott und Sohn Gottes, unablässig und unermüdlich anrufen, erlaubt er ihnen nicht einmal, die erste Spur ihres Angriffs – also ihr Eindringen – oder irgendein Bild auf den Spiegel des Geistes zu werfen oder mit dem Herzen zu verkehren. Wenn aber kein dämonisches Bild in das Herz eindringt, wird es – wie gesagt – auch von Gedanken leer sein; denn gewöhnlich haben die Dämonen durch Gedanken mit der Seele Umgang und verführen sie so zum Bösen. (174)

Wenn du deine Gedanken wahrhaft mit Scham bedecken, wenn du in Stille über dein Herz wachen willst, dann verbinde das Gebet zu Jesus mit deinem Atem; und nach wenigen Tagen wirst du das Erstrebte erreichen. (182)

Buchstaben können nicht auf Luft geschrieben werden, weil sie auf Körperlichem festgehalten werden müssen, wenn sie Bestand haben sollen. So müssen wir unsere mühsam erworbene Wachsamkeit mit dem Gebet zu Jesus Christus verschmelzen, auf daß die herrliche Tugend der Wachsamkeit mit ihm dauert und besteht, durch ihn uns ewig erhalten bleibt und nicht fortgenommen werden kann. (183)

Bemühe dich, mit deinem Atmen die Wachsamkeit und den Namen Jesu, oder die Betrachtung des Todes und die Demut zu verbinden; beides kann überaus hilfreich sein. (189)

Wahrhaft selig der Mensch, dessen Geist so eng am Gebet zu Jesus haftet und dessen Herz so unaufhörlich davon widerhallt, wie die Luft mit unserem Leib oder die Flamme mit dem Wachs verbunden ist. Die Sonne geht über der Erde auf und bringt das Tageslicht; und der heilige, ehrwürdige Name des Herrn Jesus strahlt unaufhörlich im Geiste, und so erweckt er unzählige Gedanken, die strahlen wie die Sonne. (196)

Wie die Engel sich nicht um Geld oder Besitz sorgen, so bekümmern sich jene, die das Sehvermögen der Seele gereinigt und die

Festigkeit der Tugend erworben haben, nicht um die Schliche der Dämonen. Und wie in den Engeln der Reichtum aus der Annäherung an Gott offenbar wird, so wird in jenen, die zum Göttlichen liebend aufblicken und aufsteigen, die Gottesliebe offenbar. Und das Schmecken des Göttlichen und die Sehnsucht in der Ekstase läßt sie in ihrem liebenden, unersättlichen Aufstieg nicht stillestehen, bis sie die Seraphim erreichen. Sie ruhen nicht von der Wachsamkeit des Geistes und der Anbetung in Liebe, bis sie Engel geworden sind durch Jesus Christus, unseren Herrn. (201)

Philotheos der Sinait

(etwa 9.-10. Jahrhundert)

Mönch, Verfasser kürzerer, weit verbreiteter geistlicher Texte. Nach dem Zeugnis der Handschriften, die meist erst aus dem 14. Jahrhundert stammen, Abt des Dornbusch-Klosters auf dem Sinai. Er ist nach Hesychios anzusetzen, welcher der Überlieferung nach dort ebenfalls Vorsteher war. Geistig steht er Johannes Klimakos nahe, der im 6.-7. Jahrhundert auch Abt auf dem Sinai war, so daß man von der Dreiergruppe als einer sinaitischen Richtung in der asketisch-mystischen Überlieferung sprechen kann. Frühestens hat er also im 9. Jahrhundert gelebt, vermutlich aber erst im 10. Jahrhundert oder später.

Seine Werke sind auszugsweise in späteren geistlichen Anthologien, in Verbindung mit Markos dem Mönch, Diadochos von Photike und Hesychios häufig vertreten. Die wichtigsten sind die Texte »Über die Gebote unseres Herrn Jesu Christi« und »Über die Wachsamkeit«.

Die Grundvorstellung der Lehre des Philotheos liegt in der überragenden Bedeutung des geistlichen Kampfes *(noetos polemos);* doch wird auch die leibliche Askese uneingeschränkt hervorgehoben. Die bestimmende Terminologie entstammt der Überlieferung: Wachsamkeit, Bewahrung des Herzens, Demut, Gehorsam, Gedenken an den Tod, Reue, Gedenken an Gott. Die Achtsamkeit *(prosoche)* ist Hilfe zur leiblichen und geistlichen Erfüllung der Gebote, die allein zum Ziel führt, und zum Aufstieg zu Gott in der Liebe. Der Zustand der Betrachtung erscheint als Vollendung des asketischen Bemühens, dem die Aufmerksamkeit des Philotheos überwiegend gilt. Auffällig ist sein Bestreben, die Lehre aus den Evangelien und besonders mit Paulus-Zitaten zu begründen. Einfachheit, Klarheit und Nüchternheit prägen seinen Stil.

Der zweite der beiden wichtigen Texte des Philotheos, in der Form von vierzig *kephalaia* (»Kapiteln«) angelegt, ist in der »Philokalia« abgedruckt.

Vierzig Sprüche über die Wachsamkeit

Auf der geistigen Ebene ist in uns ein Kampf, härter als auf der Ebene der Sinne. Der geistliche Arbeiter muß im Geiste dem Ziel nachjagen (vgl. Phil 3,14), um das Gedenken an Gott wie eine Perle oder einen Edelstein in seinem Herzen vollkommen zu verwahren (vgl. Mt 13,44-46). Er muß alles aufgeben, auch den Leib, muß das zeitliche Leben geringschätzen, wenn er nur Gott im Herzen haben will. Denn, wie der göttliche Chrysostomos sagt, die geistige Schau Gottes genügt, die bösen Geister zu zerstören. (1)

Wer im Kampf des Geistes steht, soll daher mit aller Kraft geistliche Übungen aus den Heiligen Schriften ziehen und den Geist wie mit einem Heilmittel damit behandeln. In der Seele das wahre Gedenken an Gott und das beständige Gebet zu Jesus Christus, soll man mutig und entschlossen schon bei Tagesanbruch an der Pforte des Herzens stehen, im Wachen über den Geist alle Frevler im Lande vernichten (vgl. Ps 101,8), in entrückter Hingabe an das treue Gedenken an Gott die Häupter der Mächtigen niederschmettern (vgl. Hab 3,14), durch den Herrn nämlich feindliche Gedanken gleich zerstören. Denn wir wissen, daß es im geistigen Kampf eine göttliche Übung und Ordnung gibt. Daher soll man sich zu solchem Handeln zwingen, bis die Essenszeit herankommt. Nach dem Dank an den Herrn, der uns allein aus Barmherzigkeit mit geistlicher wie mit leiblicher Nahrung versorgt, soll man sich dann dem Gedenken und der Betrachtung des Todes widmen, das Werk vom Morgen aber entschlossen fortsetzen. Wenn wir jeden Tag so handeln, werden wir vom Herrn die Kraft haben, den Netzen des unsichtbaren Feindes zu entkommen. Mit der Zeit läßt die Übung in uns diese drei, – Glaube, Hoffnung und Liebe –, entstehen. Der Glaube bestimmt uns, Gott wahrhaft zu fürchten. Die Hoffnung, die über unterwürfige Furcht hinausgeht, bindet den Menschen an die Liebe Gottes, weil sie nicht zuschanden werden läßt (vgl. Röm 5,5); denn sie läßt die doppelte Liebe entstehen, an der das Gesetz und die Propheten hängen (vgl. Mt 22,40). Die Liebe aber hört niemals auf (vgl. 1 Kor 13,8); und sie läßt den, der an ihr teilhat, im gegenwärtigen und im künftigen Leben das göttliche Gesetz erfüllen. (2)

Man begegnet sehr selten Menschen, deren Geist im Zustand der Stille ist. Das ist Kennzeichen derer, die sich in allem bemühen, die göttliche Gnade und Tröstung an sich zu ziehen. Wenn wir daher im Wachen über den Geist und in innerer Nüchternheit den geistlichen Weg der wahren Weisheitsliebe in Christus einschlagen wollen, müssen wir zunächst in der Nahrungsaufnahme Selbstbeherrschung üben, also möglichst wenig essen und trinken. Mit Recht kann die Wachsamkeit ein Weg zum inneren und zum künftigen Reich genannt werden. Der geistliche Weg aber, der den Geist formt, reinigt und von der Leidenschaftsgebundenheit zur Leidenschaftslosigkeit führt, ist wie ein erleuchtetes Fenster, durch das Gott schaut und dem Geist erscheint. (3)

Die erste Eingangstür zum geistlichen Jerusalem, nämlich zur Achtsamkeit des Geistes, ist bewußtes Versiegeln des Mundes, auch wenn der Geist die Stille noch nicht erreicht hat. Die zweite Tür ist maßvolle Selbstbeherrschung im Essen und Trinken. Die dritte ist unablässiges Gedenken und Betrachten des Todes, das Geist und Leib reinigt. Als ich dieses Gedenken an den Tod einst empfand, war ich – innerlich, nicht sinnenhaft – so verwundet und hingerissen, daß ich es zum Begleiter für mein ganzes Leben begehrte. Denn ich war ergriffen von seiner Schönheit und Hoheit, die so demütig – freudig und schmerzlich zugleich –, so gedankenvoll, so besorgt vor dem künftigen Gericht, und so klarsichtig für die Kümmernisse dieses Lebens. Aus den leiblichen Augen läßt es lebendiges, heilendes Wasser fließen; und aus den geistlichen Augen läßt es eine Quelle der Weisheit hervorsprudeln, die den Geist erfreut. Diese Tochter Adams, das Gedenken an den Tod nämlich, begehrte ich also immer zur Gefährtin, um neben ihr zu schlafen, mit ihr zu sprechen, und mit ihr zu erforschen, was nach dem Abtun des Leibes sein wird. Aber die düstere Tochter des Teufels, die unheilvolle Nachlässigkeit, hat es oft nicht zugelassen. (6)

Wenn wir einen gewissen Zustand der Selbstbeherrschung erreicht haben, – nämlich Enthaltung vom sichtbaren, durch die fünf Sinne vermittelten Bösen –, dann können wir mit Jesus über unser Herz wachen, es durch ihn erleuchten lassen und, von glühendem

Verlangen getragen, seine Güte in unserem Geist verkosten. Denn es ist uns aufgetragen, unser Herz zu reinigen, damit wir – nachdem die Wolken des Bösen durch beständige Achtsamkeit aus seinem Bereich vertrieben sind – die Sonne der Gerechtigkeit, Jesus, ganz rein wie am klaren Himmel sehen können, und damit das Wesen seiner Erhabenheit in gewissem Maße in unserem Geist aufstrahlt. Denn dieses Wesen wird nur denen offenbart, die ihr Denken reinigen. (8)

Wer durch den Herrn sein Herz reinigt und die Sünde mit der Wurzel ausreißt, nach höherer Gotteserkenntnis strebt und im Geiste sieht, was den meisten unsichtbar ist, – der darf doch zu keinem überheblich sein. Denn ein unkörperlicher Engel ist reiner und geistlich wissender als alle geschaffenen Wesen; als er sich aber stolz erhob, wurde er vom Himmel gestürzt wie ein Blitz. So gilt Stolz bei Gott als Unreinheit. Die aber Gold aus der Erde graben, sind in der Klarheit. (11)

Wenn wir uns durch den Herrn um geistige Wachsamkeit bemühen, so bedarf es dazu großer Demut, zunächst vor Gott, dann vor den Menschen. Wir sollen unser Möglichstes tun, unser Herz zu zerschlagen und zu demütigen. Dazu sollen wir uns des früheren Lebens in der Welt genau erinnern; wir sollen uns die Sünden seit unserer Kindheit einzeln prüfend ins Gedächtnis rufen, – ausgenommen fleischliche Sünden, weil ihr Wiedererinnern schädlich ist; das führt zu Demut, verursacht Tränen und bewirkt tiefe Dankbarkeit gegen Gott. Die gleiche Wirkung hat das beständige, entschlossene Gedenken an den Tod. Denn es läßt Schmerz entstehen, zugleich eine gewisse Süße, auch Freude und geistige Nüchternheit. Auch demütigt und beschämt uns das eingehende Gedenken an das Leiden des Herrn, das Wiedererinnern und Betrachten seiner Passion. So gibt es zahlreiche Gnadengaben Gottes zur Demütigung der Seele, die wir nicht einzeln aufzählen und bedenken können; denn wir haben gegen stolze Dämonen zu kämpfen. (13)

Die Seele wird von den Geistern des Bösen belagert, umzingelt und mit Ketten der Finsternis gebunden. Weil Finsternis sie umgibt, kann sie nicht beten, wie sie möchte; denn sie ist innerlich gefesselt, und ihre inneren Augen sind blind. Erst wenn sie Gott anzubeten beginnt und im Beten Wachsamkeit erwirbt, wird sie durch das Gebet von Finsternis befreit. Nur so kann sie befreit werden; denn durch das Gebet erkennt die Seele, daß es im Herzen einen anderen Kampf gibt, einen anderen, verborgenen Widerstreit, einen anderen Krieg gegen Gedanken, die von den bösen Geistern stammen. Das bezeugt auch die Heilige Schrift, wenn sie sagt: »Erhebt sich des Herrschers Unmut gegen dich, so verlasse nicht deinen Posten« (Koh 4,10). Der Posten des Geistes aber ist seine Festigkeit in der Tugend und seine Wachsamkeit. Denn es gibt eine Festigkeit in der Tugend und eine Festigkeit im Laster. So sagt der Psalmist: »Selig der Mann, der nicht folgt dem Rate der Frevler und nicht auf dem Wege der Sünder geht« (Ps 1,1); und der Apostel spricht: »So tretet denn an, eure Hüften umgürtet mit der Wahrheit« (Eph 6,14). (19)

Das selige Gedenken an Gott, die Vergegenwärtigung Jesu nämlich, verbunden mit Herzenseifer und schützender Feindschaft gegen das Böse, zerstreut allen Trug des Denkens, Ränke, Widerreden, Einbildungen, dunkle Vermutungen, – kurz alles, mit dem der Böse sich im Kampf gegen die Seelen bewaffnet, mit dem er entmutigen und verschlingen will. Wenn Jesus angerufen wird, dann verbrennt er das alles schnell. Denn unser Heil liegt allein in Jesus Christus. Das hat der Erlöser selbst gesagt: »Ohne mich könnt ihr nichts tun« (Joh 15,5). (22)

Laßt uns zu jeder Stunde und in jedem Augenblick das Herz sorgfältig vor Gedanken bewahren, die den Spiegel der Seele verdunkeln; denn in diesem Spiegel wird Jesus Christus, Gottes Kraft und Weisheit (vgl. 1 Kor 1,24), abgebildet und leuchtend zurückgestrahlt. Und laßt uns das Himmelreich unermüdlich in unserem Herzen suchen (vgl. Lk 17,21). Das Senfkorn (vgl. Lk 13,19), die Perle (vgl. Mt 13,45), den Sauerteig (vgl. Mt 13,33) und alles übrige werden wir in uns verborgen finden, wenn wir das Auge unseres Geistes reinigen. Deshalb hat unser Herr Jesus Christus gesagt, daß das Himmelreich in uns ist; er hat damit ausgedrückt, daß die Gottheit in unserem Herzen wohnt. (23)

Wachsamkeit reinigt und erleuchtet das Gewissen. Wenn es so gereinigt ist, vertreibt es große Finsternis, wie ein Licht, das vorher verdunkelt war und plötzlich hell erstrahlt. Wenn die Finsternis durch beständige, wahre Wachsamkeit vertrieben ist, dann enthüllt das Gewissen, was verborgen war. Durch den Geist lehrt es, mit Wachsamkeit den unsichtbaren Krieg und die innere Schlacht zu kämpfen; es lehrt den Geist, im Einzelkampf Speere zu schleudern und mit wohlgezielten Gedankenlanzen zuzustoßen, ohne selbst getroffen zu werden, im Ringen um Christus, das ersehnte Licht, und gegen die verderbliche Finsternis. Wer dieses Licht verkostet hat, der begreift, wovon ich spreche. Nie wird die Seele davon übersättigt; je mehr sie sich davon nährt, desto hungriger wird sie. Dieses Licht, das den Geist anzieht wie die Sonne das Auge, dieses unerklärbare Licht, das nicht durch Worte erklärt wird, sondern durch die Erfahrung dessen, der es erlebt hat oder vielmehr, von ihm verwundet wurde, – es befiehlt mir zu schweigen, auch wenn der Geist davon sprechen möchte. »Trachtet nach Frieden mit allen und nach Heiligung, ohne die niemand den Herrn schauen wird« (Hebr 12,14). Das tut, um Liebe und Reinheit zu erwerben; denn in ihnen sind Frieden und Heiligung. (24)

Sei im Wachen über deinen Geist äußerst streng. Sobald du einen bösen Gedanken wahrnimmst, weise ihn zurück; rufe Christus sogleich um Hilfe an. Noch ehe du zu sprechen aufgehört hast, wird Jesus gütig zu dir sagen: »Ich bin gekommen, dich zu verteidigen«. Wenn dein Gebet alle Feinde niedergekämpft hat, dann richte die Aufmerksamkeit wieder auf deinen Geist. Da folgen die Wogen heftiger als vorher aufeinander, und auf ihnen treibt deine Seele. Aber der von seinem Jünger geweckte Jesus wird als Gott die bösen Winde wieder schelten (vgl. Mt 8,23-27). Wenn du vielleicht für eine Stunde, oder für einen Augenblick, so Gnade gefunden hast, dann verherrliche den, der dich gerettet hat, und gedenke des Todes. (26)

So laßt uns voranschreiten, ganz aufmerksamen Herzens und ganz wachsamer Seele. Denn wenn Achtsamkeit und Gebet täglich zusammengehen, dann werden sie wie Elijas feuriger Wagen (vgl. 2 Kön 2,11); wen sie tragen, den führen sie zum

Himmel empor. Was will ich damit sagen? Wer einen Zustand geistiger Nüchternheit erreicht hat oder zu erlangen versucht, dem erwächst im seligen Herzen ein geistlicher Himmel, mit Sonne, Mond und Sternen; denn durch das geheimnisvolle Betrachten und Aufsteigen wird dieses Herz zum Raum für Gott, den doch nichts fassen kann. Wer nach Heiligkeit begehrt, soll daher mit aller Kraft den Herrn verherrlichen und aus ganzem Herzen Worte zu Taten werden lassen. Und wenn er streng die fünf Sinne zügelt, die seiner Seele schaden können, wird er seinem Geist den Kampf im Herzen erleichtern. So stoße denn durch geistige Übung alle von außen kommenden feindlichen Gedanken zurück und kämpfe mit unkörperlichen, göttlichen Waffen gegen die Gedanken, die sie in dir entstehen lassen. Durch die Anspannung der Nachtwachen meide Sinnenfreuden; sei mäßig in Essen und Trinken. Vermindere angemessen das Gewicht deines Leibes, damit er den Kampf des Herzens leichter erträgt; du tust es allein zu deinem Besten. Läutere deine Seele durch die Vorstellung des Todes, und sammle deinen zerstreuten Geist durch das Gedenken an Jesus Christus. Besonders in der Nacht erfährt der Geist in sich die Klarheit des Himmels in der lichtvollen Beschauung Gottes und des Göttlichen. (27)

Der Rauch eines eben entfachten Holzfeuers ist den Augen lästig; aber dann können sie doch das Flammenlicht sehen, das sie erfreut. So ist uns auch beständige Achtsamkeit beschwerlich. Wenn aber Jesus im Gebet angerufen wird, erleuchtet er das Herz; denn das Gedenken an ihn schenkt uns geistliche Erleuchtung und höchste Gnadengabe. (29)

Elias Ekdikos

(etwa 11.-12. Jahrhundert)

Verfasser einer geistlichen Anthologie, die lange Maximos dem Bekenner zugeschrieben wurde. Nach dem Zeugnis der Handschriften, die nur bis ins 12. Jahrhundert zurückreichen, Richter am geistlichen Gerichtshof *(ekdikos)* in Konstantinopel, Priester und wohl auch Mönch. Elias, der sonst bisher noch nicht befriedigend historisch identifiziert wurde, dürfte demnach im 11. oder 12. Jahrhundert gelebt haben.

Sein Werk ist eine Spruchsammlung (»Anthologion«), deren Einteilung in den Handschriften zwischen vier und drei Centurien schwankt, mit der für die Gattung typischen inhaltlich lockeren, unsystematischen Abfolge der »Kapitel«. Elias trägt die Elemente des geistlichen Lebens aus der Tradition mönchischer Erfahrung zusammen, ohne bestimmte Autoren zu zitieren. Er faßt Wesentliches zusammen und verdichtet eigenständig.

Wie Maximos deutet Elias den geistlichen Aufstieg als fortschreitende Rückkehr zum Urzustand des Menschen. Nach dem Bild vom Auszug der Israeliten aus Ägypten, über den Durchzug durchs Rote Meer und den Aufenthalt in der Wüste, bis zum Einzug ins gelobte Land gliedert sich der asketisch-mystische Weg: Ausscheidung der Sünde durch Reinigung des Leibes, Abtötung der Leidenschaften durch Reinigung der Seele, Eintritt in die Betrachtung durch Reinigung des Geistes, Rückgewinnung des Urzustandes durch das vollendete Leben des Geistes. Ausgeprägt und ausgewogen zugleich ist die asketische Lehre; der immer wiederholten Anrufung des Namens Jesu, dem Beten des einen Wortes, wird besondere Bedeutung zugemessen. Elias trifft aus der Überlieferung von Origenes bis Johannes Klimakos eine gedrängte Auswahl, der er mit seiner philosophischen Bildung, seiner Bibelkenntnis (besonders des Hohen Liedes), und seiner Vertrautheit mit den überkommenen Formen asketischen Lebens einen persönlichen Reiz verleiht, zu dem auch seine bildhafte Sprache beiträgt.

Im Abdruck der »Philokalia« sind in der Numerierung der Aphorismen der erste und der zweite, sowie der dritte und der vierte Abschnitt miteinander verbunden.

Eine Spruchsammlung

Der Anfang der Vortrefflichkeit ist Gottesfurcht, ihre Vollendung ist Gottesliebe. (I,2)

Der Anfang der Vollkommenheit ist geistliche Einsicht, die in Tugendübung umgesetzt wird, und Tugendübung, die von geistlicher Einsicht durchdrungen wird. Denn Tugendübung ohne diese Einsicht hat keinen Wert, und diese Einsicht ohne Tugendübung kommt nicht voran. (I,3)

Tugendübung für den Leib ist Fasten und Wachen. Tugendübung für den Mund ist Psalmensingen, Beten und Schweigen. Aber Beten ist wertvoller als Psalmensingen, Schweigen ist wertvoller als Sprechen. Tugendübung für die Hände ist, was sie klaglos verrichten; Tugendübung für die Füße ist, was sie angetrieben durchlaufen. (I,4)

Tugendübung für die Seele ist Selbstbeherrschung, die von Einfalt begleitet wird, und Einfalt, die von Selbstbeherrschung bewegt wird. (I,5)

Tugendübung für den Geist ist Gebet in der Betrachtung und Betrachtung im Gebet. (I,6)

Barmherzigkeit und Wahrheit kommen vor allen anderen Tugenden; ihre Frucht ist Demut und dann Unterscheidung, die – nach den Vätern – aus Demut entsteht. Ohne Unterscheidung können Barmherzigkeit und Wahrheit ihr Ziel nicht erreichen. Denn Tugendübung, die das Joch geistlicher Einsicht abwirft, irrt ziellos umher wie ein Kalb. Geistliche Einsicht aber, die das Ehrenkleid der Tugendübung nicht tragen will, hat keine Würde, so sehr sie diese auch vorspiegelt. (I,7)

Die tapfere Seele tut dann ihre Pflicht, wenn sie wie eine Frau das ganze Leben hindurch zwei Lampen am Brennen hält, Tugendübung und Betrachtung. Die von Sinnenfreuden geschwächte Seele aber tut ihre Pflicht nicht. (I,8)

Der Leib kann nicht gereinigt werden ohne Fasten und Wachen, die Seele nicht ohne Barmherzigkeit und Wahrheit; der Geist aber kann nicht gereinigt werden ohne Betrachtung Gottes und inneren Umgang mit ihm. Das sind für diese drei die wichtigsten Verbindungen. (I,21)

Zu den Tugenden, die für unsere Kraft erreichbar und von uns abhängig sind, gehören Gebet und Schweigen; zu denen, die nicht von uns, sondern meist vom Zustand des Leibes abhängen, gehören Fasten und Wachen. Wer sich im geistlichen Kampf übt, muß sich daher um das bemühen, was für ihn erreichbarer ist. (I,61)

Die geistbegabte Seele, die auf die Grenze zwischen sinnlichem und geistigem Licht gestellt ist, wird durch das erste befähigt, das Körperhafte zu sehen und zu tun, und durch das zweite das Geisthafte. Aber durch alte Gewohnheit ist in ihr das Licht des Geistes schwächer, das der körperhaften Wahrnehmung stärker geworden; daher kann sie sich dem Göttlichen nicht ganz zuwenden, bis sie im Gebet mit dem Licht vereint ist, das der Geist wahrnimmt. So steht sie notwendig in der Mitte zwischen Finsternis und Licht, dem Licht durch Teilhabe, der Finsternis durch Vorstellung zugewandt. (II,80)

Der leidenschaftsunterworfene Geist kann nicht durch die enge Pforte des Gebetes eintreten, wenn er nicht alle ihn bindenden Sorgen aufgegeben hat. Solange er ständig mit seiner Wohnung im Leiblichen beschäftigt ist, wird er weiter Leiden auf sich ziehen. (II,81)

Das Gebet soll im Geist verweilen, wie der Lichtstrahl in der Sonne wohnt. Wenn der Geist ohne Gebet ist, berauben die Sorgen aus der Sinnenwelt, – wie Wolken ohne Wasser, die vom Wind vorübergejagt werden (vgl. Jud 12) –, ihn seiner eigenen Helligkeit. (II,82)

Wenn der Geist sich nicht von allem freimacht, was die Sinne erfüllt, dann kann er nicht emporsteigen und seine eigentliche Würde erfahren. (II,84)

Geistliches Werk kann auch ohne leibliches Werk bestehen. Selig also, wer geistlichem Werk vor leiblichem den Vorzug gibt. Durch das erste gleicht er aus, was im zweiten fehlt, weil er das verborgene, Gott aber offenbare Leben des Gebetes lebt. (II,86)

Wenn der Geist durch altgewohnten Umgang so eng an weltliche Gedanken gebunden ist, – wie nah könnte ihm dann nicht das Gebet kommen, wenn er beständig zu beten versuchte? Denn es heißt, er entfaltet sich da, wo er lange verweilt. (II,88)

Wie der Geist wegen der langen Abwesenheit von seiner wahren Wohnung ihr Leuchten vergessen hat, so muß er die Weltdinge wiederum dem Vergessen übergeben und durch das Gebet dorthin zurückkehren. (II,89)

Wie ein kleines Kind den erschlafften Brüsten seiner Mutter, so ist der Geist dem Gebet zugewandt, das ihm keinen Trost schenken kann. Ein andermal aber, wenn das Gebet ihn tröstet, ist er wie ein Kind, das im Arm seiner Mutter zufrieden schläft. (II,90)

Trenne dich im Gebet von allem, außer dem Leben und dem Atem, wenn du mit dem Geist allein sein willst. (II,93)

Das Wesen des Betenden muß sanft und zart sein, wie bei Kindern, damit es ebenso empfänglich ist für die Entwicklung, die aus dem Gebet erwächst. Wenn du dich dem Gebet so verbinden willst, sei also nicht nachlässig. (II,95)

Nicht alle haben beim Beten das gleiche Ziel; der eine hat dieses, ein anderer jenes. Der eine betet darum, daß sein Herz möglichst immer im Gebet verharrt; ein anderer darum, auch das Gebet zu überschreiten; ein dritter darum, im Gebet nicht von Gedanken gestört zu werden. Alle aber bitten darum, entweder im Guten bewahrt oder nicht vom Bösen weggetragen zu werden. (II,96)

Das Gebet bleibt nicht bei dir, wenn du bei Gedanken drinnen und bei Gesprächen draußen verweilst; wenn du aber seinetwegen dich vom meisten abwendest, dann wird es sich dir wieder zuwenden. (II,99)

Wenn die Worte des Gebetes nicht zu den Tiefen der Seele vordringen, dann werden die Tränen nicht über die Wangen strömen. (II,100)

Für den Landmann sprießt das Getreide, auch wenn er die Saat nicht vor Augen, sondern in der Erde verborgen hat. Für den Mönch aber fließen Tränen nur, wenn er den Worten des Gebetes aufmerksam folgt. (II,101)

Wer sich beim Beten in Träumereien verliert, steht außerhalb des ersten Schleiers. Wer zum Gebet des einen göttlichen Namens gelangt ist, der ist ins Innere eingetreten. Nur der aber hat das Allerheiligste erblickt, der – während seine natürlichen Gedanken ruhen – betrachtet, was jeden Geist übersteigt, und so einer bestimmten Schau des göttlichen Lichts gewürdigt wird. (II,104)

Wenn die Seele sich von äußeren Dingen freimacht und dem Gebet verbindet, dann durchglüht es sie ganz, ähnlich einer sie umgebenden Flamme, wie Feuer das Eisen umgibt. Die Seele bleibt gleich, kann aber nicht mehr berührt werden, wie rotglühendes Eisen außen nicht berührt werden kann. (II,105)

Selig, wer in diesem Leben solcher Erfahrung gewürdigt wird, gleich einem von Natur tönernen Standbild, das durch Gnade erglüht. (II,106)

Anfängern ist das Gesetz des Gebetes eine Last wie strenge Herrschaft, Fortgeschrittenen aber ist es wie Liebesverlangen, das sie bewegt, wie es den Hungrigen zum Festmahl treibt. (II,107)

Die sich der Tugendübung wahrhaft widmen, beschirmt manchmal das Gebet wie eine überschattende Wolke (vgl. Ex 13,21), vor entzündenden Gedanken; dann wieder, sie gleichsam mit dem Regen der Tränen benetzend, eröffnet es geistliches Schauen. (II,108)

Der Ton der Zither klingt dem äußeren Ohr lieblich; wenn aber in der Seele beim Beten die geheimnisvolle Anrufung im Heiligen Geist nicht erklingt, dann hat sie wahre Reue nicht erreicht. Denn: »Wir wissen ja nicht, um was wir bitten sollen, wie es sich gehört. Da tritt der Geist selbst für uns ein mit unaussprechlichen Seufzern« (Röm 8,26); und so wird der Betende zu diesem Zustand geführt. (II,109)

Wenn du deinen Geist von begehrlicher Bindung an den Leib, an Nahrung und Besitz befreist, dann wird alles, was du tust, von Gott als reines Opfer angesehen. Als Gegengabe werden dir die Augen deines Herzens aufgetan, und du kannst die ihm eingeschriebenen göttlichen Grundwahrheiten rein betrachten; sie werden deinem geistlichen Gaumen süßer als Honig sein (vgl. Ps 19,11). (III,10)

Du kannst deinen Geist sich nicht über Begehrlichkeit des Leibes, Besitz, auch Notwendigkeit der Nahrung erheben lassen, wenn du ihn nicht ins Reich der Gerechten hineinführst; dort strömen Gedenken an den Tod und Gedenken an Gott und vertilgen vom erdhaften Herzen alle Erhebungen des Begehrens. (III,11)

Die sichtbare Sonne kann ihre Strahlen nicht ins Innere eines abgedunkelten Hauses senden; die geistliche Sonne aber kann mit ihren Strahlen nicht in die Seele dringen, die ihr Wahrnehmungsvermögen den sichtbaren Dingen nicht verschlossen hat. (III,20)

Im Flug über Wiesen sammelt die Biene Stoff für den Honig; im Flug über Weltalter gewinnt die Seele Süße, die sie dem Geist vermittelt. (III,22)

Der Hirsch, der Schlangen gefressen hat, läuft zur Quelle, das Gift im Wasser zu löschen. Aber die von Gottes Pfeilen verwundete Seele trinkt mehr von der liebenden Sehnsucht nach dem, der sie verwundet. (III,23)

Engelhafte Gedanken beziehen sich aufs vollkommene Gebet, geistliche Gedanken aufs mittlere Gebet, und naturhafte Gedanken aufs einfache Gebet. (III,30)

Wie die Güte des Korns sich meist in der Ähre zeigt, so offenbart sich die Reinheit der Betrachtung meist im Gebet. Die Ähre ist von den Grannen wie von Lanzen umgeben, um die pickenden Vögel abzuschrecken; das Gebet ist mit geistlichen Gedanken bewehrt, um die angreifenden Versuchungen zu zerstören. (III,31)

Was von der Seele durch Tugendübung sichtbar gemacht wird, ist ähnlich den silberbedeckten Flügeln der Taube; was von ihr durch Betrachtung erkennbar gemacht wird – nämlich die andere Seite –, ist gleich dem grünlichen Gold (vgl. Ps 68,14). Denn die Seele, die nicht derart geschmückt ist, kann nicht auffliegen und dort zur Ruhe kommen (vgl. Ps 55,7), wo die Seligen ihre Wohnstatt haben (vgl. Ps 87,7). (III,32)

Der Anfang der Tugendübung ist Selbstbeherrschung und Wahrhaftigkeit, die mittlere Stufe ist Keuschheit und Demut; die Vollendung ist Gedankenfriede und Leibesheiligung. (IV,34)

Tugendübung besteht nicht darin, das Gute einfach nur zu tun, sondern es angemessen zu tun; wer es tut, muß es zur rechten Zeit und im rechten Maße tun. (IV, 35)

Betrachten ist Wahrnehmen nicht nur der Beschaffenheit der körperlichen Welt, sondern auch ihres Grundes und ihres Ziels. (IV,36)

Es gibt keine sichere Tugendübung ohne Betrachtung, und keine echte Betrachtung ohne Tugendübung. Denn Tugendübung muß ihren Ursprung im Geist haben, und Betrachten muß Wirkung der Tugendübung sein. Dann wird in der Tugendübung das Böse ohne störende Kraft sein, und in der Betrachtung wird die Tugend Kraft haben, sich in tätiger Güte zu erfüllen. (IV,37)

Was der Stoff für die Form ist, das ist die Tugendübung für die Betrachtung; und was das Auge für das Antlitz ist, das ist die Betrachtung für die Tugendübung. (IV,39)

Wer sich der Tugendübung hingibt, trinkt im Gebet den Trank der

Reue; wer sich aber der Betrachtung widmet, berauscht sich am besten Becher (vgl. Ps 23,5). Der eine liebt die Weisheit in den naturhaften Dingen, der andere kennt im Gebet nicht einmal sich selbst. (IV,41)

Wer sich der Tugendübung hingibt, kann in der geistlichen Betrachtung nicht lange verweilen. Er ist wie jemand, der Gastfreundschaft empfangen hat, aber das Haus des Gastgebers schnell verlassen muß. (IV,42)

Die Kraft der Tugendübung muß der Kraft der Betrachtung entsprechen; sonst ist es wie bei einem Schiff, dessen Segel nicht zusammenpassen: entweder läuft es Gefahr im Ungestüm der Winde wegen ihrer unangemessenen Größe, oder es kann wegen ihrer unverhältnismäßigen Kleinheit die Winde nicht nützen. (IV,44)

Gedanken der Andacht sieh als die Ruderer des geistlichen Schiffes an, und die Lebenskräfte der Seele, – Erregbarkeit und Begehrlichkeit, Wille und Überlegung –, sieh als die Ruder an. Wer sich der Tugendübung widmet, braucht immer diese Ruder; wer sich der Betrachtung hingibt, braucht sie nicht immer. Denn beim Beten nimmt der Betrachtende von allem Abschied; er hält das Steuer der Unterscheidung und durchwacht die Nacht der Betrachtung; und er bringt Lob dar dem, der alles lenkt. Vielleicht singt er auch seiner Seele gleichsam ein Liebeslied, während er die Dünung des salzigen Meeres und das Gewoge der Wellen beobachtet, und bewundert die gerechten Ratschlüsse Gottes. (IV,45)

Wer recht zwischen Tugendübung und Betrachtung steht, macht die Überfahrt weder nur mit Rudern noch allein mit geistlichen Segeln, sondern mit beider Hilfe. Weil er die Betrachtung angemessen erreicht hat, kann er die Mühsal der Tugendübung freudig ertragen; und ebenso erträgt er die Ursachen der Unvollkommenheit seiner Betrachtung, weil ihm die Tugendübung hilft. (IV,46)

Wenn ein Acker nicht gut bestellt ist, erbringt er dem Landmann meist wenig reines Getreide. So wird das Gebet dem, der sich der Tugendübung widmet, nur dann eine reiche Ernte reiner Früchte erbringen, wenn er sich gründlich und ohne Großtun bemüht. (IV,48)

Der Geist, der sich beständigem Gebet hingibt, ähnelt festgetretener Erde; sie ist glatt und empfangend für zarte Füße, er ist schlicht und aufnahmebereit für das reine Gebet. (IV,49)

Im Hause der Seele, die sich der Tugendübung widmet, ertönt Klage, Seufzen und Weh wegen der Mühsal (vgl. Ez 2,10); aber im Hause der betrachtenden Seele hört man Jubel und Lobgesang wegen des geistlichen Wissens (vgl. Ps 42,5). (IV,55)

Wer sich der Tugendübung hingibt, verlangt wegen der Mühsal, aufzubrechen und mit Christus zu sein; der Betrachtende dagegen möchte lieber im Fleische verweilen, wegen der Freude, die er aus dem Gebet empfängt, und wegen des Nutzens für seinen Nächsten (vgl. Phil 1,23f.). (IV,56)

Wer sich der Tugendübung widmet, kann sich nicht über sittliche Ehrbarkeit erheben, wenn er nicht über das natürliche Gesetz hinausgeht, – wie Erzvater Abraham aus seinem Lande fortzog –, und das durch Alter und Entwicklungszustand bestimmte Leben verläßt, – wie jener seine Verwandtschaft verließ (vgl. Gen 12,1). So wird er zum Zeichen der Bestätigung vom umfassenden Zugriff des sinnlichen Vergnügens befreit, dessen Schleier uns seit der Geburt einhüllt und uns vollkommene Freiheit nicht empfangen läßt. (IV,60)

Wie das Fohlen im Frühling nicht im Stall bleiben und aus der Krippe fressen kann, so kann der unerfahrene Geist die Beschränkung auf die Enge des Gebetes nicht lange ertragen. Wie das Fohlen möchte er lieber aufs freie Feld der natürlichen Betrachtung hinausgehen, wie sie in Psalmensingen und geistlicher Lesung möglich ist. (IV,61)

Tugendübung umgürtet die Lebenskräfte gleich Hüften mit

Fasten und Wachen, Betrachtung entzündet die geistlichen Kräfte gleich Lampen mit Schweigen und Beten. Die erste hat Einsicht zum Lehrer, die zweite hat den einwohnenden Geist zum Brautführer. (IV,62)

Dem unvollkommenen Geist ist nicht gestattet, den fruchttragenden Weinberg des Gebetes zu betreten. Er hat allein und begrenzt Zugang zur einfachen Wiederholung der Psalmen, wie ein Armer, der Nachlese halten darf (vgl. Dtn 24,21). (IV,63)

Wie nicht alle, die zum Empfang beim König zugelassen sind, zur königlichen Tafel geladen werden, so kommen nicht alle, die Umgang mit dem Gebet erreicht haben, dadurch zur Betrachtung. (IV,64)

Der eine taucht in die Tiefe der Wasser auf der Suche nach der sinnenhaften Perle, der andere taucht in die Tiefe des geistlichen Wissens auf der Suche nach der geistigen Perle. Keiner aber erlangt das Gesuchte, wenn der eine sich nicht seiner Kleider entledigt, und wenn der andere sich nicht von seiner Bindung an die Sinnenwelt befreit. (IV,66)

Wie dem Gaumen Nahrung ohne Salz, so ist dem Geist Gebet ohne Reue. (IV,68)

Die Seele, die noch auf der Suche nach dem Gebet ist, ähnelt der Frau in den Schmerzen der Niederkunft. Die Seele aber, die zum Gebet gelangt ist, ähnelt der Frau, die niedergekommen ist, erfüllt von Freude über ihr Kind. (IV,69)

Wenn die Psalmenworte durch beständiges Gebet im Herzen bewahrt werden, dann bringt das Herz wie gute Erde gleichsam Blumen hervor: Rosen, die Schau des Unkörperlichen; Lilien, das Durchstrahlen des Körperlichen; Veilchen, die Mannigfaltigkeit und Unerforschlichkeit der Ratschlüsse Gottes. (IV,78)

Die Flamme, die ans Stoffliche gebunden ist, wird zum Träger des Lichtes; die Seele aber, die vom Stofflichen befreit ist, wird zum Träger Gottes. Die eine erhebt sich, bis sie sich verzehrt; die andere steigt auf, bis sie sich in der göttlichen Liebe vollendet. (IV,79)

Die Seele, die sich ganz verleugnet hat und in völliger Hingabe ans Gebet über das Geschaffene erhoben worden ist, steigt nicht nach ihrem Belieben wieder herab. Sie steigt dann herab, wenn es der für richtig hält, der all unsere Dinge erwägt und bemißt. (IV,80)

Wenn Niedergeschlagenheit aus der Seele getrieben und Bosheit aus dem Sinn gestoßen ist, dann singt der nackte Geist, Einfalt und Unschuld ganz zugewandt, ganz befreit von der Hülle der Schmach, Gott ein neues Lied. In freudiger Dankbarkeit feiert er dann den Anfang des künftigen Lebens. (IV,81)

Wenn die Seele beim Beten sich der höheren göttlichen Wirklichkeit aufzuschließen beginnt, dann ruft sie ihren Gefährtinnen zu, wie die Braut im Hohen Liede: »Mein Geliebter streckte die Hand durch die Öffnung; da bebte mir seinetwegen das Innerste« (Hld 5,4). (IV,82)

Wie der Soldat bei der Heimkehr aus dem Kriege sich vom Gewicht seiner Waffen freimacht, so befreit, wer sich der Tugendübung hingibt, sich von Gedanken beim Erreichen der Betrachtung. Denn wie der eine Waffen nur im Kriege braucht, so braucht der andere Gedanken nur, wenn er zum sinnlich Erfahrbaren zurückkehrt. (IV,83)

Wie der Soldat, der den Kampf beendet hat, die Waffen ablegt, so legt der Betrachtende die Gedanken ab, wenn er sich aufmacht zum Herrn zu gehen. (IV,87)

Der Feldherr, der im Kriege keine Beute macht, wird mutlos; wer sich der Tugendübung widmet, wird mutlos, wenn er im Gebet die geistliche Betrachtung nicht erreicht. (IV,88)

Wenn die Hindin von einem wilden Tier gebissen worden ist, läuft sie eilends zu den körperhaften Wasserquellen; wenn die Seele vom zarten Pfeil des Gebetes verwundet worden ist, eilt sie hin zum Lichte des Unkörperlichen. (IV,89)

Wie das leibliche Auge das Getreidekorn nicht sehen kann, wenn die Lider nicht zurückgezogen sind, so kann der Geist in der Tugendübung sein eigenes Werk nicht sehen, wenn er nicht aller Bindungen entkleidet ist, die ihm die Sicht behindern. (IV,90)

Die Sterne verbergen sich, wenn die Sonne aufgeht; und die Gedanken entschwinden, wenn der Geist zu seinem eigenen Reich zurückkehrt. (IV,91)

In der Vollendung der Tugendübung erfüllt das geistliche Schauen den Geist wie Sonnenlicht, das am Horizont aufstrahlt; obwohl es ihm einwohnend ist und wegen seiner Reinheit ihn umfängt, scheint es doch von außen zu kommen. (IV,92)

Wenn der betrachtende Geist beim Abstieg von den höchsten Höhen zu den natürlichen Dingen von seinen Erfahrungen reden sollte, dann könnte er Worte sprechen wie: »Was ist wunderbarer als die göttliche Schönheit, und was ist lieblicher als der Gedanke an die Herrlichkeit Gottes? Welche liebende Sehnsucht ist so stark und so schwer zu ertragen wie jene, welche Gott in die von jeder Sünde gereinigte Seele eingesenkt hat, die da wahrhaft sprechen kann: ›Ich bin verwundet vor Liebe‹? (Hld 2,5)«. (IV,93)

»Das Herz in meinem Innern erglühte mir heiß, über meinem Sinnen entflammte ein Feuer« (Ps 39,4), – so kann sprechen, wer unermüdlich durch das Gebet Gott folgt und nach nichts Zeitlichem strebt. (IV,94)

Selig die Seele, die das Kommen ihres Herrn heute erwartet, daher die Mühen des Tages und der Nacht für nichts achtet, weil er ihr bald am Morgen erscheinen wird. (IV,102)

Gott sieht alle; nur jene aber sehen Gott, die beim Beten nichts erblicken. Die aber Gott sehen, werden von ihm gehört; die er aber nicht hört, sehen ihn nicht. Selig, wer glaubt, daß er von Gott gesehen wird; denn sein Fuß wird nicht straucheln (vgl. Ps 73,2), wenn es nicht Gottes Wille ist. (IV,103)

Die Güter des Gottesreiches mitten in uns (vgl. Lk 17,21), – die kein weltliebendes Auge gesehen und kein ehrbegieriges Ohr gehört hat, und die nicht in ein des Heiligen Geistes bares Herz gedrungen sind (vgl. 1 Kor 2,9) –, sind ein Unterpfand der Güter, die Gott den Gerechten im künftigen Reiche geben wird. Wer die ersten nicht genießt, welche die Frucht des Geistes sind (vgl. Gal 5,22), wird sich auch der zweiten nicht erfreuen können. (IV,104)

Die Gedanken jener, die sich der Tugendübung widmen, gleichen den Hirschkühen. Zuweilen sind die Hirschkühe aus Furcht vor Jägern droben in den Bergen, zuweilen sind sie auf Nahrungssuche unten in den Tälern. Die sich der Tugendübung hingeben, können so wegen ihrer Unvollkommenheit nicht beständig in einem Zustand geistlicher Betrachtung sein; auch können sie nicht beständig in einem Zustand natürlicher Betrachtung sein, weil sie nicht immer Entspannung suchen. Die Gedanken jener, die sich der Betrachtung widmen, sind dagegen über niederes Bemühen erhaben. (IV, 105)

Tautropfen tränken die Ackerfurchen, und tränenvolle Seufzer, die vom Herzen aufsteigen, erweichen beim Beten die Seele. (IV,106)

Es ist weniger schwer, einen Fluß im Strömen zu Tale aufzuhalten, als nach dem Willen des Betenden das Ungestüm des Geistes aufzuhalten, damit er sich im Sichtbaren nicht zersplittert und im Höheren sammelt, das ihm verwandt ist; und das, obwohl das erste gegen die Natur ist und das zweite der Natur entspricht. (IV,108)

Die ihren Geist reinigen, indem sie ihn übers Sichtbare hinausführen, werden von solchem Staunen und solcher Freude erfüllt, daß sie nichts Irdisches mehr aufnehmen könnten, auch wenn alles vor ihnen ausgeschüttet würde, was Menschen begehrenswert ist. (IV,109)

Schon wenn sie nur erwähnt werden, wecken die Gesetze der Natur tiefe Bewunderung. Wenn sie aber ganz verstanden werden, sind sie gleich blumenbedeckten Wiesen, deren reine Blüten geistliche Süße verströmen wie himmlischen Nektar. (IV,110)

Die Bienen umfliegen ihre Königin über taufrischen Wiesenblumen; und die überirdischen Mächte, welche die Seele im beständigen Zustand der Reue umgeben und beschützen, helfen ihr, das Ersehnte zu finden. (IV,111)

Der nach langer Gefangenschaft Entlassene ist nicht so freuderfüllt wie der Geist, der von seiner Bindung ans Irdische befreit, sich zum Himmlischen hinbewegt, das gleichsam sein eigen ist. (IV,113)

Niemand kann das reine Gebet in sich haben, wenn er von Prahlsucht und Ehrgeiz bestimmt wird. Denn die Bindungen und eitlen Gedanken umschlingen ihn wie Stricke; sie halten beim Beten den Geist fest, wie einen gefesselten Vogel, der zu fliegen versucht. (IV,116)

Der Geist kann beim Beten nicht in Frieden sein, wenn er nicht Selbstbeherrschung und Liebe erreicht hat. Mit Gottes Hilfe strebt die erste nach Beendigung der Feindseligkeiten des Leibes gegen die Seele, die zweite nach Beendigung unserer Feindseligkeiten gegen den Nächsten. Dann kommt der Friede, der alles Begreifen übersteigt (vgl. Phil 4,7), über den so Befriedeten und nimmt Wohnung bei ihm. (IV,117)

Wenn das Ackerland dem Bauern nicht das Vielfache des Saatgutes erbringt, sondern nur das Entsprechende oder etwas mehr, dann kann es ihn nicht reich machen. So können jenen, der sich der Tugendübung hingibt, Leistungen nicht gerecht machen, wenn nicht sein Streben nach Gott stärker ist als sein natürlicher Vorsatz. (IV,120)

Wer noch um Vervollkommnung in der Selbstbeherrschung

besorgt sein muß, hat die Einfalt noch nicht erlangt. Denn es heißt, der geistliche Kämpfer übt Selbstbeherrschung (vgl. 1 Kor 9,25), nicht der geistlich Vollkommene. Der geistliche Kämpfer gleicht jemandem, der einen Weinberg oder ein Getreidefeld besitzt, nicht zwischen anderen Weinbergen oder vielen Feldern, sondern irgendwo abseits gelegen, und deswegen besonderer Aufsicht und Pflege bedürftig. Niemand aber rührt an den Weinberg dessen, der Einfalt erreicht hat; er ist wie der eines Königs oder eines anderen gefürchteten Herrschers, dessen Name Diebe oder Vorübergehende schon zittern läßt, wenn sie daran denken einzudringen. (IV,129)

Viele steigen zum Kreuz der Leiden hinauf, wenige aber lassen sich die Nägel einschlagen. Denn viele unterwerfen sich selbstgewählter Mühsal und selbstgewähltem Schmerz; aber nur die der Welt und ihrem Trost ganz abgestorben sind, unterwerfen sich den nichtgewollten Leiden. (IV,130)

Manche haben in sich geistliche Eigenschaften im Anfangsstadium, andere bis zur Hälfte, wieder andere bis zur Vollendung. Die ersten gleichen dem einfachen Soldaten, die zweiten dem Hauptmann ohne Sold; der eine kann das eigene Haus kaum gegen Angreifer verteidigen, und der andere empfängt in der Begegnung nicht die angemessene Achtung. (IV,138)

Petros Damaskenos

(12. Jahrhundert)

Verfasser zweier größerer und einiger, davon abgeleiteter kleinerer Schriften. Der Beiname bezeichnet nicht unbedingt seine Herkunft aus Damaskus, sondern könnte auch schon als Familienname eines Griechen verstanden werden. Nach dem Zeugnis der Texte ein Mönch, der auch für Mönche schrieb. Der handschriftlichen Tradition zufolge im 12. Jahrhundert lebend; die Entstehung der Schriften wäre dann um 1160 anzusetzen.

Die beiden umfangreicheren Werke, vor allem seit dem 14. Jahrhundert in zahlreichen Abschriften verbreitet und in der »Philokalia« erstmals gedruckt, geben auf verschiedene, einander ergänzende Weise einen Abriß des asketisch-mystischen Lebens. Die einzelnen Abschnitte des geistlichen Weges werden aus praktischer Sicht beschrieben. Der Aufbau folgt ganz dem überkommenen Schema, dem die Kapitelüberschriften locker entsprechen. Petros gibt eine Liste der von ihm benützten Autoren, von den biblischen Büchern und den Mönchsvätern bis Philotheos; er zitiert häufig, oft aus dem Gedächtnis und vielfach aus zweiter Hand. Auffällig ist sein Heilsoptimismus, der allerdings theologischer Spekulation aus dem Wege geht. Seine asketische Unterweisung ist ausgeglichen, ähnlich maßvoll seine Vorstellung von der Betrachtung, die allen außergewöhnlichen Phänomenen ablehnend gegenübersteht.

Das Werk faßt so die asketisch-mystische Lehre der gemäßigten evagrianischen Tradition klar und realistisch zusammen; die Formulierungen sind solide, nicht glanzvoll, und verraten eine begrenzte geistige Bildung. Die entschiedene Bindung an die Tradition zeigt sich auch darin, daß das noch junge Werk Symeons des Neuen Theologen (gestorben 1022) auf Petros keinen spürbaren Einfluß ausgeübt hat.

Dem Werk des Petros Damaskenos wird in der »Philokalia« nach den Schriften des Maximos der größte Umfangsanteil eingeräumt; der Autor wird dort mit einem Bischof des 8. Jahrhunderts gleichgesetzt. Der vollständige Abdruck beider Sammlungen bezeugt die hohe Wertschätzung dieser praktischen Mönchsunterweisung durch die Herausgeber.

Das erste Buch

Von den sieben Formen leiblicher Übung

Die erste Form leiblicher Übung besteht in Zurückgezogenheit, nämlich einer Lebensführung ohne Zerstreuung, weit weg von allen weltlichen Sorgen. Wenn wir uns von menschlicher Gesellschaft und von Ablenkungen absetzen, dann können wir dem entfliehen, der in Nichtigkeiten und Sorgen dieses Lebens umherstreift wie ein brüllender Löwe und sucht, wen er verschlinge (vgl. 1 Petr 5,8). So haben wir nur den einen Gedanken: Gott zu gefallen, unsere Seele zu bereiten, auf daß sie in der Todesstunde nicht verdammt werde, und mit ganzer Aufmerksamkeit die Schliche der Dämonen wahrzunehmen und auch die eigenen Fehler, die – zahlreicher als die Sandkörner am Meeresstrand und so fein wie Staub – von den meisten nicht erkannt werden. In ständigem Gram trauern wir über die Beschaffenheit des Menschen, aber wir werden von Gott getröstet; denn in Dankbarkeit werden wir besänftigt, weil wir das sehen durften, was wir im Leben außerhalb der Zelle nie wahrzunehmen hoffen konnten. In Erkenntnis der eigenen Schwäche und der Macht Gottes sind wir von Furcht und Hoffnung erfüllt, so daß wir weder durch Unwissenheit fallen, weil wir zu selbstsicher sind, noch verzweifeln, wenn uns ein Unglück überfällt, weil wir Gottes Erbarmen vergessen.

Die zweite Form leiblicher Übung besteht in maßvollem Fasten, nämlich einer nichtsättigenden Mahlzeit täglich. Wir sollten nur bestimmte, einfache, bei ungestörter Lebensweise erreichbare Nahrung zu uns nehmen, möglichst so, daß wir nach keiner anderen begehren. So lernen wir, Naschhaftigkeit, Gefräßigkeit und Begehrlichkeit zu überwinden und Ablenkung zu vermeiden. Aber wir lernen zugleich, keine Art von Nahrung ganz abzulehnen und damit etwas als böse zurückzuweisen, das als sehr gut von Gott geschaffen ist (vgl. Gen 1,31). Auch sollten wir nicht unbeherrscht genießend alles gleichzeitig hinunterschlingen; vielmehr sollten wir täglich eine bestimmte Nahrung zu uns nehmen. Wir sollten alles zum Ruhme Gottes gebrauchen und nicht etwas als böse zurückweisen, wie die Ketzer in der Verdammnis. Wir dürfen Wein trinken, wenn es angemessen ist; im Alter, in Krankheit und bei Kälte ist er sehr nützlich, aber selbst dann soll man wenig trinken. Wenn wir aber jung und gesund sind, auch bei warmem Wetter ist Wasser besser, obwohl man selbst davon möglichst wenig trinken soll. Denn Durst ist die stärkste aller leiblichen Übungen.

Die dritte Form der Übung besteht in maßvollem Wachen, nämlich die halbe Nacht wachend, die andere Hälfte Psalmensingen und Gebet, Trauern und Weinen gewidmet. Durch dieses maßvolle Fasten und Wachen soll der Leib der Seele gefügig werden, kräftig und zu jedem guten Werk bereit; die Seele aber soll an Stärke und Erleuchtung zunehmen, so daß sie sehen und tun kann, was recht ist.

Die vierte Form der Übung besteht in Psalmensingen, nämlich dem Gebet, das sich durch Psalmensingen und Niederwerfen leiblich ausdrückt. So soll der Leib geplagt und die Seele gedemütigt werden, damit unsere Feinde, die Dämonen, fliehen und unsere Verbündeten, die Engel, uns beistehen; damit wir wissen, woher uns Hilfe kommt, und damit Unwissenheit uns nicht überheblich werden läßt und uns glauben macht, die guten Werke seien uns selbst zuzuschreiben. Denn dann wären wir von Gott verlassen, damit wir unsere Schwäche erkennen.

Die fünfte Form der Übung besteht im geistlichen Gebet, nämlich dem Gebet, das durch den Geist dargebracht wird und jeden Gedanken fernhält. Da sammelt sich der Geist im gesprochenen Wort und demütigt sich in unbeschreiblicher Zerknirschung vor Gott. Er begehrt nichts, als in allem Streben und Planen Gottes Willen zu tun. Er nimmt keinen Gedanken wahr, keine Gestalt, keine Farbe, kein Licht, kein Feuer, oder irgend etwas anderes. Aber er weiß sich unter dem Blick Gottes und mit ihm allein in vertrauter Gemeinschaft. Er selbst ist außerhalb jeder Gestalt, jeder Farbe, jeder Form. So ist das reine Gebet, das dem zukommt, der sich noch der Tugendübung widmet; der Betrachtende empfängt noch Höheres.

Die sechste Form der Übung besteht im Lesen von Aussprüchen und Lebensbeschreibungen der heiligen Väter, ohne Rücksicht auf fremde Lehren oder andere Meinungen, besonders von Ketzern. So lernen wir aus den Heiligen Schriften und von der Unterscheidung der Väter, wie Leidenschaften zu beherrschen und Tugenden zu erwerben sind. Unser Geist wird von Gedanken des Heiligen Geistes erfüllt; wir vergessen die unziemlichen Worte und Gedanken, die wir aufgenommen haben, bevor wir Mönche wurden. Dem Gebet und der Lesung ganz hingegeben, werden wir hilfreiche Gedanken erfassen. Denn Lesung in Zurückgezogenheit fördert das Gebet; und reines Gebet fördert die Lesung, wenn wir aufs Gesagte achten und nicht gleichgültig lesen oder singen. Es ist freilich unmöglich, die Bedeutung des Gelesenen ganz zu verstehen, solange wir durch die Leidenschaften in Finsternis sind. Oft werden wir vom Dünkel irregeführt, besonders wenn wir meinen, wir besäßen die Weisheit dieser Welt; wenn wir nicht erkennen, daß wir zum Verständnis solcher Dinge einer auf Übung gegründeten Einsicht bedürfen, und daß zur Erlangung eines Wissens von Gott bloßes Aufnehmen nicht ausreicht. Denn Aufnehmen und Tun sind zweierlei. Nicht durch Zuhören allein wird man Meister; man muß üben und zuschauen, man muß irren und von Erfahrenen zurechtgewiesen werden, man muß standhaft sein und eigenes Begehren ausmerzen, um schließlich die Kunst zu beherrschen. Ebenso wird geistliche Einsicht nicht durch lernendes Bemühen allein erworben, sondern von Gott gnadenhaft den Demütigen geschenkt. Daß der, der die Heiligen Schriften liest, sie auch teilweise versteht, ist nicht verwunderlich, besonders wenn er sich der Tugendübung widmet. Aber er hat nicht das Wissen von Gott; er vernimmt nur die Worte derer, die jenes Wissen haben. Geistliche Autoren, wie die Propheten, hatten häufig das Wissen von Gott; der Leser aber hat es meistens noch nicht. So auch ich; ich habe Gutes aus den Heiligen Schriften gezogen, doch ich bin nicht gewürdigt worden, etwas vom Heiligen Geist zu vernehmen. Ich habe nur von jenen gelernt, denen er sich vernehmbar gemacht hat. Ich bin wie jemand, der jene von einer Stadt oder von einem Menschen sprechen hört, die sie wirklich gesehen haben.

Die siebente Form der Übung besteht im Befragen der Erfahrenen über all unser Denken und Tun, damit wir nicht aus Unwissenheit oder Selbstgefälligkeit in der Abfolge von Denken und Tun irregehen, der Anmaßung verfallen und uns einbilden, etwas so erkannt zu haben, wie wir sollten, wie der Apostel sagt (vgl. 1 Kor 8,2), – obwohl wir noch nichts erkannt haben.

Über diese leiblichen Übungen hinaus sollen wir alles geduldig ertragen, was Gott uns zustoßen läßt, damit wir unsere Schwäche erfahren und kennen lernen. Was auch immer Gutes oder Schlechtes geschieht, es soll uns weder selbstsicher noch verzweifelt werden lassen. Jeden Traum, jedes eitle Reden oder Tun sollen wir zurückweisen. Zu jeder Zeit, an jedem Ort, bei jeder Gelegenheit sollen wir über Gottes Namen nachsinnen, etwas Köstlicheres als unser Atmen. Wir sollen uns vor ihm aufrichtig demütigen, den Geist von allen weltlichen Gedanken zurückziehen und uns allein darum bemühen, daß Gottes Wille geschehe. Dann beginnt der Geist seine Fehler zu sehen, die zahlreich sind wie die Sandkörner des Meeres. Das ist der Anfang der Erleuchtung der Seele und ein Zeichen ihrer Kraft; die Seele wird zerknirscht und das Herz demütig, und sie betrachtet sich als das wahrhaft Allergeringste. Dann beginnen wir Gottes Wohltaten zu verstehen, die besonderen und die allgemeinen, von denen die Heiligen Schriften sprechen, und wir beginnen, auch unser Verschulden zu verstehen. Wir beginnen, bewußt alle Gebote einzuhalten, vom ersten bis zum letzten. Denn der Herr hat sie wie Leitersprossen angeordnet; und es ist unmöglich, eines auszulassen und zum nächsten aufzusteigen. Gleichsam stufenweise müssen wir vom ersten zum zweiten, vom zweiten zum dritten emporsteigen, – bis sie dann den Menschen zu Gott machen, durch die Gnade dessen, der sie jenen gegeben hat, die sie einhalten wollen.

Das zweite Buch

Von der Liebe

Wer von der Liebe spricht, der wagt von Gott zu sprechen; denn Johannes, der von Gott Wissende, sagt: »Gott ist Liebe, und wer in der Liebe bleibt, der bleibt in Gott« (1 Joh 4,16). Und wie wunderbar: diese wichtigste aller Tugenden ist eine natürliche Tugend. Deshalb wird sie im göttlichen Gesetz die erste genannt: »Du sollst den Herrn, deinen Gott, lieben aus deinem ganzen Herzen, aus deiner ganzen Seele und mit all deiner Kraft« (Dtn 6,5). Als ich hörte, ich sollte ihn aus ganzer Seele lieben, war ich überrascht, und ich brauchte nichts weiter zu hören. Aus ganzer Seele, das bedeutet nämlich: mit der erkennenden, der erregbaren und der begehrenden Kraft der Seele; denn aus diesen dreien ist sie gebildet. So soll der Geist immer göttliche Dinge bedenken; das Begehren soll beständig und uneingeschränkt nach Gott allein streben, und nach nichts anderem, wie es im göttlichen Gesetz heißt; und das Erzürnen soll sich nachdrücklich und ausschließlich gegen das richten, was dieses Sehnen verhindert. Johannes, der von Gott Wissende, hat also mit Recht gesagt, daß Gott Liebe ist. Wenn Gott sieht, daß nach seinem Gebot die drei Seelenkräfte nur auf ihn gerichtet sind, dann wird er in seiner Güte nicht nur die Seele lieben, sondern durch Einwirkung des Heiligen Geistes in ihr wohnen und wandeln (vgl. 2 Kor 6,16; Lev 26,12). Der Leib aber wird sich widerstrebend und unwillig – weil er des Verstandes entbehrt – schließlich dem Wort Gottes unterwerfen, und das Fleisch wird nicht mehr wider den Geist begehren, wie der Apostel sagt (vgl. Gal 5,17).

Wie Sonne und Mond, obwohl ohne Seele, nach Gottes Gebot sich bewegen, um die irdische Welt zu erhellen, so wird der Leib auf Geheiß der Seele Werke des Lichtes vollbringen. Wie die Sonne durch ihre tägliche Wanderung von Ost nach West den Tag entstehen läßt, und durch ihr Verschwinden die Nacht hereinbricht: so erleuchtet jede Tugend in der Übung die Seele des Menschen, und durch ihr Verschwinden brechen Leidenschaft und

Finsternis herein, bis er die Tugend wieder erwirbt, und das Licht ihm zurückkommt. Wie die Sonne im fernsten Osten aufgeht, ihre Strahlen allmählich bis zum äußersten Gegenpunkt aussendet, und dadurch die Zeit schafft: so wächst der Mensch langsam vom Anfang in der Übung der Tugenden, bis er Leidenschaftslosigkeit erreicht. Und wie der Mond in jedem Monat zunimmt und abnimmt: so vermehrt und vermindert sich täglich jede Tugend im Menschen, bis sie ganz in ihm begründet ist. Manchmal ist er durch Gott bekümmert, manchmal frohlockt er und dankt ihm, so unwürdig zum Erwerb der Tugenden er auch ist. Und manchmal ist er im Licht, manchmal ist er in Finsternis, bis sein Lauf vollendet ist. All das schickt ihm Gottes Vorsehung, – manches, um ihn vor Überheblichkeit, anderes, um ihn vor Verzweiflung zu bewahren. Wie im gegenwärtigen Weltalter die Sonne ihren Lauf vollendet, der Mond zunimmt und abnimmt, während im künftigen Weltalter für die Gerechten immer Licht, für die Sünder wie mich immer Finsternis sein wird: so hat, ehe vollkommene Liebe und göttliche Betrachtung erreicht sind, die Seele gegenwärtig ihr Auf und Ab, der Geist erfährt Finsternis, wie auch Tugend und geistliche Einsicht, – bis der Mensch einst des Werkes des künftigen Weltalters gewürdigt wird, durch die vollkommene Liebe, der all sein Streben gilt.

Denn um der Liebe willen befolgt der im Gehorsam Lebende, was ihm geboten ist. Und um der Liebe willen wird der Reiche, Freie zum Armen, zum Diener, und übergibt seinen Besitz und sich selbst jedem, der ihn haben will. Um der Liebe willen fastet man, damit andere sich von dem nähren können, was man andernfalls gegessen hätte. Jedes wahrhafte Werk wird also aus Liebe zu Gott oder aus Liebe zum Nächsten vollbracht. Die besprochenen Dinge und ähnliche andere werden aus Liebe zum Nächsten getan; Wachen, Psalmensingen und ähnliches aber wird aus Liebe zu Gott getan. Ihm sei Herrlichkeit, Ehre und Macht in alle Ewigkeit. Amen (vgl. 1 Petr 4,11).

Vom Wissen von Gott

Alles von Gott Geschaffene hat einen Anfang und nach seinem Willen ein Ende, denn es ist aus dem Nichts erschaffen. Gott aber hat weder Anfang noch Ende, auch seine Vollkommenheit nicht, denn er war niemals ohne sie. Immer ist er überaus gütig, gerecht, allwissend, allmächtig, unüberwindlich, unbewegt, unbegrenzt, unendlich, unerforschlich, unbegreiflich, endlos, ewig, ungeschaffen, unwandelbar, unveränderlich, wahr, unvermischt, unsichtbar, unberührbar, unfaßbar, vollkommen, überseiend, unaussprechlich, unerklärbar, mitleidvoll, allerbarmend und liebevoll, allbeherrschend, allsehend. Obwohl er diese Vollkommenheiten besitzt, ist er – wie der große Dionysios vom Areopag gesagt hat – nicht gezwungen, jede von ihnen walten zu lassen, wie dagegen die Heiligen es sind. Er wirkt vollkommen, weil es sein Wille ist, und er bedient sich in seiner Freiheit und Macht der Vollkommenheiten als Werkzeuge.

Engel und Heilige haben von Gott mit ihrem Sein gnadenhaft die Vollkommenheiten empfangen, durch die sie ihm nacheiferten, und so sind sie gerecht, gut und weise geworden. Als Geschöpfe bedürfen sie seines Beistands und seiner Erleuchtung, denn ohne diese können sie weder Tugend noch Weisheit besitzen. Alle Geschöpfe sind der Veränderung unterworfen; weil sie aus verschiedenen Bestandteilen gebildet sind, heißen sie zusammengesetzt. Gott aber ist unkörperlich, unvermischt, ungeschaffen, – der eine Gott, von der ganzen Schöpfung verehrt und verherrlicht im Vater, im Sohn und im Heiligen Geist. Wer Gott nacheifert, hat nur einen Willen, nicht mehrere zusammengesetzte. Sein Geist ist einfach und, soweit möglich, immer dem Gestaltlosen zugewandt; aber ohne es zu wollen, geht er durch göttliche Vorsehung vom Gestaltlosen über zur Betrachtung eines Schriftwortes oder von etwas Geschaffenem. Um nicht verworfen zu werden, sorgt ein solcher Mensch für seinen Leib, nicht weil er aus Wohlgefallen ihn am Leben erhalten will, sondern um ihn nicht ganz unbrauchbar zu machen und deswegen der Verdammnis anheimzufallen.

Denn wie der Geist die ihn umgebenden Leidenschaften nicht verwirft, sondern sich ihrer der Natur gemäß bedient, so verwirft die Seele den Leib nicht, sondern bedient sich seiner zu jedem guten Werk. Und wie der Geist die blinden Antriebe der Leidenschaften beherrscht und nach göttlichem Willen lenkt, so beherrscht der Mensch die Glieder des Leibes und unterwirft sie einem einzigen Willen, nicht mehreren. Denn er läßt die vier Grundbestandteile des Leibes und die einzelnen Glieder nicht tun, was sie wollen. Er läßt die drei Seelenkräfte nicht unbesonnen und ungeordnet wirken oder den Leib zum Handeln bewegen; sondern von geistlicher Weisheit geleitet, läßt er den Willen der drei Kräfte geeint und unteilbar werden. Diese Weisheit hat vier Ausprägungen: Urteilskraft, Selbstbeherrschung, Mut und Gerechtigkeit. Gregorios, der von Gott Wissende, hat über sie Vortreffliches geschrieben, durch Jesus Christus, unseren Herrn, dem sei die Herrlichkeit und die Macht in alle Ewigkeit. Amen (vgl. 1 Petr 4,11).

Theognostos

(etwa 13.-14. Jahrhundert)

Verfasser einer geistlichen Schrift; nach dem Zeugnis des Textes Priestermönch. Nach der schmalen handschriftlichen Überlieferung, die erst im 14. Jahrhundert einsetzt, ist als Entstehungszeit spätestens die Jahrhundertmitte anzunehmen. Eine Gleichsetzung des Autors mit einer historisch anderweitig belegten Persönlichkeit des 13. Jahrhunderts ist möglich.

Das Werk, das in der »Philokalia« erstmals gedruckt wurde, ist formal eine relativ lockere Folge von 75 kurzen Abschnitten *(kephalaia),* die ein Akrostichon bilden; fünf weitere »Kapitel« scheinen nicht ausgeführt worden zu sein.

Inhaltlich bietet dieses geistliche Akrostichon eine Reihe einzelner Reflexionen zum asketischen und betrachtenden Leben und zum Priestertum. Der Wortschatz scheint bewußt gewählt, der Stil wirkt eher nachlässig. Die Darstellung des geistlichen Lebens und seiner Gliederung folgt dem überkommenen Schema evagrianischer Tradition. Insgesamt entsteht ein Überblick, der in der Definition der asketisch-mystischen Begriffe Ausgewogenheit erstrebt und jedes Extrem meidet. Die hesychastische Bewegung des frühen 14. Jahrhunderts hat keine Wirkung hinterlassen, wie die stark einschränkende Auffassung der Beschauung zeigt. Beachtenswert ist, wie stark Theognostos Todesvorbereitung und Todessehnsucht dem Zustand der Vollendung annähert. Auffällig ist ferner die Vorstellung einer sicheren inneren Empfindung der Heilsgewißheit, die an Diadochos von Photike erinnert. In den Abschnitten über die Würde des Priesteramts versucht Theognostos keine Theologie des Opfers, sondern bleibt bei der Funktion des Priester stehen. Die Lehre von den Tugenden des Priesters wird mit dem asketisch-mystischen System insgesamt verbunden.

Die Herausgeber der »Philokalia« hielten in Unsicherheit bei der Datierung des Textes die Gleichsetzung seines Autors mit Theognostos von Alexandria aus dem 3. Jahrhundert für möglich. Das Werk ist deshalb im chronologischen Aufbau ihrer Anthologie wesentlich früher angesetzt.

Von Tugendübung und Betrachtung, und vom Priesteramt

Wenn du alles Irdische für nichts achtest und reinen Gewissens dein Herz immer bereit hältst, zum Herrn aus diesem Leben abzuscheiden, dann magst du daran erkennen, daß du wahre Tugend erlangt hast. Wenn du von Gott gekannt sein willst, dann bemühe dich, den Menschen möglichst unbekannt zu sein. (1)

Nichts ist besser als das reine Gebet. Wie der Quelle entspringen ihm die Tugenden: das Verstehen und die Sanftmut, die Liebe und die Selbstbeherrschung, die Ermutigung und die Tröstung, die Gott durch Tränen schenkt. Die Schönheit dieses Gebetes besteht darin, daß der Geist sich nur mit Geistigem beschäftigt. Dann ist die Sehnsucht des Geistes nach dem Göttlichen grenzenlos; durch die Betrachtung des Geschaffenen folgt er seinem Herrn, begierig sucht er den Unsichtbaren zu finden und zu sehen; oder er betrachtet die Dunkelheit, die seine geheime Wohnung ist (vgl. Ps 18,12); dann zieht er sich ehrfürchtig wieder in sich zurück, denn für den Augenblick ist er befriedigt und getröstet durch die Schau, die ihm offenbart wurde. Er ist voll Hoffnung, das Ziel seiner Sehnsucht zu erreichen, wenn er einst von allen Erscheinungen und schattengleichen Vorstellungen, rätselhaft wie durch einen Spiegel, befreit ist, wenn er unaufhörlich und rein von Angesicht zu Angesicht schauen darf (vgl. 1 Kor 13,12). (5)

Halte dich vor höchsten Formen der Betrachtung zurück, wenn du noch nicht vollkommene Leidenschaftsfreiheit erlangt hast, und bemühe dich nicht um das noch Unerreichbare. Denn es heißt: Wenn du ein von Gott Wissender und ein Betrachtender werden willst, dann schreite voran auf dem Weg der Tugendübung und erwirb, was rein ist, durch innere Reinigung. Strebe nicht über deine Grenzen in die Höhen des Wissens von Gott; bedenke vielmehr: solange wir noch die Milch der Tugenden trinken (vgl. 1 Kor 3,2), dürfen wir nicht zu diesen Höhen aufzusteigen suchen, damit wir nicht herunterflattern wie junge Vögel, – mag der Honig geistlicher Erkenntnis unsere Sehnsucht auch noch so steigern. Sobald wir aber durch Selbstbeherrschung und Tränen gereinigt sind, werden wir wie Elija (vgl. 2 Kön 2,11) oder

Habakuk (vgl. Dtn 14,36-39) von der Erde emporgehoben, in Vorwegnahme der Entrückung auf Wolken in die Luft (vgl. 1 Thess 4,17); und wenn wir in Gottsuche durch das reine, betrachtende und gesammelte Gebet über die Sinnenwelt hinausgehoben sind, dann rühren wir vielleicht an das Wissen von Gott. (6)

Wenn du der geistigen Schau des Göttlichen gewürdigt werden willst, dann ergib dich zunächst einem friedvollen Leben in Stille; darauf bemühe dich, sowohl dich wie auch Gott kennen zu lernen. Wenn du so zu einem reinen, von Leidenschaften ungestörten Zustand gelangst, dann hindert nichts deinen Geist, gleichsam in einem leisen Säuseln (vgl. 1 Kön 19,12), den für alle Unsichtbaren wahrzunehmen; und er wird dir die frohe Botschaft der Erlösung durch eine höhere Äußerung seiner Erkenntnis verkünden. (7)

Forsche nicht mit dem Geist, was oder wo Gott ist; weil er alles übersteigt, ist er höher als das Sein und unabhängig von jedem Ort. Betrachte vielmehr, soweit möglich, Gott das Wort allein. Obwohl durch unsere Natur begrenzt, strahlt er vor Licht durch seine göttliche Natur; obwohl an bestimmtem Ort kundgemacht, ist er überall gegenwärtig, weil seine Gottheit unendlich ist. Je mehr du dich reinigst, desto würdiger wirst du seiner Erleuchtung. (9)

Wenn du nach wahrer Erkenntnis und unerschütterlicher Heilsgewißheit innig begehrst, dann bemühe dich zunächst, die leidenschaftsbezogenen Bindungen der Seele an den Leib zu verreißen; wenn du darauf von jeder Verhaftung an Stoffliches befreit bist, so steig hinab in die letzten Tiefen der Demut, und du wirst die kostbare Perle deiner Erlösung finden, geborgen in der Muschel der göttlichen Erkenntnis, als Vorwegnahme des Glanzes von Gottes Reich. (10)

Wenn die vielen Tränen dich weißer als Schnee gewaschen haben und dein Gewissen in Reinheit ganz fleckenlos geworden ist, dann kannst du wie ein Heiliger an Heiliges rühren und im engelgleichen Weiß deines Äußeren die innere Schönheit deiner Seele ahnen lassen. Gib acht, daß du bei der Feier der göttlichen Geheimnisse nicht nur von menschlichen Überlieferungen bestimmt wirst, sondern laß dich durch Gottes Gnade innerlich geheimnisvoll von der Erkenntnis des Höheren erfüllen. (18)

Wenn du Unvergänglichkeit und Unsterblichkeit begehrst, dann strebe glaubend und ehrfürchtig nach dem Lebenspendenden und Unzerstörbaren; verlange, aus dieser Welt zu scheiden, wenn du im Glauben ans Ziel gelangt bist. Wenn du aber den Tod noch fürchtest, bist du noch nicht durch Liebe mit Christus vereint; obwohl du gewürdigt worden bist, mit deinen Händen ihn zu opfern und dich mit seinem Fleische zu sättigen. Denn wenn du wirklich Unvergänglichkeit begehren würdest, eiltest du zu dem Geliebten, ohne noch auf Leben und Fleisch zu achten. (19)

Bitte unter vielen Tränen um volle Heilsgewißheit, aber – wenn du demütig bist – sie nicht vor deinem Hinscheiden zu empfangen, damit du nicht nachlässig und leichtsinnig wirst. Bitte, sie in Todesnähe zu erlangen, so daß du sie nicht dünkelhaft zu besitzen glaubst, und wenn die Zeit gekommen ist, sie doch verfehlt hast. Wohin wirst du dann gehen, Unglücklicher, ohne den Vorgeschmack und die volle, unbezweifelbare Gewißheit des Heils, die der Heilige Geist schenkt? (24)

Wie eine Münze ohne Einprägung des Königsbildes nicht mit den übrigen Geldstücken in die königlichen Schatzkammern aufgenommen werden kann, – so kann man ohne geistliches Wissen und ohne Leidenschaftslosigkeit nicht einen Vorgeschmack der künftigen Seligkeit empfangen, in Zuversicht und voller Heilsgewißheit aus dieser Welt zu scheiden, und schließlich unter die Erwählten aufgenommen zu werden. Mit geistlichem Wissen ist nicht Weisheit gemeint, sondern die unfehlbare Wahrnehmung Gottes und des Göttlichen, mit welcher der nicht mehr leidenschaftsgebundene Gottesfreund durch die Gnade des Heiligen Geistes in die Gottähnlichkeit erhoben wird. (28)

Soll ich dir einen anderen Weg zur Erlösung, oder vielmehr zur Leidenschaftslosigkeit zeigen? Flehe mit inständigen Bitten den Schöpfer an, er möge dich nicht vom Ziel abkommen lassen. Rufe als Mittler bei ihm unaufhörlich alle himmlischen Mächte an, auch alle Heiligen und die allerreinste Gottesmutter. Bemühe dich nicht um Leidenschaftslosigkeit, solange du dieses Geschenkes noch unwürdig bist. Bitte vielmehr beständig um Erlösung, und du wirst mit ihr Leidenschaftslosigkeit empfangen. Denn Leidenschaftslosigkeit ist wie Silber, Erlösung ist wie reines Gold. Widme dich vor allem dem inneren, auf Gott gerichteten Werk, und wende dich den verborgenen göttlichen Geheimnissen zu; ihr Wesen wird dich gottähnlich machen, weil Gott an ihnen Wohlgefallen hat. (32)

Bemühe dich, in voller, unbezweifelbarer Gewißheit das Unterpfand des Heils im Herzen zu empfangen, damit du nicht im Augenblick des Todes verwirrt und plötzlich erschreckt bist. Du hast dieses Unterpfand empfangen, wenn dein Herz dich nicht mehr wegen deiner Fehler verurteilt und dein Gewissen dich nicht mehr wegen deiner Zornesausbrüche anklagt; wenn du dich durch Gottes Gnade von der Wildheit tierischer Leidenschaften freimachen konntest; wenn dir Tränen des Trostes fließen, und dein Geist gesammelt und in Reinheit betet. Dann erwartest du den Tod, den die meisten fürchten und fliehen, ruhig und bereiten Herzens. (33)

Du kannst nicht durch Tugendübung allein der Leidenschaftslosigkeit nahekommen, um gesammelt und in Reinheit zu beten; die geistliche Betrachtung muß dazu dem Geist erhellendes Erkennen und Verstehen des Geschaffenen verleihen. Beflügelt und erleuchtet erhebt sich dann der Geist, ganz hingerissen von der Liebe zum wahren Gebet, zum verwandten Licht unkörperlicher Ordnung; von dort wird er, soweit möglich, emporgetragen zum höchsten Licht, der dreifachen Sonne der allerheiligsten Dreifaltigkeit. (46)

Unaussprechlich und unbeschreiblich ist die Freude der Seele, wenn sie in voller Heilsgewißheit sich vom Leibe trennt, ihn ablegt wie ein Kleid. Weil sie nun das Erhoffte erlangt, befreit sie sich schmerzlos vom Leibe, geht friedvoll dem Engel entgegen, der strahlend und freudig von oben auf sie zukommt, und durchquert mit ihm ungehindert die Luft, von bösen Geistern unbehelligt. Freudig vertrauend und dankbar steigt sie empor, und endlich wirft sie sich vor dem Schöpfer nieder; durch sein Urteil erhält sie ihren Platz zwischen denen, die verwandt oder gleich an Tugend sind, bis hin zur allgemeinen Auferstehung. (61)

Wenn du von göttlicher Gnade durchwirkt, unter Tränen im Gebet vor Gott bist, dann lege dich kreuzförmig ausgestreckt auf die Erde, die Stirn auf den Boden gesenkt, und bitte, von hier genommen zu werden, von Vergänglichkeit erlöst und von Versuchungen befreit, – aber nicht nach deinem Willen, sondern nach dem Ratschluß Gottes, wann und wo er will. Du sehnst dich, aus diesem Leben zu scheiden, wenn du unter Tränen, in tiefster Demut dich dem Herrn näherst, um bei ihm zu verweilen, im Feuer deiner Sehnsucht und deines Gebetes. Füge dich, einstweilen noch vom Besseren getrennt zu sein, das Gott für dich in Aussicht genommen hat (vgl. Hebr 11,40). Gelobe, dem Ziel mit allen Kräften nachzueifern, und im Handeln, Sprechen und Wollen nicht von Gott abzufallen. (64)

Ich sage dir nun etwas Merkwürdiges, das dich nicht erschrecken soll: Zwischen Gott und der Seele begibt sich im Verborgenen ein Geheimnis, das an die höheren Bereiche der vollkommenen Reinheit, der Liebe und des Glaubens rührt. Wenn der mit Gott ganz versöhnte Mensch sich durch beständiges Beten und Betrachten innig mit ihm vereint, – dann verschließt Elija den Himmel und läßt den Regen nicht fallen (vgl. 1 Kön 17,1), und er läßt das Brandopfer vom himmlischen Feuer verzehren (vgl. 1 Kön 18,36-38); dann spaltet Mose die Wasser des Meeres (vgl. Ex 14,21), und er besiegt Amalek, indem er die Arme hebt (vgl. Ex 17,11-13); dann wird Jona aus dem Fisch und dem Abgrund errettet (vgl. Jona 2,1-10). Denn wer für würdig befunden wurde, der nötigt den gütigen Gott, das zu wirken, was er will. Obwohl noch im Fleische, hat er die Grenzen der Vergänglichkeit und Sterblichkeit überschritten; und er sieht im Tod einen gewöhnlichen Schlaf, der ihn der Erfüllung seiner Hoffnungen freundlich entgegenführt. (69)

Auch wenn du dich dem reinen Gebet widmest, das den stofflosen Geist unstofflich mit Gott verbindet, und wenn du das Unterpfand des Heiligen Geistes empfängst und wie im Spiegel die Seligkeit siehst, die dich nach diesem Leben erwartet, und wenn du voller Gewißheit das Himmelreich in dir erfährst, – laß dich nicht aus dem Fleische nehmen ohne Vorherwissen deines Todes. Erbitte es immer wieder, und sei gewiß, es vor deinem Hinscheiden zu erlangen, wenn es dir nützt. Bereite dich ständig auf den Tod vor, wirf alle Furcht von dir, auf daß du, – nachdem du die Luft durchquert und die bösen Geister hinter dir gelassen hast –, ohne Scheu in die himmlischen Gewölbe eintreten kannst. In die Ordnungen der Engel eingefügt, all den Gerechten und Auserwählten zugesellt, wirst du dann – soweit möglich – das Göttliche erblicken. Dann wirst du die göttlichen Gnadengaben wahrnehmen, aber auch das göttliche Wort, das mit seinen Strahlen die Regionen über dem Himmel erleuchtet, das in seinem unbefleckten Fleische zusammen mit dem Vater und dem Heiligen Geist von allen himmlischen Heerscharen und allen Heiligen in einer einzigen Anbetung verehrt wird. Amen. (75)

Nachwort

Die Übersetzung folgt den im Quellennachweis genannten Vorlagen: im Textabdruck bei Migne, in der Neuausgabe der »Philokalia« und in neueren kritischen Editionen. Bei Abweichungen wurde gewöhnlich der Fassung bei Migne gegenüber der »Philokalia« der Vorzug gegeben, wobei die Korrekturen in den modernen Einzelausgaben berücksichtigt wurden.

Für die Kapitelzählung wurde einheitlich die Numerierung in der »Philokalia« zugrundegelegt; bei einzelnen Autoren sind im Vergleich mit Migne daher kleine Verschiebungen zu beachten. Bei Spruchsammlungen, die aus mehreren Centurien bestehen, werden in der Numerierung die verschiedenen Hundertergruppen durch römische Zahlen bezeichnet. Die Reihenfolge der Autoren und ihrer Werke geht vom chronologischen Aufbau der »Philokalia« aus. Umstellungen wurden immer dann vorgenommen, wenn nach der jüngeren Forschung eine andere Entstehungszeit oder Verfasserzuweisung anzusetzen ist. Sie werden in den Einführungen zu den Autoren meistens kurz begründet.

Die Kennzeichnung und Nachweisung der direkten und indirekten Bibelzitate, die bei Migne in Fußnoten gegeben wird, ist in den Text einbezogen worden. Das bedeutet freilich eine Änderung des ursprünglichen Druckbildes, erleichtert aber die Verweisung und beschleunigt den Vergleich. Den Zitaten wurde meist die deutsche Textübersetzung in der Fassung der deutschen Jerusalemer Bibel (9. Aufl., Freiburg 1976) zugrunde gelegt. Gelegentlich ergeben sich Abweichungen durch eine andere Version in der Septuaginta.

Die Übersetzung versucht, das Original weitgehend zu verdeutschen, ohne ihm seinen historischen Charakter zu nehmen. Sie verzichtet daher äußerlich auf Kürzungen und sprachlich auf spürbare Aktualisierungen. Die im Quellennachweis aufgeführten Übersetzungen in deutscher, englischer und französischer Sprache sind vergleichend herangezogen worden. Das kleine Begriffsverzeichnis mit seinen vereinfachenden Definitionen bietet in beschränkter Auswahl Hinweise auf Möglichkeiten und Grenzen der Übersetzung. Die verschiedenen gewählten Verdeutschungen, die ja immer Annäherung bleiben müssen, sind jeweils zu Anfang nebeneinandergestellt. Ihre Vielfalt ist zugleich als ein Hinweis zu verstehen, daß die Texte der »Philokalia« nicht verengt und einschichtig aufgefaßt werden sollten.

Begriffsverzeichnis

agape
Liebe; bezeichnet die Liebe Gottes oder Christi zu den Menschen, die Liebe des Menschen zu Gott und die brüderliche Liebe zum Nächsten; wird häufig neben dem noch platonisch aufgefaßten *eros* gebraucht, der größere Intensität andeuten kann.

akedia
Niedergeschlagenheit; Entmutigung; Gleichgültigkeit; umschreibt eine besondere Versuchung des Mönchs und Einsiedlers.

apatheia
Leidenschaftslosigkeit; Leidenschaftsfreiheit; Gelassenheit; Beherrschung der Leidenschaften, die meist negativ bewertet werden, und damit ein Zustand geistlicher Freiheit und inneren Friedens, der mit den höheren Stufen der Betrachtung in Beziehung gesetzt wird.

diakrisis
Unterscheidung; Unterscheidungskraft; Unterscheidungsgabe; geistliche Befähigung zur Beurteilung von Gedanken und Vorstellungen; sie ermöglicht die Unterscheidung der Geister, das Erkennen des göttlichen oder des dämonischen Ursprungs gedanklicher und bildlicher Erfahrungen.

eros
Liebendes Begehren; liebende Sehnsucht; einigende Liebe; bezeichnet, da meist noch stark platonisch verstanden, wie *agape* die Liebe Gottes, die Liebe des Menschen zu Gott und die Liebe des Menschen zu Christus; kann gegenüber *agape* größere Intensität und umfassenderen Charakter geistlicher Liebeserfahrung andeuten.

gnosis
Geistliche Einsicht; geistliche Erkenntnis; geistliches Wissen; bezeichnet die Erkenntnis göttlicher Wahrheit, die dem *nus* in unmittelbarem Erfassen durch die *theoria* von Gott geschenkt wird.

hesychia
Innere Ruhe; Zurückgezogenheit; innere Stille; umschreibt einen geistlichen Zustand innerer Sammlung, der eine Voraussetzung für die Betrachtung ist.

kardia
Herz; ein umfassender, schwer einzugrenzender Begriff; bezeichnet gleicherweise den Sitz der Affekte und des Willens wie den geistig-seelischen Bereich des Menschen insgesamt.

logismos
Gedanke; Vorstellung; häufig zur Umschreibung böser oder schlechter Gedanken und Wünsche gebraucht, die als Werk der Dämonen aufgefaßt werden.

logoi
Innere Wesenheiten; inneres Wesen; innerer Grund; bezeichnet die mannigfaltigen Prinzipien, nach denen die einzelnen Dinge der Schöpfung geschaffen sind, gleichsam die Gedanken Gottes; auf der ersten Stufe der *theoria* werden sie vom *nus* erkannt.

Logos
Wort; göttliches Wort; Gott das Wort; die zweite Person der Dreifaltigkeit; in dem unter dem Aspekt des einen kosmischen Prinzips gesehenen *Logos* erscheint die Vielfalt der *logoi* beschlossen.

mneme Theu
Gedenken an Gott; Akt der auf Gott gerichteten Erinnerung; umschreibt die geistige Vergegenwärtigung Gottes im Zustand innerer Sammlung.

nepsis
Wachsamkeit; Nüchternheit; ursprünglich Bezeichnung des nüchternen Zustands der Enthaltsamkeit gegenüber dem berauschten Zustand der Trunkenheit; umschreibt hier eine Haltung geistlicher Nüchternheit, Wachheit und Aufmerksamkeit, vor allem gegenüber inneren Regungen und Gedanken; eine wichtige mönchische Tugend, Voraussetzung für den geistlichen Aufstieg.

noetos polemos
Geistlicher Kampf; geistlicher Krieg; umschreibt den geistigen Kampf gegen das Fleisch, nämlich die sündhafte menschliche Natur, und den inneren Krieg mit den Dämonen, also die Abwehr der Angriffe der bösen Geister; ein wesentlicher Bereich asketischen Lebens.

nus
Geist; Intellekt im ursprünglichen Verständnis; bezeichnet das höchste geistige Vermögen des Menschen, das den Menschen leitende Prinzip,

wegen seiner Unterscheidungskraft häufig mit dem Auge verglichen; der *nus* hat die Fähigkeit zur Gotteserkenntnis, muß aber von Bindungen an die Sinne und Trübungen durch die Sünde befreit werden und auf einem Reinigungsweg zur Vollkommenheit aufsteigen; er ist das Instrument der *theoria,* des unmittelbaren geistlichen Erfassens göttlicher Wahrheit.

parresia
Vertraute Gemeinschaft; vertrauter Umgang; innere Vertrautheit; wechselseitige Vertraulichkeit; bezeichnet zunächst vertrauensvolle Freiheit in Rede und Umgang; umschreibt daher das ursprüngliche Verhältnis zwischen Gott und Mensch, das durch den Sündenfall verlorenging und durch die Gnade den Auserwählten wiedergeschenkt wird; sie kann auf den höheren Stufen des geistlichen Lebens, etwa in der Betrachtung, verliehen werden.

philosophia
Liebe zur Weisheit; Weisheitsliebe; Philosophie in einem umfassenderen Verständnis; meist vorausgesetzt die Vorstellung vom Christentum als der wahren *philosophia;* hier häufig praktisch zu verstehen, in Verbindung mit der Übung von Tugenden wie Selbstbeherrschung, Mäßigung, Geduld und Demut; bezeichnet auch allgemein das geistliche Leben oder im besonderen die Askese.

phylake kardias
Bewahrung des Herzens; Wachen über das Herz; Herzenswachsamkeit; ursprünglich im Sinne von Beaufsichtigung, von Kontrolle, auch von Beschützung; daher übertragen innere Wachsamkeit gegenüber bösen oder schlechten Gedanken, Willensimpulsen und bildlichen Vorstellungen, die das Werk von Dämonen sein können.

phylake nu
Wachen über den Geist; Bewahrung des Geistes; geistige Wachsamkeit; entsprechend zu *phylake kardias* – und wie dort auch hier häufig mit dem verwandten Begriff *teresis* – zur Bezeichnung der Verteidigung und Bewachung des *nus* gegen die Versuchungen des Bösen in provozierenden Gedanken.

plerophoria
Volle Gewißheit; volle, gewisse Wahrnehmung; Erfüllung; Zuversicht; ursprünglich Fülle, volle Wirklichkeit; davon abgeleitet die Bedeutung geistliche Überzeugung; Gewißheit des persönlichen Heils, der Erlö-

sung, im besonderen der Auferstehung; das daraus erwachsende Vertrauen, etwa in der Todesstunde; die letzte unbedingte Überzeugung.

praxis
Tugendübung; Askese; aktive Übung; bezeichnet hier den praktischen Bereich des geistlichen Lebens im Unterschied zum betrachtenden, der *theoria;* beide werden als einander notwendig ergänzend angesehen, doch erscheint die *praxis* meist als untergeordnete Voraussetzung der *theoria;* der Begriff umschreibt Erfüllung der Gebote, gute Werke und die fortschreitende geistliche Reinigung unter ihrem äußeren Aspekt.

prosoche
Achtsamkeit; Aufmerksamkeit; hier die genaue, sorgsame Hingabe, die auf die Übung der Tugenden gerichtet ist; ein notwendiges Element innerer Beständigkeit.

theologia
Von Gott Wissen; Wissen von Gott; Theologie im umfassenderen Verständnis; bezeichnet hier mehr als Lehre und Gelehrsamkeit von Gott, meist das auf *gnosis* gegründete, unvermittelte Kennen Gottes; entsprechend ist *theologos* der geistlich Wissende, dessen Erleuchtung aus *praxis* und *theoria* erwächst.

theoria
Versenkung; Betrachtung; Beschauung; Schau; hier stets geistlich zu verstehen, obwohl auf dem Boden der platonischen Vorstellung der philosophischen *theoria* und von dieser nicht immer scharf zu trennen; umschreibt die geistige Wahrnehmung, durch die der *nus* zur Gotteserkenntnis gelangt; Voraussetzungen sind Lauterkeit des Herzens und Reinigung des Geistes; in notwendiger Entsprechung zur *praxis,* der sie übergeordnet ist; die *theoria* ist umso vollkommener, je mehr sie von allem Sinnenhaften gelöst ist; auf einer ersten Stufe, der *theoria physike* (Naturbetrachtung), wendet sie sich den *logoi* der einzelnen Dinge der Schöpfung zu, auf einer höheren Gott selbst.

Literaturauswahl und Quellennachweis

Byzantinische Mystik

Die Bibliographie, die sich auf Buchveröffentlichungen beschränkt, versucht im ersten Teil, innerhalb der zeitlichen Grenzen der Textauswahl das Gesamtgebiet durch repräsentative Publikationen zu erfassen. Der zweite Teil verzeichnet die Literatur zu den einzelnen, in der Anthologie vertretenen Autoren und bringt zugleich die Quellenangaben zu den Werkauszügen.

Ein grundlegender Forschungsbereich beschäftigt sich mit Wortschatz und Begriffswelt (Lampe, Miquel), sowie den Leitvorstellungen (Adnès, Bardy, Guillaumont, Hausherr, Lemaître, Lossky, Lot-Borodine, Merki, Sieben) der byzantinischen Mystik. Die Betrachtung ihrer geistesgeschichtlichen Entwicklung setzt ein bei der Nachwirkung der antiken griechischen Philosophie, vor allem bei dem Vorgang der christlichen Umbildung des Platonismus und Neuplatonismus (Arnou, Festugière, Gandillac, Ivánka, Louth, Trouillard), in dem Origenes (Balthasar, Bertrand, Crouzel, Daniélou, Völker), aber auch seinem Lehrer Klemens von Alexandria (Cadiou, Camelot) entscheidende Bedeutung zukommt. Sodann sind Darstellungen zur griechischen Patristik insgesamt (Altaner, Bouyer, Geerard, Viller) einzubeziehen. Besonderer Nachdruck liegt auf den Veröffentlichungen zum frühen Mönchtum (Bacht, Bousset, Bremond, Chitty, Dietz, Draguet, Festugière, Hausherr, Heussi, Lialine, Miller, Reitzenstein). Die Untersuchungen zur äußeren und inneren Entwicklung des byzantinischen Reiches (Beck, Gouillard, Kirchmeyer, Lossky, Meyendorff, Ostrogorsky, Schulz) erfassen den politischen und den kirchlichen Aspekt, bis hin zur Herausbildung eines eigenen Selbstverständnisses der Ostkirche. Wichtige Autoren in der Entwicklung der byzantinischen Mystik, die in der Textauswahl nicht vertreten sind, werden durch Sekundärliteratur repräsentiert: aus der Patristik Gregor von Nyssa (Balthasar, Daniélou, Völker) und Gregor von Nazianz (Gallay); aus der Mystik innerhalb der zeitlichen Grenzen der Anthologie Dionysios Areopagites (Ivánka, Roques, Völker) und Johannes Klimakos (Völker); aus der Folgezeit Symeon der Neue Theologe (Holl, Völker) und Gregor Palamas (Meyendorff). Auch Darstellungen zum späteren Hesychasmus (Ammann, Hausherr, Holl, Meyendorff, Völker) sind einbezogen. Abschließend beschäftigen sich einige Untersuchungen mit der Erneuerung byzantinischer Mystik, dem Fortleben griechischer

Theologie und Philosophie zur Zeit der Türkenherrschaft (Henderson, Podskalsky, Stiernon, Ware); hierher gehört auch die Geschichte von Entstehung und Ausstrahlung der »Philokalia«.

Eine abgestufte Einführung in den historischen Hintergrund der ausgewählten Texte können einige Werke des Münchener Byzantinisten Beck geben: zunächst kritisch und lebendig die einschlägigen Kapitel in »Das byzantinische Jahrtausend« und die entsprechenden Abschnitte im »Byzantinischen Lesebuch«; weiterführend und gedrängt sodann die »Geschichte der orthodoxen Kirche im byzantinischen Reich«; schließlich umfassend und detailliert »Kirche und theologische Literatur im byzantinischen Reich«.

Abgekürzt zitierte Werke

Dict. de spirit.:
Dictionnaire de spiritualité. Paris 1937 ff.
Dict. de théol. cath.:
Dictionnaire de théologie catholique. Paris 1909-50.
Gouillard:
Petite Philocalie de la prière du coeur. Trad. et prés. par Jean Gouillard. Paris 1953.
Dietz:
Kleine Philokalie. Belehrungen der Mönchsväter der Ostkirche über das Gebet. Ausgew. u. übers. v. Matthias Dietz. Einsiedeln 1956.
Schwarzenbach:
Kleine Philokalie zum Gebet des Herzens. Herausg. v. Jean Gouillard. Übers. v. James Schwarzenbach. Zürich 1957.
Migne, PG:
Patrologiae cursus completus, series graeca. Accurante Jacques-Paul Migne. Paris 1857-66.
Philokalia, Neuausg.:
Philokalia ton hieron neptikon ... (3.Aufl., herausg. v. Epiphan J. Theodoropoulos.) Athen 1957-63. (Nachdr. Athen 1974-76 und Neuaufl. Athen 1982 ff.)
Transl. Palmer, Sherrard, Ware:
The Philokalia ... Transl. and ed. by Gerald Eustace Howell Palmer, Philip Sherrard, Kallistos (Timothy) Ware. London 1979 ff.
Trad. Bobrinskoy:
Philocalie des Pères neptiques ... Trad. sous la dir. de Boris Bobrinskoy. Bégrolles-en-Mauges 1979 ff.

Allgemeines

Adnès Pierre: Garde du coeur. In: Dict. de spirit. Bd.6 (1967), Sp.100 ff.

Adnès, Pierre: Hésychasme. In: Dict. de spirit. Bd.7 (1969), Sp.381 ff.

Adnès, Pierre: Nepsis. In: Dict. de spirit. Bd.11 (1982), Sp.110 ff.

Adnès, Pierre: Prière à Jésus. In: Dict. de spirit. Bd.8 (1974). Sp.1126 ff.

Altaner, Berthold; Stuiber, Alfred: Patrologie. Leben, Schriften und Lehre der Kirchenväter. 9.Aufl. Freiburg 1980.

Ammann, Albert Maria: Die Gottessschau im palamitischen Hesychasmus. Ein Handbuch der spätbyzantinischen Mystik. Würzburg 1938.

Arnou, René: Le désir de Dieu dans la philosophie de Plotin. Paris 1921.

Bacht, Heinrich: Das Vermächtnis des Ursprungs. Studien zum frühen Mönchtum. Würzburg 1972-83.

Balthasar, Hans Urs v. (Übers.): Gregor von Nyssa, Der versiegelte Quell. Auslegung des Hohenliedes. 2.Aufl. Einsiedeln 1954.

Balthasar, Hans Urs v. (Übers.): Origenes, Geist und Feuer. Ein Aufbau aus seinen Schriften. 2.Aufl. Salzburg 1958.

Balthasar, Hans Urs v.: Parole et mystère chez Origène. Paris 1957.

Balthasar, Hans Urs v.: Présence et pénsee. Essai sur la philosophie religieuse de Grégoire de Nysse. Paris 1942.

Bardy, Gustave: Acedia. In: Dict. de spirit. Bd.1 (1937), Sp.166 ff.

Bardy, Gustave: Apatheia. In: Dict. de spirit. Bd.1 (1937), Sp.727 ff.

Beck, Hans-Georg: Geschichte der orthodoxen Kirche im byzantinischen Reich. Göttingen 1980.

Beck, Hans-Georg: Das byzantinische Jahrtausend. München 1978.

Beck, Hans-Georg: Kirche und theologische Literatur im byzantinischen Reich. 2.Aufl. München 1977.

Beck, Hans-Georg: Byzantinisches Lesebuch. München 1982.

Bertrand, Frédéric: Mystique de Jésus chez Origène. Paris 1951.

Bousset, Wilhelm: Apophthegmata. Studien zur Geschichte des ältesten Mönchtums. Tübingen 1923.

Bouyer, Louis: La spiritualité du Nouveau Testament et des Pères. Paris 1960.

Bremond, Jean u. Henri: Les Pères du dèsert. 3.ed. Paris 1927.

Cadiou, René: La jeunesse d'Origène. Histoire de l'école d'Alexandrie au début du troisième siècle. Paris 1936.

Camelot, Pierre-Thomas: Foi et gnose. Introduction à l'étude de la connaissance mystique chez Clément d'Alexandrie. Paris 1945.

Chitty, Derwas James: The desert a city. An introduction to the study of Egyptian and Palestinian monasticism under the Christian empire. Oxford 1966.

Crouzel, Henri: Origène et la connaissance mystique. Paris 1961.

Crouzel, Henri: Théologie de l'image de Dieu chez Origène. Paris 1955.

Daniélou, Jean: Origène. Paris 1948.

Daniélou, Jean: Platonisme et théologie mystique. Doctrine spirituelle de Saint Grégoire de Nysse. Nouv.ed. Paris 1953.

Dietz, Matthias (Übers.): Vom Reichtum des Schweigens, ein Zeugnis der Ostkirche. Geistl. Antwortbriefe der Schweigemönche Barsanuph u. seines Schülers Johannes. Zürich 1963.

Draguet, René: Les Pères du désert. Paris 1949.

Festugière, André-Jean: Contemplation et vie contemplative selon Platon. 2.ed. Paris 1950.

Festugière, André-Jean: L'idéal religieux des Grecs et l'Évangile. Paris 1932.

Festugière, André-Jean: Les moines d'Orient. Paris 1959-65.

Gallay, Paul: La vie de Saint Grégoire de Nazianze. Lyon 1943.

Gandillac, Maurice de: La sagesse de Plotin. Paris 1952.

Geerard, Maurice: Clavis Patrum Graecorum. Turnhout 1974-87.

Gouillard, Jean: La vie religieuse à Byzance. London 1981.

Guillaumont, Antoine: Le Coeur chez les spirituels grecs. In: Dict. de spirit. Bd.2 (1953), Sp.2281 ff.

Guillaumont, Antoine u. Claire: Démon, dans la plus ancienne littérature monastique. In: Dict. de spirit. Bd.3 (1957), Sp.189 ff.

Guillaumont, Antoine: Messaliens. In: Dict. de spirit. Bd. 10 (1980), Sp.1074 ff.

Hausherr, Irénée: Centuries. In: Dict. de spirit. Bd.2 (1953), Sp. 416 ff.

Hausherr, Irénée: Direction spirituelle en Orient autrefois. Rom 1955.

Hausherr, Irénée: Hésychasme et prière. Rom 1966.

Hausherr, Irénée: La méthode d'oraison hésychaste. Rom 1927.

Hausherr, Iréneé: Noms du Christ et voies d'oraison. Rom 1960.

Hausherr, Irénée: Penthos. La doctrine de la componction dans l'Orient chrétien. Rom 1944.

Henderson, George Patrick: The revival of Greek thought, 1620-1830. Edinburgh 1971.

Heussi, Karl: Der Ursprung des Mönchtums. Tübingen 1936.

Holl, Karl: Enthusiasmus und Bußgewalt beim griechischen Mönchtum. Eine Studie zu Symeon dem Neuen Theologen. Leipzig 1898.

Ivánka, Endre v. (Übers.): Dionysius Areopagita, Von den Namen zum Unnennbaren. Einsiedeln 1957.

Ivánka, Endre v.: Plato Christianus. Übernahme und Umgestaltung des Platonismus durch die Väter. Einsiedeln 1965.

Kirchmeyer, Jean: Église grecque. In: Dict. de spirit. Bd.6 (1967), Sp.808 ff.

Lampe, Geoffrey William Hugo (Herausg.): A patristic Greek lexicon. Oxford 1961.

Lemaître, I. (= Hausherr, Irénée) u.a.: Contemplation chez les Grecs et autres orientaux chrétiens. In: Dict. de spirit. Bd.2 (1953), Sp.1762 ff.

Lialine, Clément: Érémitisme en Orient. In: Dict. de Spirit. Bd.4 (1960), Sp.937 ff.

Lossky, Vladimir: A l'image et à la ressemblance de Dieu. Paris 1967.

Lossky, Vladimir: Théologie mystique de l'Église d'Orient. 2.ed. Paris 1960.

Lossky, Vladimir: Vision de Dieu. Neuchâtel 1962.

Lot-Borodine, Myrrha: La déification de l'homme, selon la doctrine des Pères grecs. Paris 1970.

Louth, Andrew: The origins of the Christian mystical tradition. From Plato to Denys. Oxford 1981.

Merki, Hubert: Homoiosis Theoi. Von der platonischen Angleichung an Gott zur Gottähnlichkeit bei Gregor von Nyssa. Fribourg 1952.

Meyendorff, Jean: Le Christ dans la théologie byzantine. Paris 1969.

Meyendorff, Jean: Saint Grégoire Palamas et la mystique orthodoxe. Paris 1976.

Meyendorff, Jean: Byzantine hesychasm. Historical, theological and social problems. London 1974.

Meyendorff, Jean: Introduction à l'étude de Grégoire Palamas. Paris 1959.

Meyendorff, Jean: Byzantine theology. Historical trends and doctrinal themes. London 1975.

Miller, Bonifaz (Übers.): Weisung der Väter. Apophthegmata Patrum, auch Gerontikon oder Alphabeticum genannt. 3.Aufl. Trier 1986.

Miquel, Pierre: Lexique du désert. Etude de quelques mots-clés du vocabulaire monastique grec ancien. Bégrolles-en-Mauges 1986.

Ostrogorsky, Georg: Geschichte des byzantinischen Staates. 3.Aufl. München 1963.

Podskalsky, Gerhard: Griechische Theologie in der Zeit der Türkenherrschaft. Die Orthodoxie im Spannungsfeld der nachreformatorischen Konfessionen des Westens. München 1988.

Reitzenstein, Richard: Historia Monachorum und Historia Lausiaca. Eine Studie zur Geschichte des Mönchtums und der frühchristlichen Begriffe Gnostiker und Pneumatiker. Göttingen 1916.

Roques, René: L'univers Dionysien. Structure hiérarchique du monde selon le Pseudo-Denys. Paris 1954.

Schulz, Hans-Joachim: Die byzantinische Liturgie. Vom Werden ihrer Symbolgestalt. 2.Aufl. Trier 1980.

Sieben, Hermann Josef: Mnèmè Theou. In: Dict. de spirit. Bd.10 (1980), Sp.1407 ff.

Stiernon, Daniel: Macaire de Corinthe. In: Dict. de spirit. Bd.10 (1980), Sp.10 ff.

Stiernon, Daniel: Nicodème l'Hagiorite. In: Dict. de spirit. Bd. 11 (1982), Sp. 234 ff.

Trouillard, Jean: La purification plotinienne. Paris 1955.

Viller, Marcel; Rahner, Karl: Aszese und Mystik in der Väterzeit. Freiburg 1939

Viller, Marcel: La spiritualité des premiers siècles chrétiens. Paris 1930.

Völker, Walther: Gregor von Nyssa als Mystiker. Wiesbaden 1955.

Völker, Walther: Kontemplation und Ekstase bei Pseudo-Dionysius Areopagita. Wiesbaden 1958.

Völker, Walther: Praxis und Theoria bei Symeon dem Neuen Theologen. Ein Beitrag zur byzantinischen Mystik. Wiesbaden 1974.
Völker, Walther: Scala Paradisi. Eine Studie zu Johannes Climacus und zugleich eine Vorstudie zu Symeon dem Neuen Theologen. Wiesbaden 1968.
Völker, Walther: Das Vollkommenheitsideal des Origenes. Untersuchungen zur Geschichte der Frömmigkeit und zu den Anfängen christlicher Mystik. Tübingen 1931.
Ware, Kallistos (Timothy): Philocalie. In: Dict. de spirit. Bd.12 (1984), Sp. 1336 ff.

Autoren und Texte

Euagrios Pontikos

Bunge, Gabriel: Evagrios Pontikos, Briefe aus der Wüste. Eingel., übers. u. komment. Trier 1986
Frankenberg, Wilhelm: Evagrius Ponticus. Berlin 1912.
Guillaumont, Antoine u. Claire: Évagre le Pontique. In: Dict. de spirit. Bd.4 (1960), Sp.1731 ff.
Guillaumont, Antoine u. Claire: Evagre le Pontique, Traité pratique ou le Moine. I. Introduction. Paris 1971.
Guillaumont, Antoine: Les »Képhalaia Gnostica« d'Évagre le Pontique et l'histoire de l'Origénisme chez les Grecs et chez les Syriens. Paris 1962.
Hausherr, Irénée: Les leçons d'un contemplatif. Le »Traité de l'Oraison« d'Évagre le Pontique. Paris 1960.

Über die Unterscheidung ...:

Migne, PG, Bd.79, Sp.1199 ff.
Philokalia, Neuausg., Bd.1, S.44 ff.
Transl. Palmer, Sherrard, Ware. Bd.1, S.38 ff.
Trad. Bobrinskoy. Fasz.8, S.27 ff.

Von der Wachsamkeit:

Philokalia, Neuausg., Bd.1, S.58.

Transl. Palmer, Sherrard, Ware. Bd.1, S.53 f.
Trad. Bobrinskoy. Fasz.8, S.45 f.

Vom Gebet:
Migne, PG, Bd.79, Sp.1165 ff.
Philokalia, Neuausg., Bd.1, S.176 ff.
Transl. Palmer, Sherrard, Ware. Bd.1, S.55 ff.
Trad. Bobrinskoy. Fasz.8, S.47 ff.
The Praktikos. Chapters on Prayer. Transl. by John Eudes Bamberger. Spencer, Mass. 1970.
Le Traité de l'Oraison. In: Hausherr, Irénée: Les leçons d'un contemplatif. Paris 1960. S.13 ff.

Pseudo-Makarios

Davids, Ephrem A.: Das Bild vom Neuen Menschen. Ein Beitrag zum Verständnis des Corpus Macarianum. Salzburg 1968.
Desprez, Vincent; Canévet, Mariette: Pseudo-Macaire. In: Dict. de spirit. Bd.10 (1980), Sp.20 ff.
Dörries, Hermann; Klostermann, Erich; Kroeger, Matthias: Die fünfzig geistlichen Homilien des Makarios. Herausg. u. erläut. Berlin 1964.
Dörries, Hermann: Symeon von Mesopotamien. Die Überlieferung der messalianischen ›Makarios‹-Schriften. Leipzig 1941.
Dörries, Hermann: Die Theologie des Makarios-Symeon. Göttingen 1978.
Gouillard, Jean: Syméon le Métaphraste. In: Dict. de théol. cath. Bd.14 (1941), Sp.259 ff.
Guillaumont, Antoine: Macaire l'Égyptien. In: Dict. de spirit. Bd.10 (1980), Sp.11 ff.
Jaeger, Werner: Two rediscovered works of ancient Christian literature. Gregory of Nyssa and Macarius. Leiden 1954.
Stoffels, Joseph: Die mystische Theologie Makarius des Ägypters und die ältesten Ansätze christlicher Mystik. Bonn 1908.

Homilien ...:
Migne, PG, Bd.34, Sp.841 ff.
Philokalia, Neuausg., Bd.3, S.171 ff.
Transl. Palmer, Sherrard, Ware. Bd.3, S.285 ff.
Trad. Bobrinskoy. Fasz.5, S.17 ff.

Isaias der Einsiedler

Regnault, Lucien: Isaie de Scété. In: Dict. de spirit. Bd.7 (1971), Sp.2083 ff.

Vom Wachen über den Geist:

Asceticon. Ed. Augoustinos Jordanites. Jerusalem 1911. Reimpr. Volos 1962.
Philokalia, Neuausg., Bd.1, S.30 ff.
Transl. Palmer, Sherrard, Ware. Bd.1, S.22 ff.
Recueil ascétique. Trad. de Hervé de Broc. 2.ed. Bégrolles-en-Mauges 1976.

Markos der Mönch

Gribomont, Jean: Marc le Moine. In: Dict. de spirit. Bd.10 (1980), Sp.274 ff.
Hesse, Otmar: Markos Eremites und Symeon von Mesopotamien. Untersuchung und Vergleich ihrer Lehren zur Taufe und zur Askese. Diss. Göttingen 1973.

Vom geistlichen Gesetz:

Migne, PG, Bd.65, Sp.905 ff.
Philokalia, Neuausg., Bd.1, S.96 ff.
Transl. Palmer, Sherrard, Ware. Bd.1, S.110 ff.

Von denen, die meinen ...:

Migne, PG, Bd.65, Sp.929 ff.
Philokalia, Neuausg., Bd.1, S.109 ff.
Transl. Palmer, Sherrard, Ware. Bd.1, S.125 ff.

Diadochos von Photike

Dörr, Friedrich: Diadochus von Photike und die Messalianer. Ein Kampf zwischen wahrer und falscher Mystik im 5. Jahrhundert. Freiburg 1937.
Places, Édouard des: Diadoque de Photicé. In: Dict. de spirit. Bd.3 (1957), Sp.817 ff.

Hundert Sprüche ...:
Migne, PG, Bd.65, Sp.1167 ff. (nur lat. Übersetzung).
Philokalia, Neuausg., Bd.1, S.235 ff.
Transl. Palmer, Sherrard, Ware. Bd.1, S.253 ff.
Trad. Bobrinskoy. Fasz.8, S.132 ff.
Oeuvres spirituelles. Texte crit. et trad. de Édouard des Places. 2.ed. Paris 1966. S.84 ff.
Gespür für Gott. Hundert Kapitel über die geistliche Vollkommenheit. Übers. v. Karl Suso Frank. Einsiedeln 1982.

Maximos der Bekenner

Balthasar, Hans Urs v.: Kosmische Liturgie. Das Weltbild Maximus' des Bekenners. 2.Aufl. Einsiedeln 1961.
Dalmais, Irénée-Henri: Maxime le Confesseur. In: Dict. de spirit. Bd.10 (1980), Sp.836 ff.
Garrigues, Juan-Miguel: Maxime le Confesseur. La charité, avenir divin de l'homme. Paris 1976.
Hausherr, Irénée: Philautie. De la tendresse pour soi à la charité selon Saint Maxime le Confesseur. Rom 1952.
Heinzer, Felix (Herausg.): Maximus Confessor. Actes du symposium sur Maxime le Confesseur. Fribourg 1982.
Heinzer, Felix: Gottes Sohn als Mensch. Die Struktur des Menschseins Christi bei Maximus Confessor. Fribourg 1980.
Ivánka, Endre v.: Maximos der Bekenner, All-Eins in Christus. Ausgew. Texte, übertr. u. eingeleit. Einsiedeln 1961.
Loosen, Josef: Logos und Pneuma im begnadeten Menschen bei Maximus Confessor. Münster 1941.
Piret, Pierre: Le Christ et la Trinité selon Maxime le Confesseur. Paris 1983.
Riou, Alain: Le monde et l'église selon Maxime le Confesseur. Paris 1973.
Sherwood, Polycarp: The earlier Ambigua of Saint Maximus the Confessor and his refutation of Origenism. Rom 1955.
Sherwood, Polycarp: An annotated date-list of the works of Maximus the Confessor. Rom 1952.
Thunberg, Lars: Microcosm and mediator. The theological anthropology of Maximus the Confessor. Lund 1965.
Völker, Walther: Maximus Confessor als Meister des geistlichen Lebens. Wiesbaden 1965.

Vierhundert Sprüche über die Liebe:
Migne, PG, Bd.90, Sp.959 ff.
Philokalia, Neuausg., Bd.2, S.4 ff.
Transl. Palmer, Sherrard, Ware. Bd.2, S.52 ff.
Trad. Bobrinskoy. Fasz.6, S.19 ff.
The ascetic life. The four centuries on charity. Transl. by Polycarp Sherwood. Westminster 1955. S.136 ff.
Centuries sur la charité. Trad. de Joseph Pegon. Paris 1945.
Capitoli sulla carità. Ed. crit. con introd., versione e note da Aldo Ceresa-Gastaldo. Rom 1963.
Viermal hundert Sprüche über die Liebe. In: Balthasar, Hans Urs v.: Kosmische Liturgie. 2.Aufl. Einsiedeln 1961. S.408 ff.

Zweihundert Sprüche ....:
Migne, PG, Bd.90, Sp.1083 ff.
Philokalia, Neuausg., Bd.2, S.52 ff.
Transl. Palmer, Sherrard, Ware. Bd.2, S.114 ff.
Trad. Bobrinskoy. Fasz.6, S.81 ff.
Cent chapitres sur la théologie et l'economie dans la chair du fils de Dieu. In: Riou, Alain: Le monde et l'église selon Maxime le Confesseur. Paris 1973. S.240 ff.
Die gnostischen Centurien. In: Balthasar, Hans Urs v.: Kosmische Liturgie. 2.Aufl. Einsiedeln 1961. S.482 ff.

Verschiedene Sprüche ....:
Migne, PG, Bd.90, Sp.1177 ff.
Philokalia, Neuausg., Bd.2, S.91 ff.
Transl. Palmer, Sherrard, Ware. Bd.2, S.164 ff.
Die Diversa Capita unter den Schriften des heiligen Maximus Confessor. In deutscher Bearb. u. quellenkrit. Beleuchtung v. Wilhelm Soppa. Dresden 1922 (Diss. Breslau 1918).

Thalassios der Libyer

Gouillard, Jean: Thalassius. In: Dict. de théol. cath. Bd.15 (1946), Sp.202 f.

Von der Liebe ....:
Migne, PG, Bd.91, Sp.1427 ff.

Philokalia, Neuausg., Bd.2, S.205 ff.
Transl. Palmer, Sherrard, Ware. Bd.2, S.307 ff.
Trad. Bobrinskoy. Fasz.7, S.17 ff.

Hesychios der Sinait

Kirchmeyer, Jean: Hésychius le Sinaïte. In: Dict. de spirit. Bd.7 (1969), Sp.408 ff.

Von Wachsamkeit und Tugend:
Migne, PG, Bd.93, Sp.1479 ff.
Philokalia, Neuausg., Bd.1, S.141 ff.
Transl. Palmer, Sherrard, Ware. Bd.1, S.162 ff.
Trad. Bobrinskoy. Fasz.3, S.15 ff.

Philotheos der Sinait

Solignac, Aimé: Philothée de Batos. In: Dict. de spirit. Bd.12 (1984), Sp.1386 ff.

Vierzig Sprüche über die Wachsamkeit:
Philokalia, Neuausg., Bd.2, S.274 ff.
Transl. Palmer, Sherrard, Ware. Bd.3, S.16 ff.
Trad. Bobrinskoy. Fasz.7, S.107 ff.

Elias Ekdikos

Darrouzès, Jean: Élie l'Ecdicos. In: Dict. de spirit. Bd.4 (1960), Sp.576 ff.

Eine Spruchsammlung:
Migne, PG, Bd.127, Sp.1129 ff.
Migne, PG, Bd.90, Sp.1401 ff. (Maximos zugeschrieben).
Philokalia, Neuausg., Bd.2, S.289 ff.
Transl. Palmer, Sherrard, Ware. Bd.3, S.34 ff.
Trad. Bobrinskoy. Fasz.7, S.129 ff.

Petros Damaskenos

Gouillard, Jean: Un auteur spirituel byzantin du douzième siècle, Pierre Damascène. (1939). In: Gouillard, Jean: La vie religieuse à Byzance. London 1981. S.XII,257 ff.

Das erste Buch:
Philokalia, Neuausg., Bd.3, S.5 ff.
Transl. Palmer, Sherrard, Ware. Bd.3, S.74 ff.
Trad. Bobrinskoy. Fasz.2, S.15 ff.
Das zweite Buch:
Philokalia, Neuausg., Bd.3, S.112 ff.
Transl. Palmer, Sherrard, Ware. Bd.3, S.211 ff.
Trad. Bobrinskoy. Fasz.2, S.228 ff.

Theognostos

Gouillard, Jean: L'acrostiche spirituel de Théognoste. (1940). In: Gouillard, Jean: La vie religieuse à Byzance. London 1981. S.XIII,126 ff.
Gouillard, Jean: Théognoste. In: Dict. de théol. cath. Bd.15 (1946), Sp.338 f.

Von Tugendübung ...:
Philokalia, Neuausg., Bd.2, S.255 ff.
Transl. Palmer, Sherrard, Ware. Bd.2, S.359 ff.
Trad. Bobrinskoy. Fasz.7, S.83 ff.

Der mystische Strom

Von Paulus bis Pascal

Eine Textauswahl
von Otto Karrer.
Bearbeitet von Klaus Dahme

320 S., brosch.
S 320,—, DM 45.80

Es ist das Verdienst des Herausgebers Klaus Dahme, daß hier Karrers klassische Anthologie der Mystik (zum ersten Mal erschienen 1922) gekürzt und mit einem vorbildlichen Quellenverzeichnis versehen wurde. Im Lesen der Texte werden wir an den „mystischen Strom" der Kirche angeschlossen, werden wir zu Mit-Betern und Mit-Erfahrenden. Dieses geistliche Lesebuch wünscht man sich in viele Hände.

Bücher der Gegenwart, Freiburg

OTTO MÜLLER VERLAG SALZBURG

Schule des Herzensgebetes

Die Weisheit des
Starez Theophan

Mit einer Einführung von
Josef Sudbrack

200 S., brosch.
S 210,—, DM 29.80

Wie man als Christ aus einer tiefen Herzensweisheit, gespeist aus allen Kräften der Seele und des Leibes, leben kann, steht im Zentrum der Texte dieses Buches. Damit ist es dem Mönch Theophan, diesem Meister der Spiritualität gelungen, auch dem Leser der Gegenwart ein Stück umfassender Geborgenheitserfahrung zu vermitteln.

Bayrisches Sonntagsblatt, München

OTTO MÜLLER VERLAG SALZBURG